PROVENCE / CÔTE D'AZUR

ISBN 3-88618-508-7

Première édition 1992
Co-éditeur pour la France :
Editions du Buot, Paris
ISBN 2-908480-28-X, ISSN 1158-9809

Editeur : Günter Nelles
Rédacteur en chef: Dr. Heinz Vestner
Projet Editeur: Catherine Bray
Cartographie : Nelles Verlag, Freytag & Bernd
DTP-Exposure : Printshop Schimann, Brautlach
Coordination Traduction / Corrections: Ch. Senan
Imprimé par : Gorenjski Tisk, Kranj, Slovénie

-01-

Marie Deschâtelets

Nelles Guides

PROVENCE

Première édition
1992

TABLE DES MATIERES

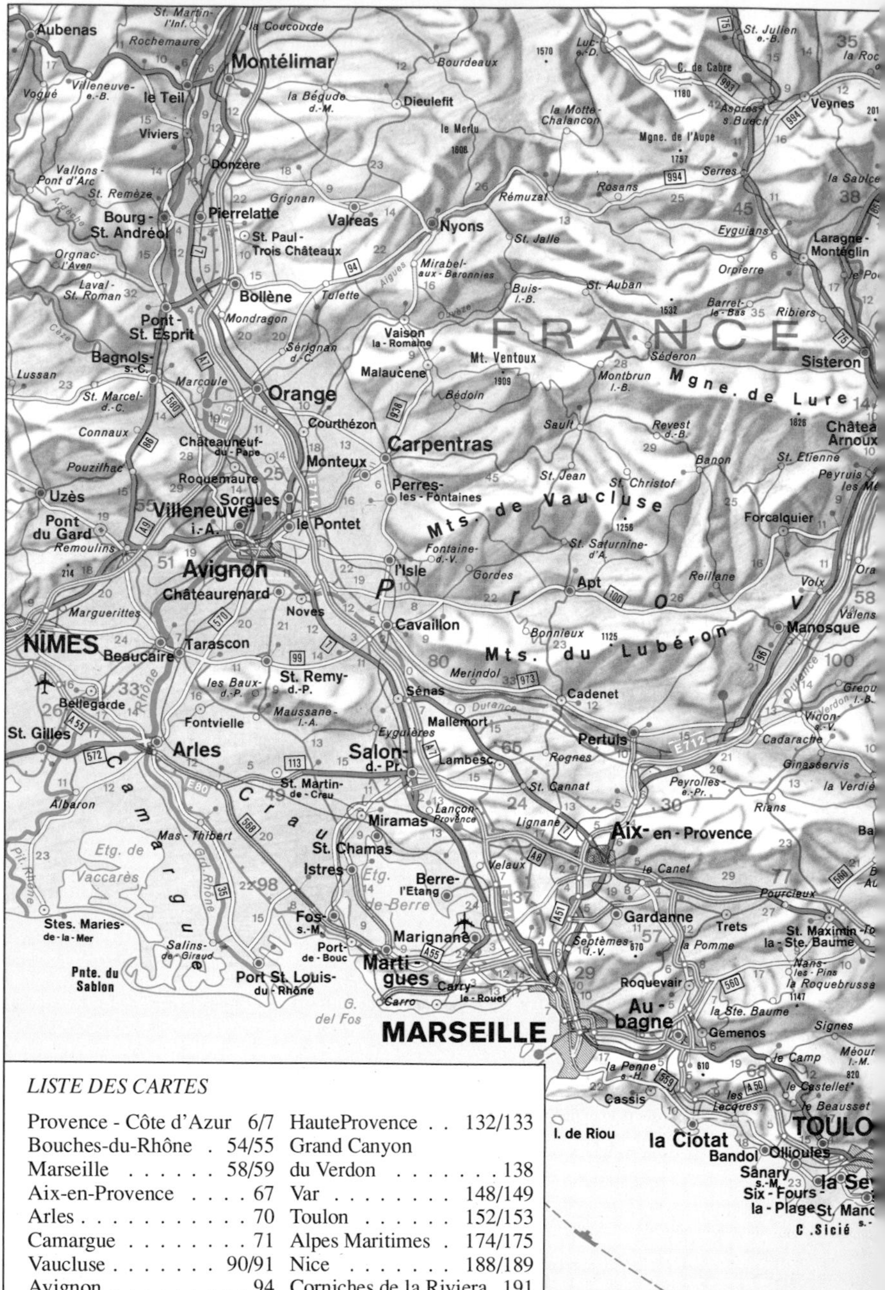

LISTE DES CARTES

Gap
Chorges
Embrun
Savines-l.-L.
Chaîne du Parpaillon
Vars
C. de Vars
St. Paul
Larche
C. de Larche
Jausiers
Grd. Bérard
le Lauzet-Ubaye
Barcelonnette
Pra Loup
le Sauze
Seyne
Col de Maure
les Longs
Mt. Pelat
C. de la Cayolle
Allos
le Vernet
Barles
la Javie
Colmars
Entraunes
Alpes Maritimes
Guillaumes
Valberg
Beuil
Thorame Haute
Digne
Châteauredon
Mézel
Barrême
Bras-d'Asse
Senez
St. André-l.-A.
C. de T. Aures
Entrevaux
Puget-Théniers
Annot
Vergons
Castellane
Moustiers-Ste. Marie
Riez
C. de Luens
la Palud-s.-V.
Aiguines
St. Auban
Thorenc
Gréolières
Coursegoules
Comps-s.-A.
Escragnolles
Mons
Fayence
St. Vallier-d.-Th.
Grasse
le Bar
Vence
St. Paul
Cagnes s.-M.
NICE
Villefranche
C. Ferrat
Beaulieu
MONACO
Monte Carlo
Menton
Roquebrune-Cap Martin
la Turbie
l'Escarène
Sospel
Levens
St. Martin-d.-V.
Mt. Vial
Villars-s.-V.
Roquesteron
Lantosque
Peira-Cava
C. de Brouis
Breil-s.-R.
Pigna
Saorge
Tende
Ventimiglia
Roquebillière
St. Martin-Vésubie
St. Sauveur-s.-T.
Isola 2000
Auron
St. Etienne-d.-T.
Mt. Tenibre
Argentera
Pietraporzio
Vinadio
Demonte
Valle Stura
Valdieri
Roccavione
Limone Piem.
Borgo S. Dalmazzo
Boves
Peveragno
Chiusa d. P.
Cùneo
Caràglio
Dronero
Valle Maira
Acceglio
Prazzo
S. Damiano Macra
ITALIA
Frassino
Venasca
Verzuolo
Castigliole-Sal
Villafalletto
Busca
Centallo
Murazzo
Casteldelfino
Mougins
Antibes
Golfe-Juan
Juan-les Pins
C. d'Antibes
CANNES
Is. des Lerines
St. Honorat
Mandelieu
la Napoule
Théoule-s.-M.
Miramar-d'Estérel
le Trayas
Agay
St. Raphaël
Frejus
St. Aygulf
les Issambres
C. Sardineau
Ste. Maxime
St. Tropez
Ramatuelle
C. Camarat
la Croix-Valmer
Cavalaire-s.-M.
Rayol
Cavalière
le Lavandou
C. Bénat
I. du Levant
Port-Cros
I. de Port Cros
I. de Porquerolles
Iles d'Hyeres
Rade d'Hyeres
Hyères
la Tour-Fondue
Giens
la Crau
le Londe-l.-M.
Cuers
Solliès-Pont
Pierrefeu-d.-V.
Grimaud
Cogolin
la Garde-Freinet
Mts. des Maures
Besse-s.-I.
le Luc
Brignoles
Vidauban
Carcès
Les Arcs
le Muy
Lorgues
Draguignan
Salernes
Villecroze
Aups
Montferrat
Montmeyan
Côte d'Azur
l'Ile Rousse, Calvi, Ajaccio, Bastia
PROVENCE – COTE D'AZUR
0
25 km

HISTOIRE, ART ET CULTURE

L'on donne couramment le nom général de Provence au Sud-Est de la France, qui correspond à la Provence historique et à de petites entités territoriales situées sur ses marges, Avignon et le Comtat Venaissin, anciennes terres pontificales, ainsi que la minuscule principauté d'Orange à l'ouest, le comté de Nice à l'est. Depuis la Révolution, la Provence et ses confins forment les départements des Alpes-de-Haute-Provence, des Alpes-Maritimes, des Bouches-du-Rhône, du Var et du Vaucluse.

Sise entre la mer, la vallée du Rhône et les Alpes, la Provence rassemble les traits essentiels du paysage méditerranéen. Seule sa bordure occidentale offre, avec les plaines du bas Rhône et la Camargue, de vastes étendues planes formées d'alluvions et aisément irrigables, qui se prolongent dans le val de la Durance. Partout ailleurs la Provence est marquée par la présence des dénivellations et des pentes. De l'étang de Berre et jusqu'à la frontière italienne, sa côte mêle de hautes masses rocheuses formant des caps et parfois des îles à d'étroites criques, les calanques et à de petites plaines littorales. L'alternance de bassins bien cultivés et des collines couvertes par la garrigue ou la fragile forêt méditerranéenne caractérise ensuite la basse Provence intérieure. Puis viennent les plateaux du Vaucluse, de Valensole et les "plans" de Provence orientale, qui annoncent avec la chaîne du Luberon et le mont Ventoux (1909 m), la Provence montagnarde. Les Préalpes de Digne, Castellane et Grasse présentent un relief très compartimenté, où les vallées communiquent entre elles par des cols élevés ou d'accès difficile, qui n'ont cependant cessé d'être empruntés au cours des siècles par les voies du grand commerce.

Pages précédentes: joueur de boules au repos. Champs de lavande sur le plateau de Valensole. Le pont du Gard. A gauche : le pont Van Gogh , près d'Arles.

L'étymologie du nom de Provence est le latin Provincia qui signifie la province. La Provence n'a en effet guère connu l'indépendance : province des Empires romain et carolingien, puis possession de dynasties comtales catalane et française avant d'être unie, en 1481, à la France. Seule Avignon fait exception, qui a été siège d'un pouvoir d'Etat et d'une cour princière lorsqu'elle fut capitale de l'Eglise au XIVe s. Cette région a de surcroît été longtemps pauvre : un relief accidenté et des plaines souvent réduites, un climat typiquement méditerranéen avec canicule estivale constituaient autant de handicaps pour l'ancienne agriculture. Mais cette province était située à un carrefour essentiel de l'Europe occidentale, en bordure d'une mer qui a joué un rôle considérable dans l'histoire. Placée aux limites de grandes aires culturelles, la Provence a su depuis des siècles synthétiser des influences très diverses. Influences latines, avec le poids de la romanisation, les routes traversant les Alpes, les Etats pontificaux, les migrations aussi. Influences françaises, par l'adoption progressive de la langue et de la culture nationale. Mais aussi influences de mondes lointains avec lesquels commerçaient Marseille. Influence, enfin, de tous ceux qui sont venus, au cours des âges mais surtout à l'époque contemporaine, s'établir dans cette région très attractive.

L'HERITAGE ANTIQUE

La préhistoire

La Provence et ses confins ont été habités par l'homme dès le paléolithique. La révolution néolithique est marquée par l'apparition du mouton domestique, les débuts de l'agriculture céréalière et de la

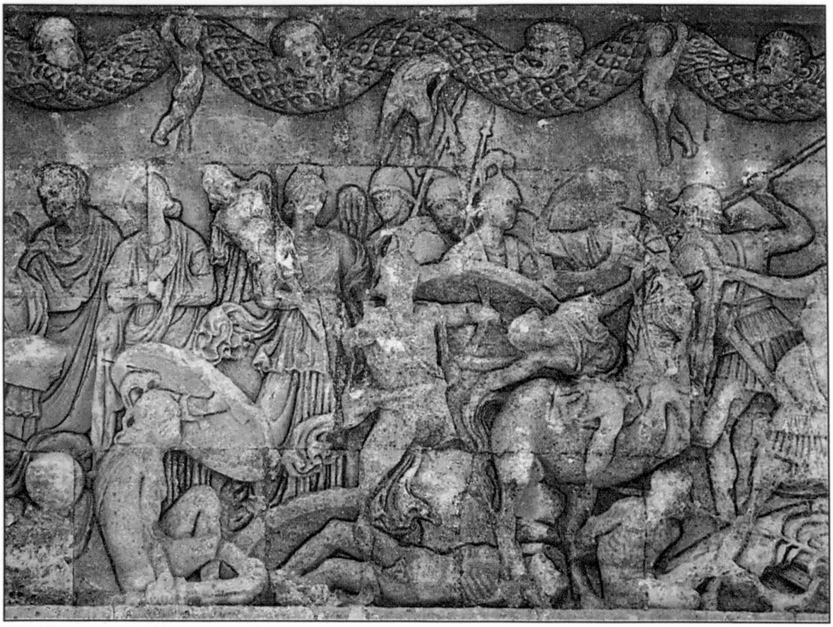

fabrication des poteries. Remontent au néolithique moyen, les stèles figurées découvertes à Avignon et dans la basse vallée de la Durance, puis des mégalithes (dolmens). L'âge du bronze est surtout marqué par les quelque cent mille gravures rupestres de la vallée des Merveilles à Tende (Alpes-Maritimes) au pied du mont Bégo, sans doute lieu de pèlerinage entre 1800 et 1000. L'âge de fer correspond à la multiplication des *oppida*, sites fortifiés par des remparts et renfermant des maisons à plan quadrangulaire. Les fouilles révèlent à partir du dernier quart du VIe s. dans les *oppida* littoraux des contacts avec des marchands étrusques puis les Massaliotes.

Ligures, Celtes et Grecs

Marseille a été fondée vers 600 av. J.-C. par un groupe de colons grecs venus de Phocée en Asie Mineure (Foça, Turquie), désireux d'établir un comptoir. Ainsi s'explique leur souci de se concilier les indigènes des environs, que symbolise la légende fondatrice du mariage du Grec Protis avec Gyptis, fille du chef local. La réussite semble rapide. Les Massaliotes trouvent chez les indigènes une clientèle pour le vin, l'huile, la céramique et les produits de luxe de la civilisation hellénique, que Marseille redistribue le long des côtes ou à travers le continent par la vallée du Rhône. *Massalia* s'enrichit aussi du transit de l'étain de Bretagne et des îles britanniques, du cuivre du Languedoc et d'Espagne, matières premières indispensables à la fabrication du bronze qu'elle réexpédie vers l'Italie méridionale. Les Massaliotes créent sur la côte, à partir du début du IVe siècle, une chaîne de colonies fortifiées, relais de la navigation et lieux d'échanges au débouché des routes continentales, parfois à proximité immédiate d'un habitat indigène : *Taureis* (Le Brusc à Six-Fours ?), *Olbia* (Saint-Pierre d'Almanarre près d'Hyères), Antibes, Nice et *Theliné* (Arles).

Ci-dessus : détail des bas-reliefs du mausolée des Antiques près de St-Rémy.

Marseille a toujours été reconstruite sur le même site et son aspect antique est mal connu. Seule une partie de son enceinte hellénistique (IIIe-IIe s. av. J.-C.) reste aujourd'hui visible. Une des originalités de cette petite république marchande fut son conservatisme politique : Marseille a eu la même constitution oligarchique pendant les cinq siècles et demi où elle fut indépendante, sans avoir apparemment connu les troubles populaires qui marquèrent l'histoire de la plupart des cités grecques, peut-être parce que son isolement dans un monde "barbare" parfois hostile faisait taire les dissensions intérieures.

Les Grecs de Massalia appelaient Ligures les populations habitant les *oppida* entourant leur ville. Aux autochtones, semblent s'être mêlés des Celtes originaires d'Europe centrale dès les VIIIe-VIIe s. et lors du IVe s. av. J.-C. Les tribus celto-ligures constituèrent de petites unités politiques : les Voconces entre l'Isère et le Ventoux ; les Cavares dans le bas Rhône qui sont à l'origine des toponymes de Vaison et Cavaillon ; les Salyens dont la capitale se trouvait sans doute sur le site de l'*oppidum* d'Entremont, près d'Aix.

Marseille a diffusé la culture grecque chez ces peuples "barbares" avec qui elle commerçait. L'expansion de son monnayage et de sa céramique, et leurs contrefaçons indigènes, s'est étendu ont été suivies dans l'arrière-pays côtier et à travers la vallée du Rhône et de ses affluents.

Au contact de Marseille et de ses comptoirs, les Celto-Ligures ont développé un art original, dont témoigne la grande statuaire des *oppida* d'Entremont (musée Granet à Aix) ou de Roquepertuse (musée d'Archéologie de Marseille). La pratique de la ronde-bosse et un certain souci de réalisme semblent indiquer l'influence hellénique, mais seule l'occupation romaine mettra fin à la tradition d'exposer des crânes percés d'un clou, peut-être trophées d'ennemis vaincus.

La conquête romaine

Les Massaliétes avaient établi dès le IVe s. des liens avec les Romains ; ces derniers intervinrent en 181 puis 154, lorsque *Olbia* et Nice furent assiégées par des Celto-Ligures. Marseille sollicita à son tour leur aide en 125 face à une coalition celto-ligure qui menaçait son territoire. Les Romains revinrent pacifier la région et le consul Sextius Calvinus fonda en 122 au pied de l'*oppidum* d'Entremont, la ville qui porte à la fois son nom et celui d'eaux thermales, *Aquae sextiae,* Aix-en-Provence. Les Romains qui venaient de conquérir l'Espagne, manifestaient ainsi leur volonté de s'établir en Gaule du Sud. La *Provincia* organisée en 120 sous le nom de Gaule transalpine était beaucoup plus vaste que la future Provence et englobait au nord les terres qui deviendraient le Dauphiné et sur la rive droite du Rhône le Languedoc. Sa capitale fut Narbonne, colonie fondée en 118, d'où le nom de Narbonnaise adopté en 22. La conquête romaine avait des buts économiques, contrôler un marché de consommation déjà pénétré par les marchands de vin italiens, et stratégiques, surveiller les voies d'invasion de l'Italie : en 102, Marius arrêta la poussée des Teutons par une bataille aux environs d'Aix.

Marseille conserve d'abord son statut de république indépendante et d'alliée de Rome. Mais lors de la guerre civile qui oppose César à Pompée, Jules César l'assiège par terre et par mer et prend en 49 la ville qui avait opté pour le parti de son rival. Intégrée à l'Empire romain, Marseille reste un port actif, mais est concurrencée par les colonies romaines d'Arles et de Narbonne, situées sur la route de l'Italie à l'Espagne et au débouché de grandes voies naturelles. Par son caractère hellénique, Marseille va occuper au Ier s. une place d'exception dans la Gaule latinisée. Ses écoles s'efforcent de rivaliser avec celles d'Athènes pour attirer de jeunes patriciens romains.

La conquête romaine ne fut achevée qu'au début du premier siècle avec la soumission des régions alpines, célébrée par le trophée de La Turbie. Auguste créa la petite province des Alpes-Maritimes autour de la haute vallée du Verdon et de celle du Var. Au nord, le royaume de Cottius, chef indigène devenu vassal de Rome, formait une principauté alpestre dont Suse était la capitale et qui contrôlait le passage du mont Genèvre. A sa mort en 56, son royaume devint une province.

L'héritage romain

La *Provincia* des premiers siècles de notre ère est selon le mot de Pline "*plus qu'une province, une autre Italie*". L'empreinte de Rome est en effet considérable. La *pax romana* (paix romaine) se traduit d'abord par un réseau routier qui a une fonction stratégique mais aussi économique : la voie domitienne, reliant l'Italie à l'Espagne par le mont Genèvre, et la voie aurélienne entre Arles et Savone sont complétées par des routes secondaires et la navigation sur le Rhône qui fait d'Arles le principal port de la Gaule du Sud. Le paysage rural, où subsistent longtemps les *oppida* pré-romains, est marqué dans les zones cultivables par le semis des *villae,* grands domaines agricoles. L'on retrouverait dans certains champs actuels les traces des systèmes orthogonaux du parcellaire antique, dont l'image fut gravée sur marbre (musée d'Orange).

Les territoires romains forment des unités géographiques et humaines dont la cohérence transparaît parfois encore dans la cartographie de phénomènes économiques actuels. Les grands monuments publics élevés dans ces sites urbains témoignent de l'installation de colons italiens, tels les vétérans des légions établis dans les colonies de droit romain d'Orange, Arles et Fréjus, et du ralliement au mode de vie et à la culture latine d'une large part des élites celto-ligures dans les colonies de droit latin, créées à partir d'Auguste, où les indigènes avaient accès aux magistratures. Certains des habitants de la *Provincia* feront carrière à Rome.

En dépit des destructions, la plupart des villes provençales de quelque importance conservent les preuves de leurs origines romaines, parfois issues de fouilles récentes mais plus souvent préservées par leur réutilisation au cours des siècles. Des démolitions sélectives leur ont quelquefois donné une beauté imprévue, comme les 2 colonnes jumelles du théâtre d'Arles qui sont un vestige du décor du mur de scène. La conservation de quelques édifices a été au contraire exceptionnelle : le théâtre d'Orange, avec son mur de scène intact ou le mausolée de Saint-Rémy. Deux villes, Vaison et *Glanum* (Saint - Rémy-de-Provence) n'ont pas été entièrement recouvertes par les constructions postérieures et les fouilles ont mis à jour leurs monuments et leurs quartiers de

Ci-dessus : façade d'entrée de la Maison Carrée, à Nîmes. A droite : le théâtre antique d'Orange.

maisons. L'on doit ajouter l'intérêt de monuments utilitaires, tels que la meunerie de Barbegal près d'Arles, les restes des ports antiques de Marseille et Toulon, le pont Flavien à Saint-Chamas ou les arsenaux et les vestiges d'aqueducs de Fréjus.L'ensemble monumental hérité de Rome est sans équivalent en France par sa qualité et sa variété. Il a nourri depuis l'époque romane l'inspiration antiquisante des architectes et des sculpteurs. L'héritage de Rome est aussi sensible dans la longue permanence du droit romain et de la langue occitane, dérivée du latin. L'on ajoutera l'ancienne géographie ecclésiastique : des diocèses furent établis pendant l'Antiquité tardive dans la plupart des cités de Narbonnaise dont ils perpétuèrent, à peu près, les limites jusqu'à la Révolution qui supprimera nombre d'entre eux.

Les débuts du christianisme

L'apparition du christianisme en Provence a été longtemps expliquée par une tradition remontant pour l'essentiel aux XIe-XIIIe s., dont l'historicité n'est plus défendue aujourd'hui. Les "saints de Provence" y seraient venus depuis la Palestine après la mort du Christ dans une barque qui aurait abordé aux Saintes-Maries-de-la-Mer, où se seraient installées Marie-Salomé, Marie-Jacobé et Sarah. Parmi ses autres passagers légendaires, Lazare "le ressuscité" devenait le premier évêque de Marseille (il y a vraisemblable confusion pour ce dernier avec un évêque d'Aix du Ve s. dont l'épitaphe se lisait autrefois dans les cryptes de Saint-Victor), sainte Marthe domptait la Tarasque qui terrorisait les populations du bas Rhône et Marie-Madeleine aurait converti les Marseillais puis les Aixois avant de se retirer à la Sainte-Baume. La sainte aurait été enterrée par saint Maximin, premier évêque d'Aix, dans un site en contrebas de la montagne qui prit le nom de ce dernier et où eut lieu en 1279 l'invention de son tombeau supposé, crypte funéraire de la fin du IVe s. correspondant sans doute à une *villa*.

Les débuts du christianisme dans la région restent en fait très mal connus. La première mention certaine d'une église à Arles date de 254, et de 314 pour Marseille. Du moins la mission chrétienne semble-t-elle convertir rapidement l'aristocratie arlésienne si l'on en juge par le nombre des sarcophages chrétiens découverts dans la ville. Elle fait naître dans les cités des bâtiments nouveaux, d'allure souvent imposante, qui forment le groupe épiscopal. Le plus caractéristique est le baptistère, édifice indépendant des églises, conçu pour le baptême par immersion des adultes. Les structures de ceux d'Aix, Fréjus et Riez subsistent. Les fouilles ont dégagé les cathédrales primitives de Riez, Cimiez (Nice) et Digne.

Au début du Ve s., saint Honorat installe sur l'île de Lérins le premier monastère provençal, qui acquiert vite un grand renom spirituel et devient une pépinière d'évêques. Jean Cassien atteint peu après Marseille au terme d'un long séjour en Orient auprès des Pères du désert ; il y rédige ses *Conférences* et fonde deux monastères, l'un d'hommes et l'autre de femmes, que la tradition historiographique a identifiés avec l'abbaye de Saint-Victor, sur la rive Sud du port, et celle disparue de Saint-Sauveur, située en vis-à-vis à l'intérieur de la ville.

L'immense pont du Gard enjambant la vallée du Gardon. A droite: bien plus modeste, le pont de la Reine-Jeanne.

Epilogue romain et invasions barbares

A la fin du III[e]s., la réorganisation de l'Empire par Dioclétien divise la Narbonnaise en suivant la vallée du Rhône et crée ainsi sur la rive gauche la Viennoise. En 375 un nouveau partage de celle-ci fait naître la Narbonnaise seconde, dont la capitale est Aix.

Le Sud-Est méditerranéen reste encore à l'abri des invasions. La richesse monumentale d'Arles était déjà le reflet de l'importance de la ville sous l'Empire, qui s'accentue encore pendant l'Antiquité tardive où elle atteint son apogée : elle devient vers 395 le siège de la préfecture du prétoire, remplaçant Trèves, désormais trop exposée aux Barbares. Arles est même la capitale de l'usurpateur Constantin III entre 406 et 411. L'archevêque saint Césaire (470-542), ancien moine de Lérins, y implante le monachisme et lui donne par ses écrits un grand rayonnement. Marseille connaît alors un éclat intellectuel remarquable ; elle attire des auteurs de premier plan, tels Paulin de Pella qui choisit de s'y établir ou Salvien de Marseille, originaire de Trèves.

Parallèlement, le christianisme continue de se diffuser en Provence. La christianisation des cités est achevée au VIe siècle, toutes étant pourvues d'évêchés dont quelques-uns comme Cimiez et Vénasque seront éphémères, à la suite de l'effacement des agglomérations qui les abritaient. Le réseau paroissial commence à s'étoffer hors des cités lorsque l'Empire romain disparaît sous les poussées barbares.

Dans le dernier tiers du Ve siècle, les Burgondes descendent jusqu'à la Durance et les Wisigoths passent le Rhône pour prendre Arles en 471 et Marseille en 476. Les Burgondes les remplacent ensuite puis les Ostrogoths, dont le chef, Théodoric Ier le Grand, admirateur de Rome, s'efforce de recréer à Arles une éphémère préfecture du prétoire. Mais après sa mort les Francs s'emparent entre 534 et 536 de l'ensemble de la région, qui va n'occuper dès lors qu'une situation marginale dans des empires très continentaux. Charles Martel n'y intervient guère qu'entre 736 et 739, pour mater une rébellion, peut-être appuyée par les musulmans d'Espagne.

Marseille maintient cependant un trafic de redistribution à travers la Gaule des produits orientaux et africains. Mais la fin du VIe s. voit apparaître la peste, maladie venue d'Orient, qui provoque une grave crise démographique ; les listes épiscopales s'interrompent et le rayonnement des monastères faiblit.

LA PROVENCE PRE-ROMANE ET ROMANE

Entre Francs et Sarrasins

Avec la première moitié du VIIe s. commencent les temps obscurs qui marquent la fin du premier millénaire. La Provence paraît alors trop éloignée des centres du pouvoir et de la culture pour bénéficier nettement de la Renaissance carolingienne. Les archéologues retirent d'indices assez maigres l'impression d'une lente érosion des structures rurales héritées de l'Antiquité. De nombreuses solutions de continuité dans l'occupation des sites laissent entrevoir une population paysanne assez dispersée et peu fixée. Les cités bénéficient de la permanence des enceintes, des monuments publics et des édifices chrétiens hérités de l'Antiquité mais elles connaissent sans doute une vie étiolée. Les rares réalisations de ces temps, à la datation souvent difficile, sont quelques cryptes et surtout des restes de plaques de chancels (clôture de chœur) ; ces dalles ornées étaient souvent importées d'Italie du Nord. C'est pendant cette période que naissent les langues romanes, parmi lesquelles la langue d'Oc ou occitan, dont les variétés du provençal constituent des formes dialectales. Dans un temps où les textes sont rares et rédigés en latin, ses premières attestations ne remontent guère qu'à des chartes du début du XIIe siècle.

Les partages de l'Empire carolingien situent d'abord la Provence dans la part de Lothaire, la Lotharingie. A sa mort en 855, son dernier fils Charles reçoit un royaume de Provence qui correspond, en fait, à l'essentiel du bassin du Rhône et de ses bordures. Lorsqu'il meurt en 863, son oncle Charles le Chauve s'en empare et confie assez vite à Boson, un de ses parents par alliance, le gouvernement du Lyonnais et du Viennois, ce dernier incluant le territoire de l'actuelle Provence. Au décès de son héritier, Boson est proclamé roi de Provence par une assemblée de comtes et d'évêques réunie à Mantaille, près de Vienne, le 15 octobre 879. S'ouvre alors une époque confuse, marquée par les règnes théoriques de Boson (879-887), son fils Louis l'Aveugle (890-928) et son neveu Hugues d'Arles. Ce dernier, pris par ses ambitions italiennes, céda vers 934-935 la Provence à Rodolphe de Bourgogne contre sa renonciation à ses droits sur l'Italie. Le jeune roi de Bourgogne Conrad s'étant mis après la mort de son père sous la protection de l'empereur Otton Ier, la Provence releva du Saint-Empire romain germanique, dont la limite occidentale avec la *Francia* fut approximativement fixée au Rhône vers le milieu du Xe siècle. Les Ottoniens l'incorporèrent au Saint-Empire à la mort du dernier roi de Bourgogne en 1032 ; mais l'autorité de l'empereur sur cette marge lointaine devait rester très théorique. Les descendants des comtes et vicomtes nommés par les monarques bourguignons ou, dans le cas d'Arles, les héritiers des Bosonides étaient parvenus à établir localement leur pouvoir en usurpant une part du domaine public et des biens de l'Eglise et en s'octroyant droits de police et de justice, parfois pour tenter d'organiser la résistance aux invasions.

A droite : perchée sur une colline, dominant la plaine d'Arles, l'abbaye de Montmajour.

La Provence des IXe et Xe s. est en effet soumise aux dernières vagues d'envahisseurs. Marseille est pillée tour à tour en 838 par une flotte sarrasine et en 848 par des pirates grecs ; Arles est atteinte en 842, 850, 869. Après une période d'accalmie, les Sarrasins, pirates musulmans initialement originaires d'Espagne, parviennent vers la fin du IXe s. à se constituer une tête de pont au Fraxinet, situé dans le territoire de La Garde-Freinet. Renforcés par de nouveaux arrivants, ils lancent dès lors de larges razzias qu'ils élargissent progressivement jusqu'au lac de Constance. Ils saccagent des monastères, font régner l'insécurité sur les routes et semblent désorganiser l'agriculture en provoquant la fuite des populations.

Marquisat et comtés de Provence

Les Sarrasins ne seront réduits qu'en 974, lorsque le comte d'Arles, Guillaume, parvient à s'emparer du Fraxinet. Devenu le libérateur de la Provence, il ajoute alors à son titre de comte d'une cité prestigieuse celui de marquis de Provence, entité territoriale dont il devient avec son frère Roubaud souverain de fait. Ils fondent ainsi la dynastie assez obscure des "comtes de Provence de la première race", pratiquement indépendante des suzerains bourguignons puis impériaux qui ont théoriquement autorité sur le pays. Auprès d'eux gravitent une vingtaine de familles turbulentes qui se sont partagé le littoral après l'expulsion des Sarrasins et installent leurs parents dans les sièges épiscopaux et les chapitres de chanoines. Parmi les plus puissants figurent les vicomtes de Marseille.

La société féodale se met en place entre le XIe et le XIIe s. ; la population rurale se sédentarise lentement autour des châteaux de ces grands lignages, de ceux de seigneurs plus modestes et plus rarement des prieurés, ces dépendances d'un monastère qui comprennent ordinairement une église et se transforment dans ce cas en paroisses. Ces noyaux de peuplement autour desquels s'organisent les terroirs cultivés sont à l'origine des villages actuels. Une restructuration profonde du paysage provençal s'effectue ainsi.

La fin du Xe s. voit aussi l'amorce d'une nouvelle floraison monastique. A proximité d'Arles, l'abbaye de Montmajour a été fondée au milieu du Xe s. A Marseille, les moines de Saint-Victor ont adopté en 977 la règle bénédictine et se rallieront, tôt au siècle suivant, à la Réforme promue par le pape Grégoire VII. Les moines victorins établissent au XIe s. à travers le Sud de la France mais aussi sur la côte ligure, en Sardaigne et Catalogne un réseau de prieurés, centres d'évangélisation en milieu rural liés à des domaines offerts à leur abbaye. La réforme grégorienne s'impose peu à peu en Provence au cours du XIIe s. dans les monastères puis dans les diocèses grâce à l'action opiniâtre d'évêques qui sont souvent d'anciens moines : les grands lignages cessent d'accaparer les évêchés et multiplient les donations ou les restitutions en faveur de l'Eglise. Ils doivent aussi reconnaître progressivement l'autorité de la nouvelle famille comtale, la maison de Barcelone.

A la fin du XIe s., la "première race" n'est plus représentée que par des filles, dont les mariages transmettent leurs droits à de grandes familles comtales, celles de Toulouse, d'Urgel et de Gévaudan. Douce de Gévaudan épouse en 1112 Raimond-Bérenger, comte de Catalogne ; au terme d'un affrontement avec le comte de Toulouse, il partage la Provence avec ce dernier en 1125. Le comte catalan reçoit le pays compris entre la Durance, le Rhône, les Alpes et la mer, qui prend le nom de comté de Provence. Le comte de Toulouse reçoit toutes les terres situées au

nord de la Durance qui conservent le nom de marquisat de Provence. L'on doit reconnaître vers le milieu du siècle sa part à la branche d'Urgel : c'est le comté de Forcalquier, établi du Luberon au Champsaur dans la partie orientale du marquisat de Provence. Ce dernier prendra progressivement le nom de comté de Vénasque ou Comtat Venaissin, du nom de la petite ville où l'évêque de Carpentras s'était réfugié pendant les invasions. Il forme dès lors une entité politique originale : attribué en 1215 au pape lors de l'excommunication des comtes toulousains, il passera en 1229, à l'issue de la croisade des Albigeois, à Alphonse de Poitiers, frère de Saint Louis, et entrera après sa mort en 1274 dans les possessions de l'Eglise.

Raimond-Bérenger Ier (1125-1131) doit continuer à guerroyer contre les comtes de Toulouse, de même que ses successeurs, Bérenger-Raimond (1131-1144) et Raimond-Bérenger II, oncle et tuteur jusqu'en 1162 de Raimond-Bérenger III qui meurt en 1166. Ils ont également dû affronter les guerres baussenques, série de révoltes entre 1142 et 1162 de la puissante famille des Baux, qui obtient que l'empereur Frédéric Barberousse confirme en 1178 ses droits sur la principauté d'Orange, obtenue par mariage. La lutte avec la maison de Toulouse rebondit sous Alphonse Ier (1166-1196), roi d'Aragon, qui confie de 1178 à 1181 le comté à son frère Raimond-Bérenger IV, mais en 1190 la paix de Jarnègues confirme le partage de 1125. Un autre conflit naît sous Alphonse II (1196-1209) de son mariage avec une petite-fille du dernier comte de Forcalquier, Guillaume IV, qui revient sur sa promesse d'offrir en dot le comté et entre en lutte avec le nouveau comte de Provence.

Détail d'un chapiteau du cloître St-Trophime (Arles). A droite: enluminure du XIII e s. représentant un troubadour.

La mort en 1209 des deux adversaires fera entrer la portion méridionale du comté de Forcalquier dans les possessions catalanes, cependant que le Dau-

phin qui avait épousé une autre héritière obtenait les régions de Gap et d'Embrun qui furent intégrées au Dauphiné.

La dynastie catalane se constitue avec ténacité un réseau de fidélités parmi les détenteurs de châteaux et la chevalerie urbaine. Elle se soucie de l'organisation administrative du comté, divisé en *baillies* confiées surtout à des chevaliers catalans mais aussi à des juristes qui mettent à profit la renaissance du droit romain pour développer la théorie de la souveraineté comtale et son droit à prélever des impôts directs et indirects. La cérémonie d'investiture du dernier comte catalan, Raimond-Bérenger V (1209-1245) ne se fait plus en Espagne à la différence de celle de ses prédécesseurs et il réside en permanence en Provence, en particulier à Aix qui s'affirme progressivement comme la capitale du comté par sa situation de carrefour entre les terres basses et la haute Provence, désormais agrandie du comté de Forcalquier. Le comte soumet Nice en 1229 et fonde en 1232 dans la vallée de l'Ubaye, à l'extrémité septentrionale de la Provence, la ville de Barcelonnette à laquelle il donne le nom de sa dynastie. Il ne parvient pas en revanche à contrôler Marseille, pratiquement indépendante et qui est la seule ville importante à lui résister.

Essor économique et religieux

La Provence des XIIe et XIIIe s. se couvre d'un ample manteau d'églises, monastères et châteaux, ces derniers souvent très remaniés ensuite. L'expansion démographique des campagnes, la remise en culture ou les défrichements de terres et la concentration de l'habitat autour des forteresses imposent la construction ou la reconstruction des sanctuaires et des châteaux. La plupart des cités antiques ont subsisté, parfois au prix d'une installation en hauteur, comme à Vaison ou Riez. Des villes nouvelles naissent ou grandissent peu à peu : Forcalquier, Manosque, Tarascon, Draguignan, le long des grandes routes inter-régionales à nouveau fréquentées. Le renouveau du commerce

provoque aussi, dès la fin du XIe s., la croissance d'Arles et d'Avignon où les progrès des échanges multiplient et enrichissent artisans et commerçants. A Marseille l'activité maritime est encore le fait de bateaux étrangers à la ville qui y font escale et les Marseillais n'apportent pas d'appui maritime aux deux premières croisades. Mais une partie des troupes de la IIIe croisade s'y embarque en 1190 et le port reste ensuite un point de départ à destination des Etats latins de Terre sainte, où les marchands marseillais parviennent à obtenir des *fondouks* (comptoirs), en particulier à Saint-Jean-d'Acre, au débouché des caravanes du califat de Bagdad. Ils y échangent les draps du Languedoc ou de Flandre, venus par la vallée du Rhône, contre les épices, le sucre, la soie, les pierres précieuses et les perles. Ils vont de même charger les produits du continent africain à Tunis, Bougie (Afrique du Sud) ou Alexandrie (Egypte). Ces

Ci-dessus : les fortifications d'Aigues-Mortes aux portes de la Camargue.

marchandises sont ensuite redistribuées à travers la Provence et des hommes d'affaires italiens les font parvenir aux foires de Champagne. Le XIIIe s. est sans doute le premier grand siècle portuaire de la ville depuis l'Antiquité.

Les grands monastères bénédictins, Saint-Victor, Lérins, mais aussi Montmajour et Saint-André de Villeneuve-lès-Avignon, sur la rive droite du Rhône, bénéficient de nombreuses donations foncières et multiplient les prieurés. Dans les villes épiscopales, les chapitres de chanoines qui assurent les offices de la cathédrale se sont généralisés au XIe siècle et les plus anciens retournent à la vie communautaire. Des communautés de chanoines réguliers desservent des collégiales ; celle de Saint-Ruf près d'Avignon connaît un rayonnement important et fonde des prieurés dans la vallée du Rhône, en Catalogne, en Italie et même en Angleterre.

Des ordres nouveaux apparaissent dans la région au XIIe siècle. Les ordres militaires, nés des croisades et des Etats latins de Terre sainte, s'y installent tôt. Gérard Tenque, le fondateur légendaire des Hospitaliers de Saint-Jean de Jérusalem (appelés depuis l'époque moderne chevaliers de Malte) aurait été d'origine provençale et l'ordre y a d'importants biens fonciers. Les hospitaliers héritèrent de surcroît en 1314, après la suppression de l'ordre du Temple, de la plupart des possessions que les templiers détenaient en Provence. Des ordres contemplatifs aux règles très austères établissent leurs maisons dans une solitude totale. Des Alpes du Nord viennent les chartreux, installés à Montrieux (commune de Méounes) et à La Verne (commune de Collobrières). Un ordre voisin, celui de Chalais, fondé en 1101 à Chalais (Isère) sera éphémère puisqu'il disparut dès 1303. Il n'a guère essaimé qu'en Dauphiné et Provence, en des sites essentiellement montagnards : la montagne de Lure (Alpes-de-Haute-Provence) et Valbonne (Alpes-Maritimes), où subsistent des restes de leurs maisons. Les cisterciens, venus par la vallée du Rhône, ont construit les "sœurs provençales", Silvacane, Le Thoronet, Sénanque, qui comptent parmi les chefs-d'œuvre de l'architecture monastique.

L'art roman

La Provence catalane ne semble pas avoir vu naître ni avoir inspiré de chansons de gestes, si l'on excepte quelques épisodes du *Cycle de Guillaume* que ses auteurs français ont situés à Orange et Arles. Bien qu'assez éloignée des terres d'Oc, centre des troubadours, la Cour catalane a su attirer certains d'entre eux ; Alphonse Ier et Raymond-Bérenger V s'essayèrent à la versification, ainsi que des nobles tel Boniface de Castellane.

La Provence a alors connu deux foyers nets de création poétique : celui animé par Raimbaud d'Orange, avec le troubadour Raimbaud de Vacqueyras et Marseille, où naquit Folquet, qui devint abbé du Tholonet puis évêque de Toulouse, cité par Dante dans son *Paradis*.

L'art roman a en revanche trouvé en Provence une de ses terres d'élection. La région des Préalpes constitue au XIe siècle une étape de la diffusion depuis la Lombardie du premier art roman méridional : vastes églises parfois couvertes d'une charpente, dont la nef débouche souvent sans transept sur un triple chœur, aux parements extérieurs décorés de festons et "lésènes" (bandes de faible saillie reliées par de petites arcatures). L'Italie du Nord inspire ensuite aux XIIe et XIIIe s. et même plus tard en haute Provence et en Provence orientale les campaniles décorés de festons. Un art majestueux aux sculptures sobres et aux amples voûtes en berceau se dégage alors de la réédification de cathédrales et d'églises.

Dans la basse Provence où subsistaient de nombreuses ruines romaines, la renaissance antiquisante provençale s'est inspirée très largement des principes architecturaux et des formules décoratives d'un héritage monumental, construit un millénaire plus tôt, dont les maîtres d'œuvre n'hésitaient pas à prélever des matériaux. Elle semble commencer dès le XIe s. par la libre réinterprétation de l'ordre corinthien à Montmajour et Saint-Victor de Marseille. Puis elle s'épanouit au siècle suivant dans les entreprises ambitieuses et novatrices que sont les reconstructions des deux cathédrales rhodaniennes, Saint-Trophime d'Arles et Notre-Dame des Doms d'Avignon. Les progrès de la réforme grégorienne ont en effet permis aux XIIe et XIIIe s. la reconstruction des cathédrales et de leurs bâtiments canoniaux, parallèlement à l'ouverture de grands chantiers monastiques. La création des prieurés multipliait, de plus, les modestes réalisations rurales ; ainsi Notre-Dame de Salagon (Mane) ou nombre d'églises paroissiales. Partout le second âge roman, qui s'épanouit alors, est caractérisé par la simplicité des plans, l'harmonie des masses et la rigueur des formes, l'extrême qualité technique de la

taille et de l'appareillage des matériaux, la fraîcheur et la résonance des grands vaisseaux voûtés.

PAPES D'AVIGNON ET DYNASTIES FRANÇAISES

La 1ère dynastie angevine

Raymond-Bérenger V n'eut pas d'héritier mâle et sa mort prématurée posa un problème de succession. Le surnom de "Quatre reines" donné à ses filles illustre par les alliances flatteuses qu'elles contractèrent et le poids politique de la Provence : Marguerite avait épousé en 1234 Louis IX roi de France (Saint Louis) ; Eléonore, Henri III d'Angleterre ; Sancie, Richard de Cornouailles qui devint roi des Romains ; Béatrix, l'héritière de la Provence, n'ayant pas encore été dotée, fut, sitôt après la mort de son père, mariée le 31 janvier 1246 par Blanche de Castille à son fils cadet Charles d'Anjou, fondateur d'une nouvelle dynastie comtale, branche cadette des Capétiens. La Provence entrait dans l'orbite française, où se trouvait déjà, sur l'autre rive du Rhône, le comté de Toulouse, depuis le mariage en 1229 de son héritière avec Alphonse de Poitiers, frère de Louis IX et Charles d'Anjou.

Nombreux dans le Midi, les cathares sont condamnés pour hérésie. A droite : palais des Papes (XIVe s.) Avignon.

Le nouveau comte doit suivre son aîné à la croisade : il est fait prisonnier par les Egyptiens à la bataille de Mansourah. Les grandes villes, Arles, Avignon et Marseille, dotées au cours du XIIe s. d'institutions municipales, les consulats, en profitent pour résister. Le comte, sitôt libéré en 1250, s'empresse de rétablir énergiquement sa souveraineté sur la basse Provence. Il parvient à mettre fin à l'indépendance communale de Marseille qui doit reconnaître sa suzeraineté par les chapitres de paix de 1257. Charles Ier établit la *paix angevine* sur le comté, dont il réorganise la géographie administrative et où il s'assure de solides revenus fiscaux, en particulier grâce à la gabelle, le monopole du sel. La Provence peut alors devenir le point de départ de ses aventures italiennes. Charles Ier fait en 1263 la conquête du royaume de Naples, d'où le titre royal que la postérité donne aux comtes angevins à l'exception du dernier. Ses ambitions sont cependant brisées peu avant sa mort, en 1283, par les *Vêpres siciliennes*, soulèvement de l'île provoqué par les Aragonais.

Ses successeurs, Charles II (1283-1309), puis Robert (1309-1343), consolident les frontières du comté à l'est et au nord, où cependant l'installation en 1349 de leurs cousins les Valois en Dauphiné arrête leur expansion. La Provence paraît prospère, si l'on en juge par les enquêtes fiscales. Une Chambre des comptes est établie en 1288. Les libertés urbaines renaissent dans un comté désormais bien tenu en main par les Angevins : Charles II autorise nombre de villes à former des

conseils et désigner des *syndics*, appelés *consuls* à partir du XVIe siècle. Cette émancipation communale s'étendra peu à peu à l'ensemble de la Provence : même les villages seront dotés dès le bas moyen-âge d'institutions municipales.

La Provence des premières décennies du XIVe siècle semble renfermer quelque 350 000 à 400 000 habitants, répartis presque également entre la basse et la haute Provence. Cette dernière est localement surpeuplée, une partie de ses habitants migrant l'hiver dans les zones basses. Dans les villes, la croissance de la population développe les faubourgs. L'économie de Marseille bénéficie des aventures italiennes des Angevins. Les Marseillais se heurtent cependant à la concurrence d'hommes d'affaires italiens dotés de puissants capitaux, à qui le comte concède des privilèges parfois peu avantageux pour les provençaux. La prise de Saint-Jean-d'Acre par les musulmans (1291) et la disparition des Etats chrétiens de Terre sainte font perdre de surcroît aux Marseillais leurs *fondouks* du Levant.

Le XIIIe s. a connu une floraison monastique essentiellement urbaine avec l'apparition des ordres mendiants, qui ont aussi fondé des branches féminines : ce sont les carmes, les augustins, les dominicains ou frères prêcheurs et les membres de la fraternité franciscaine. Ces derniers sont les frères mineurs qui se subdiviseront ensuite en observants et cordeliers et les moniales sont les clarisses. L'on doit ajouter les trinitaires, installés à Marseille au début du XIIIe s., qui seront assimilés aux mendiants en 1609 ; l'ordre aurait été créé par un Provençal, saint Jean de Matha, et se spécialisa dans le rachat des esclaves chrétiens au Maghreb.

Le second fils de Charles II, entré au couvent des Mineurs de Brignoles puis devenu évêque de Toulouse et mort à vingt-sept ans en 1297, est canonisé dès 1314, devenant "saint Louis d'Anjou" ou "de Provence" pour le distinguer de son grand-oncle le roi de France. La spiritualité franciscaine est aussi représentée par Hugues de Digne et sa sœur Douceline, fondateurs de communautés éphémères,

et un couple de la noblesse à la vie exemplaire, Elzéar et Dauphine de Sabran.

L'apogée d'Avignon

Au début du XIVe s. Avignon devient pour deux générations la seconde Rome : la ville était bien située à proximité de la Méditerranée sur l'axe rhodanien, aux marges du Comtat pontifical, aux limites du royaume de France et sur des terres dépendant des Angevins, vassaux de la papauté pour Naples. Entre 1309 et 1376, sept papes gouverneront la catholicité depuis Avignon : Clément V (Bertrand de Got, 1305-1314), Jean XXII (Jacques Duèse, 1316-1334), Benoît XII (Jacques Fournier, 1334-1342), Clément VI (Pierre Roger, 1342-1352), Innocent VI (Etienne Aubert, 1352-1362), Urbain V, le Bienheureux, (Guillaume Grimoard, 1362-1370) et Grégoire XI (Pierre Roger de Beaufort, 1370-1378). L'on peut ajouter les deux papes d'Avignon du grand schisme d'Occident déclenché au retour à Rome et qui ne sont pas retenus dans la liste officielle pontificale : Clément VII (Robert de Genève, 1378-1394) et Benoît XIII (Pedro de Luna, élu en 1394, déposé en 1409, mort en 1423).

Ci-dessus : salle du Consistoire, palais des Papes (Avignon) A droite : portrait de Jean XXII (pape de 1316 à 1334).

La présence à partir de 1309 de la cour pontificale sur les bords du Rhône modifie les circuits commerciaux en faveur d'Avignon qui éclipse toutes les autres villes du Sud-Est. Avignon, qui pouvait avoir 5 à 6 000 habitants au début du XIVe s. devient une des principales agglomérations d'Europe occidentale, avec quelque 30 000 habitants avant la peste noire de 1348 et peut-être presque autant après, tant les vides semblent avoir été vite comblés.

L'art gothique s'est répandu tardivement en Provence dans la seconde moitié du XIIIe siècle. Art français, il est d'abord introduit par les comtes angevins pour des réalisations très liées à leur image de marque : la basilique et le couvent de

Saint-Maximin édifiés à partir de 1295 par un architecte français autour du tombeau présumé de sainte Marie-Madeleine, Saint-Jean de Malte d'Aix, l'église des Hospitaliers où la nouvelle dynastie établit ses tombeaux ; les chanoines aixois l'adoptent aussi pour moderniser leur cathédrale. Les papes d'Avignon l'implantent ensuite au bord du Rhône. La voûte d'ogives couvre la plupart des salles et la grande chapelle du Palais-Neuf réalisé par Clément VI pour compléter le Palais-Vieux de son prédécesseur. A l'imitation des papes, l'archevêque d'Avignon se fait construire un palais fortifié (le Petit Palais) et les grands dignitaires de l'église élèvent les "livrées" cardinalices, hautes demeures intégrées au tissu urbain (ainsi la livrée Ceccano), alors que se multiplient les chantiers conventuels et paroissiaux. L'église Saint-Didier d'Avignon paraît, grâce à sa construction très rapide entre 1356 et 1359, le monument le plus significatif du gothique méridional : vaste et haute nef claire et sonore, bordée de chapelles ménagées entre les contreforts, sans transept ni déambulatoire, dont la décoration intérieure et extérieure est volontairement très sobre. La simplicité des volumes et la qualité technique de la tradition romane perdurent dans ces réalisations nouvelles. A la fin du XIVe s. et jusqu'au XVIe, les principes du gothique flamboyant transparaissent dans le décor. Le foyer pictural avignonnais devient au XIVe s. l'un des plus brillants d'Occident. L'école d'Avignon est aux temps des papes dominée par des peintres italiens. Simone Martini venu de Sienne en 1340 y œuvre jusqu'à sa mort ; puis Matteo Giovanetti de Viterbe décore les salles du Palais-Neuf.

Pétrarque (1304-1374) est alors le symbole de l'humanisme italianisant d'Avignon ; sa famille proscrite de Florence s'y établit en 1313 et c'est dans l'église des Clarisses qu'il aperçut pour la première fois le 6 avril 1327 Laure de Noves qui lui inspira ses *Canzoniere*. Il

s'installa à partir de l'année1327 près de Fontaine- de- Vaucluse et retourna en Italie en 1353.

L'apogée d'Avignon est contemporain des calamités qui s'abattent sur la Provence comme sur le reste de l'Occident durant le long règne de Jeanne de Naples (1343-1382). La seule comtesse régnante qu'ait connu la Provence n'y séjourna que six mois en 1348, le temps de vendre Avignon au pape. Elle dut lutter sans cesse contre les prétentions des autres branches angevines, qui recrutaient en Provence des partisans, et fut d'autant plus confrontée aux problèmes dynastiques, qu'elle ne parvint pas à obtenir de descendance de ses quatre mariages.

La Provence fut ravagée en 1348 par la peste noire entrée par Marseille l'année précédente et qui semble avoir tué selon les localités, de 30 à 50 % des habitants. Le fléau devient endémique avec plusieurs épidémies jusque vers 1440. Des bandes de "routiers", mercenaires démobilisés par les trêves de la guerre de Cent Ans lancent des incursions à travers la

Provence en 1357-1358 puis en 1365, faisant régner l'insécurité dans les campagnes et obligeant les villes à fortifier leurs remparts et à accueillir les réfugiés.

La 2e maison d'Anjou

A la mort de la reine Jeanne en 1382, son parent et héritier Louis d'Anjou, frère du roi de France Charles V, éprouve les plus grandes difficultés à imposer l'autorité de la "seconde maison d'Anjou". Louis (1382-1384) puis sa veuve Marie de Blois, tutrice du jeune Louis II doivent affronter l'Union d'Aix, favorable à un héritier italien. L'appui militaire du roi de France et les dissensions internes de l'Union d'Aix permirent d'en venir à bout en 1388. Mais la frange orientale de la Provence persiste dans le refus d'une nouvelle dynastie française : la baillie de Barcelonnette et les vigueries de Nice et Puget-Théniers se donnent alors au comte de Savoie. Lorsque ce dernier y fait entrer ses troupes, les villes d'Annot et Guillaume résistent, imposant une frontière très sinueuse.

Louis II (1384-1417) puis Louis III (1417-1434) continuent contre l'Aragon la guerre qui s'avère désastreuse pour Marseille. Les Angevins ont recours à des corsaires ibériques prompts à se muer en pirates, procurant à la ville une fort mauvaise réputation et les trafics internationaux s'en détournent.

Le 20 novembre 1423 la flotte catalane débarque à proximité de la ville qui est pillée pendant trois jours et largement détruite par l'incendie attisé par le vent de mer. Marseille ne se relève que dans la seconde moitié du XVe siècle. Quelque 177 villages ont été désertés à la suite des crises du XIVe s. ; certains, aux conditions agricoles médiocres, resteront des lieux inhabités occupés par quelques domaines ; la plupart seront relevés de leurs ruines au cours du XVe ou de la première moitié du XVIe s. et c'est vers 1550 que l'effectif de population des débuts du XIVe s. paraît retrouvé. Entre 1470 et 1520, les seigneurs de ces terroirs abandonnés passent parfois des actes d'habitation afin d'attirer des colons. Ainsi des migrants venus d'Italie repeuplent des villages de Provence orientale. L'équilibre démographique est rompu au profit de la basse Provence et l'écart ne cessera plus de se creuser.

Le relèvement économique et démographique du Sud-Est coïncide avec le règne du roi René (1434-1480), qui est le dernier Angevin de Naples puisqu'il perd définitivement ce royaume en 1442. Assez différent du "bon roi René" que présentera une légende née au XVIe s., ce souverain d'assez modeste envergure se révélera surtout avide d'impôts.

Mais la cour qu'il entretient dans ses deux capitales, Angers et Aix, se fait l'écho des grands mouvements artistiques de son temps : René apprécie la peinture d'inspiration franco-flamande de la seconde école d'Avignon où le mécénat des riches marchands et les commandes des monastères attirent des peintres venus de tous les horizons : N. Froment peint à sa demande le *Buisson ardent* conservé dans la cathédrale Saint-Sauveur d'Aix. René emploie aussi le sculpteur F. Laurana, venu de Naples, qui mêle à l'inspiration de la Renaissance italienne l'influence du réalisme bourguignon qui marquait déjà nombre de réalisations du carrefour avignonnais. René avait légué la Provence à son neveu Charles III du Maine, qui régna moins d'un an et demi et mourut le, 11 décembre 1481, après avoir transmis par testament la Provence à son lointain cousin Louis XI.

L'intégration au royaume

Cette union à la France avait été préparée par un membre de l'oligarchie marseillaise, Palamède de Forbin, chambel-

Livre d'Heures de Louis d'Anjou, comte de Provence/ Portail de St-Gilles- du-Gard.

lan du roi René mais gagné à la cause de Louis XI. Il devait se faire dans le respect des privilèges et des particularités de la Provence qui était, en théorie, unie à la France et non annexée.

En fait les rois de France devenus comtes de Provence allaient peu à peu aligner les institutions du comté sur celles du royaume, comme le montre la création dès 1501-1503 d'un parlement à Aix sur le modèle de celui de Paris et surtout l'attitude adoptée à l'égard des juifs.

Provence et Comtat renfermaient alors de nombreuses communautés juives, dotées dans les villes de synagogues, cimetières, écoles et boucheries et en général regroupées dans une "juiverie" (rue ou quartier). Les juifs provençaux brillaient dans les études médicales et hébraïques. Après le rattachement de la Provence à la France, plusieurs violences meurtrières à leur égard aboutissent à l'application de la législation anti-juive déjà en vigueur dans le royaume : entre 1493 et 1501 les uns se convertissent (ainsi les ancêtres de l'astrologue Nostradamus), les autres émigrent. Certains d'entre eux rejoignent les Etats pontificaux où s'étaient réfugiés des juifs chassés de Languedoc et Dauphiné ; d'autres gagnent Nice. En Avignon et dans le Comtat, les "juifs du pape" conserveront un statut légal mais ne pourront exercer qu'un nombre réduit de métiers. Ils seront tenus de résider dans quatre "carrières" (rues fermées de portes) et de porter un signe discriminant, le chapeau jaune. Les Valois ont repris les ambitions italiennes des Angevins de Naples et les guerres d'Italie font à nouveau de Marseille un port de guerre. Les Marseillais profitent aussi des relations établies dans un but politique par François Ier avec l'Empire ottoman. Les "capitulations" de 1536 et 1569 les autorisent à établir des "échelles" (comptoirs) dans des ports du Levant. Mais les Marseillais restent encore dominés par les grandes compagnies italiennes installées à Lyon. Ils maîtrisaient davantage le commerce avec le Maghreb où ils exploitaient le monopole de la pêche au corail et achetaient les cuirs et les blés.

Néanmoins la Provence ressent directement les conséquences des guerres d'Italie lorsqu'en 1524 le connétable de Bourbon passé au service de Charles Quint l'envahit ; il soumet Toulon et Aix mais échoue devant Marseille ; nouvel échec de Charles Quint lui-même en 1536. La Provence est désormais une des frontières d'un royaume puissant mais fréquemment en guerre et, dès le XVIe s., les ingénieurs du roi travaillent à fortifier cette limite vulnérable. En revanche, les armées françaises, aidées par la flotte turque, ont saccagé Nice en 1543.

Les guerres de Religion

Les guerres de Religion prennent en Provence un aspect particulier, dû à la présence dans la région du Luberon de vaudois, adeptes du mouvement des "Pauvres de Lyon", hérésie médiévale qui avait survécu clandestinement dans les vallées des Alpes. Entre 1460 et 1520, des vaudois venus de Dauphiné et Piémont s'étaient établis dans les fermes isolées et les hameaux du Luberon. Découverts au début des années 1530 par les autorités civiles et religieuses pourchassant les protestants, ils furent dès lors persécutés. Dès 1532, leurs *barbes* (prédicateurs itinérants) adoptèrent le principe d'une adhésion à la Réforme. Les vaudois provençaux achevèrent de s'y rallier vers 1560. Le Luberon constitua alors la seule zone rurale de Provence où le protestantisme se soit durablement établi.

Le château de Tarascon (XVe s.) A droite François Ier et Henri IV (La Provence est réunie au royaume en 1481).

Le Sud-Est provençal est en effet une des rares régions de la France méridionale à n'avoir été que faiblement atteinte par la Réforme protestante. Le protestantisme n'est pas parvenu à s'implanter fortement dans les villes, où les réformés restent exclus des conseils municipaux. Orange fait exception, la principauté ayant été transmise par héritage en 1530 à la famille hollandaise de Nassau, qui passe au cours des décennies suivantes à

la Réforme. Des noyaux protestants se sont cependant établis dans les bourgs de la région des Baux et du val de Durance où ils se maintiendront jusqu'à la révocation de l'édit de Nantes en 1685. La minorité protestante, appuyée par le protestantisme languedocien et dauphinois, riposte aux flambées de violence populaire dont elle est victime, dès le début des guerres de Religion, en 1559-1564 par une série de coups de mains dévastateurs. Lorsqu'en 1584 Henri de Bourbon, prince protestant, devient l'héritier potentiel du trône, la Ligue catholique fait de rapides progrès et se rend en 1588 maîtresse de l'essentiel de la basse Provence. Mais, en juillet 1593, Henri de Bourbon devenu Henri IV abjurait, le parlement d'Aix se ralliait à lui en janvier 1594 et le nouveau roi pouvait entreprendre d'imposer son autorité sur la région. Il doit alors résoudre le problème de la République marseillaise, le ligueur Charles de Cazaulx ayant établi, depuis février 1591, sa dictature sur la ville. Henri IV le fit assassiner par surprise en 1596.

Vie culturelle au XVIe s.

L'art de la Renaissance n'a influencé qu'assez tardivement et discrètement la peinture, longtemps fidèle aux influences gothiques propagées par la seconde école d'Avignon et à Nice par la dynastie des Bréa. En revanche, cet art lié à l'aristocratie et à la cour s'était davantage propagé dans les hôtels aixois et les châteaux, dont beaucoup seront plus tard modernisés par ablation de leur décor originel. Ont cependant subsisté quelques portes et retables d'églises et surtout des châteaux : la Tour-d'Aigues, Lourmarin, Château Arnoux.

L'université d'Aix a été créée par Louis II en 1409 mais son rayonnement reste modeste et si à Avignon un imprimeur lyonnais publie un premier ouvrage en 1497, l'imprimerie n'apparaît à Aix qu'en 1575 et à Marseille en 1595. Un trilinguisme de fait, latin, provençal et français, existe chez les élites. Le XVIe s. voit l'apparition, dans sa seconde moitié, de cercles poétiques en occitan, dont le re-

présentant le plus remarquable est P. Bellaud de la Bellaudière ; et en français, des cercles qui gravitent autour du haut personnel politique aixois avec pour membre illustre le normand Malherbe.

LA PROVENCE DES ROIS BOURBONS

Une francisation difficile

Au sortir des guerres de Religion, Henri IV et surtout ses successeurs ont montré leur volonté d'imposer l'absolutisme bourbonien à cette région très éloignée de Paris puis de Versailles. La Provence avait hérité de la période comtale une Assemblée représentative, les états provinciaux, ayant droit de regard sur l'administration générale et fiscale. Les états étaient constitués par des membres du haut clergé, par les nobles possédant des fiefs et, depuis 1578, par des représentants de trente-sept villes, ces derniers formant l'Assemblée des communautés. Les états manifestèrent sous Louis XIII une forte opposition à l'augmentation très rapide des impôts qu'entraînait l'entrée de la France dans la guerre de Trente Ans. A partir de 1639, seule l'Assemblée des communautés, jugée plus docile, fut convoquée et Louis XIV transféra en 1664 son lieu de réunion d'Aix à Lambesc. Les rois tentaient depuis le XVIe s. de contrôler le parlement, formé d'*officiers*, magistrats qui achetaient leur charge et pouvaient la transmettre à leurs enfants ou la revendre. Les parlementaires étaient inégalement dociles, l'hérédité de leur charge avait contribué à les enraciner dans le milieu aixois et ils défendaient les droits du pays de Provence, et les privilèges hérités de l'époque comtale.

Louis XIV, voyageant ici avec sa cour, réduira les privilèges de la Provence.

Lorsque Mazarin tenta pendant la minorité de Louis XIV d'augmenter le nombre des officiers du parlement d'Aix, il se heurta à la guerre du Semestre, révolte d'une partie des parlementaires qui l'obligea à abandonner momentanément son projet. Jusqu'alors les rois avaient pesé sur la politique provinciale par la nomination de leurs fidèles à la tête du parlement et à l'archevêché d'Aix ; ce dernier eut ainsi pour titulaire au XVIIe s. un Richelieu puis un Mazarin, tous deux frères des cardinaux-ministres. Sous Louis XIV, un intendant de justice, police et finances, qui est aussi d'ordinaire premier président du parlement d'Aix achève d'être établi à demeure en Provence. Doté de vastes pouvoirs mais de moyens d'action parfois réduits, il symbolise *"le roi présent dans sa province"*. Néanmoins les deux Cardin Lebret (1687-1734) puis les deux La Tour (1734-1771 et 1775-1790) qui se succèdent de père en fils tendront à s'intégrer à la haute société provençale et à examiner d'un œil assez favorable les intérêts de la "généralité d'Aix". Aix bénéficie ainsi d'un centralisme assez exceptionnel dans la France de l'époque puisque son importance administrative et judiciaire est sans équivalent en Provence. Elle est siège du parlement, de la Cour des comptes, de l'intendance et de la seule université provençale. La ville connaît alors son apogée et se couvre des vastes hôtels des *Messieurs* des cours souveraines. Son économie dépendait d'ailleurs du train de vie des officiers du roi qui firent prospérer les métiers du bâtiment et les artistes ; de leurs fonctions aussi, qui faisaient vivre imprimeurs, avocats et avoués, voire aubergistes accueillant les plaideurs.

Louis XIV parvint à réduire à l'obéissance Marseille, âprement divisée depuis le début du XVIIe s. entre deux partis de grands notables qui, appuyés sur leurs clientèles, se disputaient l'hôtel de ville et manifestaient ouvertement leur indocilité aux officiers du roi. Le roi le fit de façon ostensible en pénétrant dans la ville par une brèche ouverte dans les remparts le 2 mars 1660 : la ville perd une partie de ses privilèges, un nouveau régime municipal la place sous le contrôle royal et les forts Saint-Jean et Saint-Nicolas, construits de part et autre de la passe la mettent *"sous le canon du roi"*. Néanmoins la politique diplomatique, navale et coloniale de la France s'avère alors souvent favorable à Toulon et Marseille, ports de commerce et de guerre à la fois. Toulon a été doté sous Henri IV d'un arsenal et d'une enceinte bastionnée protégeant une vaste darse ; dès 1624, Richelieu y transfère la plupart des galères au détriment de Marseille qui redevient cependant en 1665 le principal port d'attache du corps des galères rendues obsolètes au cours du XVIIe s. par le progrès des vaisseaux et de l'artillerie de marine. Les galères seront cependant maintenues jusqu'en 1748 pour raison de prestige et parce que la galère est devenue un châtiment de droit pénal. En 1749, les galériens seront transférés à Toulon et leur peine commuée en travaux forcés dans les arsenaux : ils deviennent alors des bagnards.

Marseille semble avoir connu au XVIIe s. de lents progrès commerciaux, malgré les efforts de Colbert pour développer l'économie française. L'édit de 1669 accorde à Marseille un statut de port franc et établit un droit de 20 % sur les marchandises provenant du Levant qui entrent par d'autres ports, conférant aux Marseillais un quasi-monopole sur les produits levantins. Dans le reste de la Provence, le XVIIe s. amène des progrès économiques et démographiques en dépit de redoutables pestes, du moins jusque vers 1689. S'installe ensuite dans le Sud-Est une période de marasme qui ne prend fin que vers 1740 : c'est d'abord l'invasion de la partie orientale de la région pendant les dernières guerres du règne de Louis XIV, puis la peste de 1720, et une nouvelle incursion des armées ennemies en 1746-1747, lors de la guerre de Succession d'Autriche. Les enceintes bastionnées (Colmars-les-Alpes, Toulon, Antibes), les forts et les citadelles (Sisteron, Seyne, Entrevaux) rappellent encore que la Provence était alors une des frontières d'invasion du royaume.

Ages classique et baroque

Le grand nombre de constructions et d'œuvres d'art du XVII^{e}e s. que conserve la région est le reflet de cette croissance mais aussi de la pénétration de la Réforme catholique. Issue du concile de Trente, elle se manifeste d'abord à la fin du XVIe s. dans les diocèses des Etats pontificaux et des évêques venus d'Italie, puis gagne pendant le XVIIe s. l'ensemble de la Provence.

Les ordres monastiques se réforment par un retour à l'austérité primitive. Une nouvelle floraison monastique naît ainsi de la création des couvents réformés et de l'installation de maisons religieuses nouvelles ou qui connaissent alors une forte expansion (carmel, visitation, jésuites). Durant le long règne de Louis XIV, la Réforme s'étend aux fidèles eux-mêmes, qui mieux encadrés par un clergé paroissial rénové, qui adhèrent massivement à des confréries, et constituent les nombreux pèlerins des sanctuaires à miracles qui se peuplent d'*ex-voto* (tableautins d'action de grâce).

Puissants Atlantes soutenant le balcon de l'hôtel de Maurel Pontevès (1647) sur le cours Mirabeau, Aix -en-Provence.

Le vocabulaire décoratif du maniérisme venu d'Italie atteint tardivement la Provence à la fin du XVIe s. et s'y manifeste surtout dans l'architecture et la sculpture d'ornement de maisons de notables. Mais les Etats pontificaux, la Provence et le comté de Nice ont ensuite connu une ample influence baroque due à leur proximité et leurs rapports avec de grands centres artistiques italiens. Elle s'est nettement manifestée dans quelques œuvres d'architecture (Monnaie d'Avignon par D. Borboni ; Charité de Marseille par P. Puget, église des Théatins de Nice, dérivée de projets de G. Guarini), la musique (orgues) dans la peinture et la sculpture (P. Puget, M. Serre, C. Veyrier). L'art baroque s'épanouira et perdurera dans le décor des boiseries de retables, la sculpture d'ornement de façade et d'extérieur. La fabrication des faïences de

Moustiers Sainte-Marie et de Saint-Jean-du-Désert commence aussi vers 1670 sous l'impulsion des frères Clérissy. Ces deux centres produisent d'abord des pièces de "grand feu" (le décor est cuit en même temps que l'émail, s'incorporant à lui) ; puis au XVIIIe s., de grands faïenciers, Ferrat (Moustiers), la veuve Perrin et Robert (Marseille) obtiendront au "petit feu" (l'émail est cuit d'abord, puis le décor est fixé par une autre cuisson) un décor d'une grande finesse, fortement marqué par l'art rocaille français du temps de Louis XV.

A la fin du XVIe, s. et surtout au XVIIe s., l'augmentation et les mutations de la population entraînent dans les villes une large reconstruction du bâti et la création de quartiers nouveaux, souvent réalisés selon un tracé régulier. A la suture des quartiers anciens et de ces extensions sont créés sur les lices des anciens remparts des cours, espaces publics plantés d'arbres, ornés de fontaines, dotés de larges trottoirs, servant à la fois à la promenade, aux échanges sociaux (cafés, bancs), à la circulation, éventuellement aux marchés, dérivés du corso italien : cours Lafayette de Toulon, le plus ancien, cours Mirabeau d'Aix (1649), d'abord traité comme une immense place, cours Belsunce de Marseille (1666), le seul initialement bordé d'îlots à façades à programme. Ce modèle prestigieux se diffusera au siècle suivant dans les petites villes comme Digne (cours Gassendi).

Au XVIIe s. et au début du XVIIIe s., la Provence et dans une moindre mesure le comté de Nice sont aussi une terre d'écrivains et de savants, qu'ils y soient nés et y vivent comme Jean de La Ceppede (1550-1622), l'un des principaux auteurs de poésie sacrée du XVIIe s., qu'ils y naissent mais n'y reviennent que tardivement comme Honoré d'Urfé (1567-1625) qui écrivit son roman l'Astrée à Villefranche-sur-Mer, qu'ils y séjournent enfin comme Madame de Sévigné venant chez son gendre le comte de Grignan. Une création occitane persiste parallèlement avec les poètes C. Brueys et G. Zerbin d'Aix et surtout les *Noëls* du comtadin Nicolas Saboly, l'un des auteurs les plus populaires aujourd'hui encore. Parmi les savants, l'on doit citer l'aixois Nicolas de Peiresc (1580-1637), à la curiosité universelle et surtout le philosophe Pierre Gassendi (1592-1655), chanoine de Digne. Les Provençaux des XVIIe et XVIIIe siècles et notamment les pères jésuites et les minimes vont permettre de nombreux progrès en astronomie et en sciences naturelles, en particulier pour la botanique (Tournefort).

L'essor commercial

Marseille connaît son apogée portuaire au moment où la Méditerranée a cessé d'être le centre des échanges intercontinentaux et où les grands circuits d'échanges ont glissé vers les océans. Son dynamisme redevient manifeste dès la fin du XVIIe s. lorsque les Marseillais franchissent Gibraltar, en direction des colonies antillaises, comme Colbert l'avait souhaité. Cette ouverture au monde est le moteur du progrès marseillais . En Méditerranée, le commerce avec le Levant change : les Marseillais y inversent à leur profit les échanges traditionnels en vendant le sucre ou le café des Antilles dans un Empire ottoman en déclin. Certains de leurs artisanats, coton, savonneries, raffinage du sucre tendent à se muer en manufactures aux productions largement exportées.

Après 1769 s'ajoute le commerce dans l'océan Indien puis sous Louis XVI avec les futurs Etats-Unis d'Amérique. Ce grand essor fait passer Marseille, désormais la troisième ville de France, de quelque 75 000 habitants à la fin du XVIIe s. à environ 120 000 au début de la Révolution. Mais cette croissance sera brisée en 1793 avec l'entrée en guerre contre les Anglais. D'autres villes demeurent actives au XVIIIe s. : Grasse qui développe

son industrie des parfums et où naît le peintre H. Fragonard ; Toulon, désormais le grand port de la marine de guerre française en Méditerranée, la deuxième ville de Provence par sa population en 1789 ; Avignon, bien éloignée de son prestige médiéval mais qui tire parti de sa situation d'enclave dans le royaume, parfois au prix d'une certaine contrebande.

Le glorieux XVIIIe siècle bénéficie aussi à la basse Provence rurale des bourgs urbanisés. Cet échelon intermédiaire entre ville et village se définit alors par une population d'un à quelques milliers d'habitants, socialement diversifiée, une vie publique active et une sociabilité qui s'exprime à travers les confréries, puis des associations profanes, les "chambrées" (sorte de cercles) ; enfin des aspects urbains tels que des restes de remparts, des fontaines, parfois l'aménagement d'un cours.

Images de la Révolution. Ci-dessus : le peuple opprimé par l'Eglise et l'aristocratie. A droite : la prise de la Bastille.

Partout les notables mettent au goût du jour leurs demeures ou du moins leur mobilier. Certaines familles de "juifs du pape" parviennent à l'aisance grâce au commerce et font reconstruire les remarquables synagogues de Cavaillon et Carpentras qui sont aujourd'hui les plus anciennes de France. Fait significatif, alors que la haute Provence paysanne sera longtemps fidèle à un style Louis XIII d'arrière-saison, le mobilier traditionnel provençal, en fait caractéristique des basse Provence marseillaise, aixoise et arlésienne restera influencé par le style Rocaille. Le long succès au XIXe s. de ces meubles en noyer d'une belle qualité technique semble ensuite dû aux nostalgies d'artisans, boutiquiers et paysans aisés pour les bons prix de l'Ancien Régime. Ils combleront aussi le goût de ces catégories moyennes pour la virtuosité artisanale des galbes, des moulures et une sculpture d'ornement de plus en plus chargée.

L'alphabétisation se diffuse parallèlement en milieu urbain, en dépit d'un net

retard sur la France du Nord, induisant une francisation rampante mais offrant néanmoins des lecteurs à une littérature de langue provençale qui n'est plus uniquement due à des notables et avec le menuisier Antoine Peirol d'Avignon, auteur de *Noëls*, commence à être le fait de ces artisans et boutiquiers urbains qui accèdent alors au savoir livresque. La Provence fournit aussi à la littérature française trois écrivains notables aux œuvres plutôt différentes : les trois marquis de Vauvenargues, d'Argens et de Sade. Elle donne aussi à la Révolution deux de ses principaux auteurs : le comte de Mirabeau et l'abbé Sieyès.

La Révolution

La Révolution connaît en Provence ses rythmes propres, parfois en avance sur Paris. La région est secouée dès le printemps 1789, au sortir d'un hiver rigoureux qui a tué les oliviers, par une vague d'émeutes ; Marseille échappe ainsi au contrôle royal pendant deux mois et connaît avant Paris l'organisation précoce d'une garde citoyenne. En avril 1790 la prise de ces bastilles marseillaises que sont les forts de la passe achève de placer la ville à la tête de la Révolution. Cependant la Provencc disparaît comme les autres provinces en 1790 lors de la création des départements.

Le Club des amis de la Constitution de Marseille, envoie au printemps 1792 des missionnaires patriotes effectuer des courses civiques jusqu'à Sisteron ; il dépêche vers Aix, Avignon ou Arles des expéditions de volontaires armés, lorsque la contre-révolution semble y menacer. Une pensée républicaine, fondée sur les Droits de l'homme s'y élabore et, à la fin du printemps 1792 Marseille est la première ville à demander l'abolition de la royauté. Au début de l'été, le bataillon des Marseillais traverse à pied la France, propageant l'œuvre de Rouget de l'Isle, *le Chant de guerre de l'armée du Rhin* qui devient ainsi "*La Marseillaise* " ; il joue un rôle de premier plan à Paris le 10 août dans le renversement de la royauté. A l'automne 1792, l'armée de la Convention franchit le Var et le comté de Nice forme l'année suivante le premier département des Alpes-Maritimes.

LA PROVENCE CONTEMPORAINE

Les bouleversements du XIXe s.

La Ière République, puis le Consulat et Ierr Empire, entre 1792 et 1815, sont un temps de difficultés politiques et économiques. Au cours de l'année 1793, la basse Provence et d'abord Marseille et Toulon participent à la révolte fédéraliste contre la Convention montagnarde. Avignon et Marseille sont reconquises dès l'été par l'armée de la Convention mais à Toulon des émissaires royalistes proclament Louis XVII et ouvrent le port aux Anglais. Le siège de Toulon s'achève le 18 décembre 1793, grâce au jeune Napoléon Bonaparte. Dans les deux villes, la Terreur, qui s'accompagne très vite d'une offensive déchristianisatrice, est marquée alors par des exécutions sommaires, des condamnations à mort et des destructions de monuments.

La chute de Robespierre le 9 thermidor (27 juillet 1794) empêche la mise en œuvre à Marseille d'un programme culturel et artistique ambitieux dont le décor peint par Réattu pour le *Temple de la Raison* (musée Réattu d'Arles) reste le symbole. La réaction thermidorienne est marquée par la Terreur blanche : des massacres de jacobins emprisonnés à Aix, Tarascon et Marseille par les "sabreurs" royalistes, dont certains passent ensuite au brigandage, faisant régner l'insécurité sur les routes et même dans les bourgs. Napoléon Bonaparte devenu Premier consul y met bon ordre mais le blocus continental handicape le commerce et l'industrie de Marseille. La chute de Napoléon est accueillie sans regrets en 1814. Le comté de Nice est restitué à la monarchie de Savoie (roi de Piémont) et la principauté de Monaco aux Grimaldi. A son retour de l'île d'Elbe, Napoléon Ier préférera éviter les grandes villes et la vallée du Rhône en passant par les Alpes. Waterloo provoque une seconde Terreur blanche ; le maréchal Brune est massacré à Avignon. Le vote censitaire qui avantage les propriétaires fonciers fait de la Provence un pays "blanc" qui, sous la Restauration, envoie siéger à la Chambre des ultra-royalistes. Des tendances libérales se dessinent cependant sous la Monarchie de Juillet (1830-1848) lorsque l'abaissement du cens électoral permet aux classes moyennes de prendre part au vote.

A droite : Toulon assiégée par les armées de la Convention.

De 1815 à 1848, le retour à la paix redonne une relative prospérité dont bénéficie d'abord Marseille, qui recommence à attirer des négociants étrangers. La conquête de l'Algérie transforme en colonie une de ses zones traditionnelles d'échanges. Sous la monarchie de Juillet, Marseille devient le premier port français et le troisième d'Europe. Elle participe à sa manière à la première révolution industrielle avec des industries chimiques (savonneries), le développement des industries alimentaires (semoulerie et huileries), l'essor des terres cuites (tuileries-briqueteries) et même la construction et la réparation navale qui se développent à La Ciotat. Sa population, qui avait peut-être régressé en deçà de 100 000 habitants à la fin de l'Empire, atteint 195 138 habitants en 1851, en dépit des choléras de 1834-1835 et 1849 et de la crise de 1848.

Toulon est également, grâce à la modernisation et à l'extension de l'arsenal, une ville ouvrière en pleine croissance. Moins net est le développement d'Arles et Avignon, qui vont bénéficier dans la seconde moitié du siècle de la ligne de chemin de fer après avoir perdu la plupart de leurs artisanats traditionnels. Dans la Provence rurale, la vieille polyculture méditerranéenne, associée à quelques

cultures spéculatives et à l'élevage transhumant connaît alors ses derniers beaux jours. La haute Provence atteint alors, vraisemblablement, son maximum démographique, au prix d'un déboisement intense et de la construction de terrasses en pierre sèche. A Hyères et Nice, les séjours hivernaux de riches étrangers, inaugurés au XVIIIe s., ont repris. Lord Brougham, arrêté en 1834 sur le chemin de Nice par les barrières sanitaires du choléra, s'établit à Cannes ; il est avec l'écrivain Mérimée à l'origine de la fortune de la ville.

L'architecture de cette première moitié du XIXe s. est marquée par l'épanouissement du néo-classicisme. M. Penchaud multiplie les monuments civils, hospitaliers et religieux de qualité sous l'Empire et la Restauration. P.-X. Coste, grand voyageur qui passe une partie de sa vie en Orient, sera le plus brillant de ses élèves. Le développement des grands chantiers et l'extension des réseaux de circulation multiplient les ouvrages réalisés par des ingénieurs : jetées, ponts, viaducs, aqueduc de Roquefavour, chef-d'œuvre de F. de Montricher. La région fournit à la génération romantique deux personnages très caractéristiques, le savant engagé, F.-V. Raspail, qui sera le premier à proclamer la République à Paris le 25 février 1848 et le révolutionnaire socialiste, L. Blanqui dit *"l'enfermé"* à cause de ses nombreux séjours en prison.

Le suffrage universel, instauré par la révolution de 1848 qui a établi la IIe République, manifeste en effet l'évolution lente de l'opinion populaire. La Provence reste fortement hostile aux Bonaparte mais plusieurs républicains avancés ("montagnards") sont élus dans le Var et la haute Provence.

Aussi, lorsque Louis-Napoléon Bonaparte réalise le 2 décembre 1851 un coup d'Etat qui lui permet d'établir sa dictature, la Provence orientale et alpestre est l'une des principales régions de France où s'organise une résistance. Dans les Alpes de haute Provence, les colonnes républicaines s'emparent de Digne. Ces dernières apprennent lorsqu'elles se heurtent à l'armée de ligne à la bataille des

Mées (9 décembre 1851) que la France entière ne s'est pas soulevée et lâchent pied. La répression féroce qui suit (exécutions sommaires, déportations dans les colonies) laissera un souvenir profond dans la mémoire collective et enracine la gauche dans la région pour près d'un siècle. L'opposition anti-bonapartiste ne désarmera guère pendant le Second Empire (1852-1870) qui est pour la Provence une époque très contrastée.

Marseille conserve en effet dans ses quartiers centraux et ses monuments, dus en particulier à H. Espérandieu et P. Coste, la marque de sa réelle prospérité et de son dynamisme en ces temps de percement du canal de Suez et de libre-échange. Son commerce et ses industries connaissent une nouvelle modernisation, liée à la réussite des armateurs, des entrepreneurs industriels et des banquiers (Société marseillaise de crédit, 1865). Marseille est néanmoins la seule grande ville du Sud à participer ainsi à l'épanouissement du capitalisme français et sa réussite reste fragile : elle est très éloignée des vastes centres de production et de consommation de l'Europe du Nord-Ouest où nombre de produits bruts sont directement débarqués. Faute d'une grande liaison Rhin-Rhône les Marseillais doivent négocier avec la compagnie du Paris-Lyon-Méditerranée les tarifs qui permettent à leurs produits d'être concurrentiels sur les marchés de Paris et de l'Est.

Ci-dessus : photographie du Vieux-Port de Marseille (au début ce siècle). A droite : Marseille et les îles du Frioul (gravure).

Le développement des chemins de fer qui crée un marché national et l'expansion de la révolution industrielle bouleversent l'ensemble de l'économie provençale, ruinant nombre de ses aspects agricoles et artisanaux. L'émigration traditionnelle des montagnards se transforme en exode rural massif vers les villes ou les colonies. Marseille attire aussi en foule Cévenols et Corses, cependant que des Italiens passent en nombre croissant la frontière pour chercher du travail à Toulon et Marseille mais aussi reprendre

des exploitations à travers toute la Provence rurale. Néanmoins les agriculteurs du Var associent les cultures maraîchères et florales à un vignoble à fort rendement, misant sur les marchés urbains. Ceux des plaines de Vaucluse développent une agriculture intensive et spéculative fondée sur des spécialités maraîchères et un vignoble de qualité, dont les produits sont expédiés par la vallée du Rhône. En 1860 Napoléon III a obtenu le rattachement à la France du comté de Nice. Dès 1865 la voie ferrée atteint les Alpes-Maritimes, facilitant le développement touristique de la zone côtière où les stations balnéaires se développent.

C'est dans ce contexte de mutations rapides que sont composées les œuvres de Frédéric Mistral (*Mireille*, 1859, *Le Poème du Rhône*, 1897) et celles de T. Aubanel (*La Grenade entrouverte*, 1860) témoignage de la vigueur de la création poétique en langue occitane. Tous deux figurent parmi les fondateurs en 1854 du Félibrige, mouvement littéraire et identitaire à la fois. F. Mistral, qui obtiendra le prix Nobel de littérature en 1904, est une des grandes figures du renouveau européen des nationalités au XIXe siècle. Il réalise une œuvre lexicographique majeure en rédigeant le *Trésor du Félibrige*, vaste dictionnaire occitan français. Il crée aussi à Arles le *Museon Arlaten*, où il rassemble le patrimoine de la Provence rhodanienne préindustrielle.

En revanche il ne put lutter contre la francisation provoquée par l'école, la culture écrite désormais majoritaire et le souci de promotion sociale qui passait par la maîtrise de la langue nationale. Enfin les félibres, issus de milieux ruraux et en général conservateurs parviendront mal à définir une ligne politique et à s'implanter à Marseille, dont le poids sur la région est alors considérable.

Marseille est à la fois le symbole de la modernité et la seule ville d'importance européenne de la Provence d'alors. Après avoir maintenu son opposition au Second Empire, elle s'avère dès les débuts de la IIIe République (1870-1940) un des premiers bastions du socialisme ; en 1871 sa

Commune est le mouvement insurrectionnel le plus grave après celui de Paris. Le congrès constitutif du parti ouvrier français, premier parti socialiste en France, se tient à Marseille en 1879 ; les électeurs d'un faubourg populeux envoient siéger à la Chambre en 1881 le premier député socialiste, Clovis Hugues. Les socialistes accèdent en 1892 à l'hôtel de ville de Marseille, de La Ciotat et en 1893 à celui de Toulon, principales villes ouvrières.

Mais Marseille doit à la fin du XIXe s. lutter contre la montée du protectionnisme, et pour le maintien de l'entrée en franchise des matières premières d'origine étrangère le temps qu'elles soient transformées puis réexportées. L'industrialisation devient dès lors pour ses négociants-armateurs une nécessité. Ces entreprises familiales, d'une très grande habileté commerciale, tirent souvent parti du retard industriel de l'Afrique et de l'Asie pour transformer les matières premières et réexpédier les produits finis.

A la veille de la Première Guerre mondiale, Marseille connaît un second apogée. Elle est redevenue à la fois un port mondial et un grand port de voyageurs. Les 500 000 habitants ont été atteints au recensement de 1901 et Marseille est désormais la seconde ville de France. Le contraste est grand avec Aix qui n'est plus qu'une modeste sous-préfecture de moins de 25 000 hab. et végète pendant tout le XIXe siècle. Sa société étriquée fait alors une entrée éclatante en littérature, grâce à Emile Zola qui y a passé son enfance et la décrit dans les premiers romans de son cycle des Rougon-Macquart.

Le paysage aixois inspire l'œuvre de Granet et surtout de Cézanne, qui sera cependant méconnu de ses compatriotes. Il en est de même d'Arles, somnolente au XIXe s., et de Saint-Rémy, petite ville affairée au commerce des chardons à carder, où séjourne Van Gogh en 1888-1889.

A droite : Marseillais absorbé dans la lecture des pages sportives d'un journal local.

L'entrée du paysage provençal dans l'histoire de la peinture est en effet un des événements majeurs du siècle. Elle débute dans la première moitié du XIXe s. avec des paysagistes d'origine locale tels que Constantin ou Granet, que leur italianisme a rendu sensibles aux horizons méditerranéens. Deux artistes majeurs, Paul Guigou et A. Monticelli, annoncent ensuite l'impressionnisme et rencontrent dans la bourgeoisie marseillaise une audience qui fera défaut à Cézanne à Aix, lequel poursuivra un parcours solitaire autour de la Sainte-Victoire.

En fait l'art moderne naît à Marseille, parmi les collines et les usines de l'Estaque, où tour à tour P. Guigou, P. Cézanne, G. Braque, R. Dufy et d'autres artistes viennent peindre sous une lumière qui accentue fortement les volumes et se reflète dans la mer. Ce sont les *Paysages de l'Estaque* peints en 1908 par G. Braque qui suscitent la notion de cubisme. L'on retrouve aussi P. Signac, Derain, Braque, Manguin et Dunoyer de Segonzac à Saint-Tropez.

La Provence intérieure inspire R. Seyssaud et A. Chabaud cependant que persiste autour de Marseille une bonne école locale de paysagistes qui développe un impressionnisme un peu tardif et dont le meilleur représentant est A. Casile. Le cinéma arrive en Provence dès 1895 avec *L'Entrée d'un train en gare de la Ciotat* tourné par Louis Lumière, puis avec les studios (disparus) de Marcel Pagnol à Marseille et ceux de la Victorine à Nice.

La Provence a pareillement inspiré les écrivains qui ont progressivement découvert les beautés d'un paysage, longtemps considéré comme peu attrayant par son aridité, et la richesse humaine d'une population pour laquelle les stéréotypes n'ont pourtant pas manqué, du Provençal brutal du XVIIIe s. au Provençal aimable et bavard des débuts du XXe siècle. Ce dernier thème a été propagé par les œuvres encore populaires ou qui l'on été de

J. Méry, A. Daudet et M. Pagnol. Parmi les auteurs qui y naquirent, l'on peut citer Paul Arène, Edmond Rostand, Charles Maurras, ce dernier étant connu avant tout pour son action politique d'extrême droite, et surtout André Suarès, Germain Nouveau et Antonin Artaud, qui correspondent fort mal à l'idée reçue dénoncée plus haut. Plus importants encore sont les grands auteurs qui y séjournèrent parfois longuement : à Marseille, Stendhal et Alexandre Dumas qui y situe l'un de ses plus célèbres romans *"Le comte de Monte Cristo"* . Arthur Rimbaud y meurt en 1891.

La Provence contemporaine

Albert Cohen passe sa jeunesse en Provence au début de ce siècle. En Avignon, S. Mallarmé fut professeur au lycée, comme plus tard Simone de Beauvoir à Marseille. Le poète dijonnais Stephen Liégeard, établi à Cannes décrivit en 1887 un itinéraire le long du littoral provençal et nissard sous le titre *La Côte d'Azur* qui allait désormais désigner ce rivage dont les métamorphoses sont considérables à la fin du XIXe et surtout au XXe siècle. Un tourisme d'été vient alors s'ajouter à celui des riches hivernants, faisant naître à l'ouest de nouvelles stations telle Saint-Tropez, d'abord découverte par les peintres. Renoir s'installe à Cagnes, Matisse à Vence puis Nice, Picasso à Antibes puis Vallauris, F. Léger à Biot. Nombre de ces artistes migrent ensuite vers la Provence intérieure : André Masson de Sanary à Aix, N. de Staël d'Antibes au Luberon où s'établissent aussi A. Lhote et Vasarely, cependant que R. Dufy gagne la haute Provence où travaille aussi P. Soulages.

Le développement du tourisme a été considérable en effet sur la Côte d'Azur dont il a fortement modifié le paysage et l'économie, attirant des retraités mais aussi des industries à haute valeur ajoutée (zone scientifique et industrielle de Sophia-Antipolis). La villégiature d'écrivains internationaux sur la côte, parfois auprès de mécènes fortunés comme le vicomte de Noailles à Hyères, a inspiré nombre d'œuvres, ainsi Nietzsche à Nice, Katherine Mansfield à Bandol, Scott Fitzgerald au cap d'Antibes, Virginia Woolf à Cassis. Puis Marseille a symbolisé au début de l'occupation la porte de la liberté pour nombre de créateurs et d'écrivains surréalistes, fuyant l'avancée du nazisme.

Après la Seconde Guerre mondiale le phénomène touristique s'étend à l'ensemble de la région et en particulier à la Provence intérieure et montagnarde. Deux écrivains essentiels du XXe s., Jean Giono et René Char, illustrent alors leur pays natal et c'est à certains égards à travers leurs œuvres que l'*intelligentsia* française ou étrangère découvre ces régions. Plus largement, les festivals d'été se sont multipliés au cours des dernières décennies dans une région où certains, tels les Chorégies d'Orange, étaient déjà anciens et où d'autres, tels ceux d'Avignon et d'Aix, acquirent vite une réputation internationale. Les musées y ont aussi prospéré.

Les métamorphoses du Sud-Est au XXe s. se sont traduites par un bouleversement des équilibres régionaux depuis la Seconde Guerre mondiale. Celle-ci a durement atteint la région : occupation italienne et allemande à partir de novembre 1942, provoquant le sabordement de la flotte à Toulon ; difficultés de ravitaillement ; destruction par les Allemands des vieux quartiers de Marseille en janvier 1943; bombardements alliés sur Toulon, Marseille, Avignon et Tarascon en 1943-1944 ; puis destruction par les Allemands de l'essentiel des installations portuaires de Marseille pendant les combats de la Libération. De nombreux maquis dans les zones montagneuses du Vaucluse, du Var et des Alpes-de-Haute-Provence et des actes audacieux de résistance urbaine subirent de dures représailles. Le débarquement de Provence le 15 août 1944 sur la côte varoise fut aidé par ces actions de Résistance qui retenaient les troupes allemandes loin du littoral ; cependant que les Alliés devant les risques pris par les populations urbaines accéléraient leur avancée. Le XXe s. aura été pour Marseille un temps de grandes difficultés, en dépit des records de tonnages portuaires dus au pétrole et d'une augmentation de population (800 000 habitants) provoquée par les migrations mais peu adaptée au volume des emplois offerts.

A droite : Arlésienne portan t le costume traditionnel.

Dès l'entre-deux-guerres, Marseille traverse des années d'enlisement économique et urbaniste, devenant un port surtout colonial, échangeant des biens de consommation peu sophistiqués avec l'Afrique sous domination française. Sa région n'est point cependant absente de la seconde révolution industrielle, mais l'industrie pétrolière et pétroléo-chimique va s'établir sur les rives de l'étang de Berre et ne cessera dès lors de s'y développer, ainsi que dans la zone de Fos au cours des dernières décennies. Les conséquences de la Seconde Guerre mondiale sont graves : port à reconstruire, liens commerciaux rompus avec nombre de pays. La plupart des industries traditionnelles se délocalisent sur les lieux de production ou déclinent faute de s'être restructurées. La grande ville qui reste avec Nice le principal foyer de création intellectuelle et artistique régional est cependant devenue un grand centre de recherches scientifiques et médicales.

En revanche, au cours de la seconde moitié du XXe s., la partie orientale de la région, qui fut longtemps la plus marginale et l'une des plus pauvres, est devenue l'une des plus dynamiques. Nice est, avec 478 000 habitants la seconde ville régionale et Cannes, simple village au XIXe s. atteint 335 000 habitants La zone rhodanienne a également connu un vif essor et Arles et Avignon ont retrouvé un dynamisme en partie puisé dans les souvenirs d'un passé illustre. Il en est de même d'Aix.

LES BOUCHES-DU-RHONE

MARSEILLE
CASSIS / AUBAGNE
AIX-EN-PROVENCE
ARLES / LA CAMARGUE
LE PONT DU GARD

Le département des Bouches-du-Rhône a plusieurs visages, celui des bords de la Durance et des chaînes de collines parsemées de villages, celui où règne la mer venant lécher les calanques de Cassis, celui du Rhône au pied duquel s'étend l'étrange et sauvage Camargue. De fortes identités de culture s'y côtoient sans vraiment se mélanger dont Arles et Marseille sont les deux phares.

MARSEILLE

Marseille, chef-lieu de la région Provence-Alpes-Côte d'Azur, et du département des Bouches-du-Rhône, est une ville complexe et souvent méconnue. Si vous faites fi des préjugés, elle pourrait bien vous étonner et vous séduire.

Histoire et mythes

De la colonie phocéenne, fondée au VIe s. av. J.-C., de Massalia donc, il ne reste que quelques vestiges, et encore s'agit-il des restes des remparts orientaux de la ville érigés au IIIe s. av. J.-C. et du tracé en forme de corne du port tel que le construisirent les Romains au Ier s. apr. J.-C. Aménagés en **jardins des Vestiges**, c'est aujourd'hui l'un des premiers lieux que l'on visite à Marseille, repoussant comme pour mieux les apprécier, la découverte de lieux qui symbolisent avec force l'esprit de cette ville. A savoir Notre-Dame-de-la-Garde et le Vieux-Port.

Marseille vaut mieux que cette réputation de ville dangereuse, sorte de Chicago européen, que les échotiers s'acharnent à lui coller depuis des lustres. Les Marseillais ont toutefois appris à se jouer des sarcasmes des gens du Nord, perpétuant avec le sourire et l'accent cette volonté qui animait leurs aïeux au siècle dernier, lorsqu'il fallut hisser la ville et son port au rang de puissance commerciale incontournable. De port franc, depuis la moitié du XVIIe s., Marseille a su se donner les moyens d'accéder au premier rang des ports français et second port européen, bénéficiant d'installations gigantesques mais régulièrement secoué par des grèves qui ravivent les luttes d'autrefois.

On est Marseillais par naissance ou par assimilation, ce qui, aujourd'hui, revient au même. On appartient à une culture, laquelle pour être spécifique, n'en est pas moins universelle, puisqu'étant orientale. En un peu plus d'un siècle, Grecs, Italiens du Sud, Siciliens, Arméniens fuyant leurs

Pages précédentes : fête des gardians en pays d'Arles. Le "Vignoble rouge", la Provence vue par Van Gogh. A gauche : le Vieux-Port de Marseille.

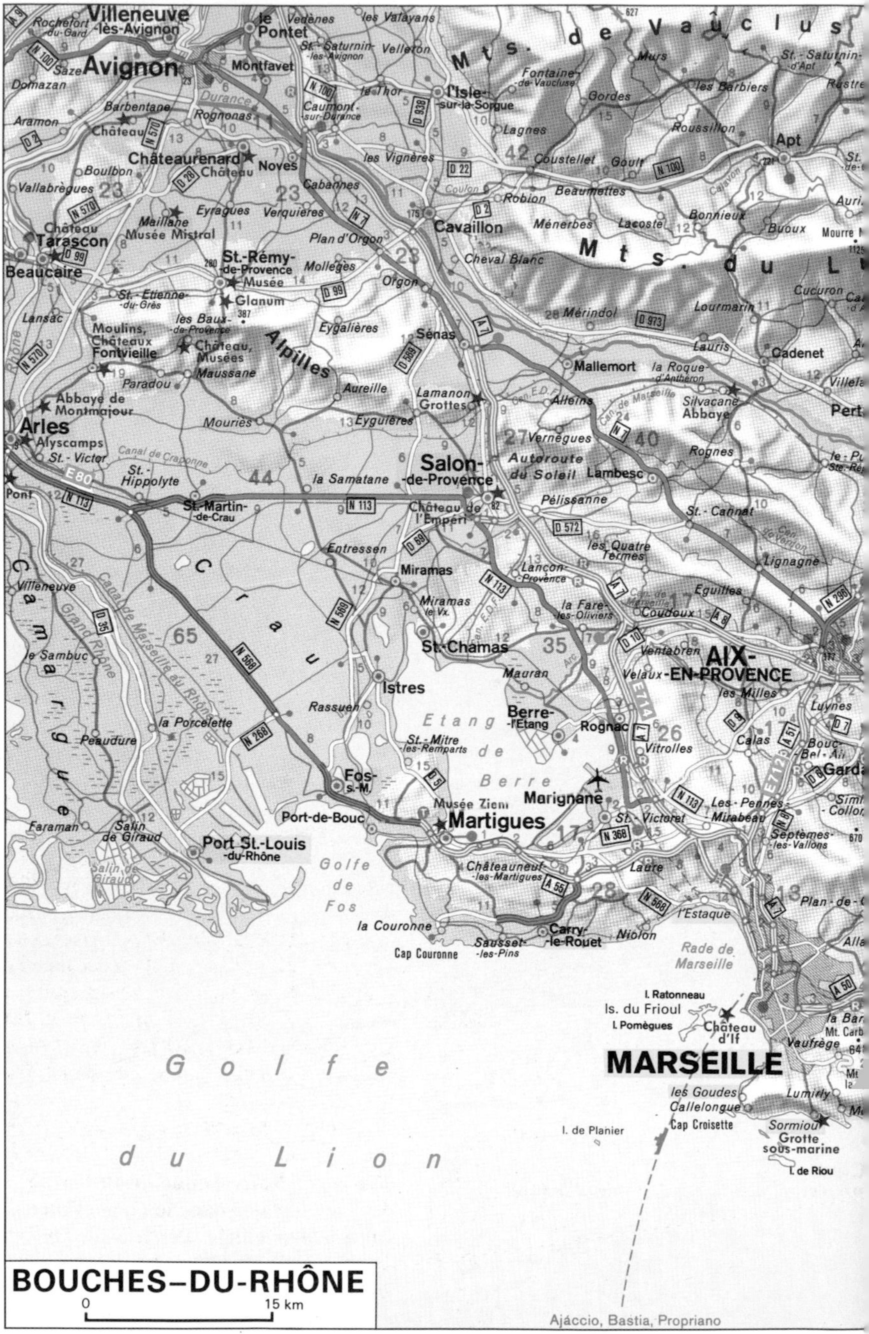
Villeneuve
-lès-Avignon
Rochefort
-du-Gard
le Pontet
Vedènes
les Valayans
St.-Saturnin-
-lès-Avignon
Velleron
Mts. de Vaucluse
Murs
St.-Saturnin-
-d'Apt
Rustrel
Avignon
Saze
Montfavet
Domazan
Durance
le Thor
l'Isle-
-sur-la-Sorgue
Fontaine-
-de-Vaucluse
Gordes
les Barbiers
Barbentane
Rognonas
Caumont-
-sur-Durance
Aramon
Château
Lagnes
Roussillon
Apt
Châteaurenard
Château
Noves
les Vignères
Coustellet
Goult
Boulbon
Vallabrègues
Cabannes
Robion
Beaumettes
Calavon
Auribeau
Coulon
Maillane
Musée Mistral
Eyragues
Verquières
Cavaillon
Ménerbes
Lacoste
Bonnieux
Buoux
Mourre Nègre
Château
Tarascon
Beaucaire
Plan d'Orgon
Mts. du Luberon
St.-Rémy-
-de-Provence
Musée
Mollégès
Cheval Blanc
Orgon
Cucuron
St.-Etienne-
-du-Grès
Glanum
Lansac
les Baux-
-de-Provence
Mérindol
Lourmarin
Moulins,
Châteaux
Fontvieille
Château,
Musées
Alpilles
Eygalières
Sénas
Lauris
Cadenet
Rhône
Paradou
Maussane
Mallemort
la Roque-
-d'Anthéron
Aureille
Lamanon
Grottes
Alleins
Silvacane
Abbaye
Villelaure
Abbaye de
Montmajour
Mouriès
Eyguières
Can. de Marseille
Pertuis
Arles
Alyscamps
St.-Victor
Canal de Craponne
Vernègues
Rognes
Pont
St.-
Hippolyte
la Samatane
Salon-
-de-Provence
Autoroute
du Soleil
Lambesc
le Puy-
Ste-Réparade
St.-Martin-
-de-Crau
Château de
l'Empéri
Pélissanne
St.-Cannat
Camargue
Crau
Entressen
les Quatre
Termes
Can. du Verdon
Villeneuve
Miramas
Lançon-
-Provence
Lignagne
Eguilles
Miramas
-le Vx.
la Fare-
-les-Oliviers
Coudoux
Grand Rhône
Canal de Marseille au Rhône
le Sambuc
St.-Chamas
Ventabren
AIX-
EN-PROVENCE
Velaux
Mauran
Arc
Istres
les Milles
Luynes
Rassuen
Berre-
-l'Etang
Rognac
la Porcelette
Etang de Berre
St.-Mitre
-les-Remparts
Vitrolles
Calas
Bouc-
-Bel-Air
Peaudure
Gardanne
Fos-
s.-M.
Marignane
Musée Ziem
Martigues
St.-Victoret
Les Pennes-
-Mirabeau
Simiane-
-Collongue
Port-de-Bouc
Faraman
Salin
de Giraud
Port St.-Louis
-du-Rhône
Septèmes-
-les-Vallons
Golfe
de
Fos
Châteauneuf-
-les-Martigues
Laure
Salin
de Giraud
Plan-de-Cuques
l'Estaque
la Couronne
Carry-
-le-Rouet
Niolon
Sausset-
-les-Pins
Cap Couronne
Rade de
Marseille
Allauch
I. Ratonneau
Is. du Frioul
I. Pomègues
Château
d'If
la Barasse
Mt. Carpiagne
Vaufrège
Golfe
MARSEILLE
les Goudes
Callelongue
Cap Croisette
Lumirly
I. de Planier
du Lion
Sormiou
Grotte
sous-marine
I. de Riou
BOUCHES–DU–RHÔNE
0
15 km
Ajaccio, Bastia, Propriano

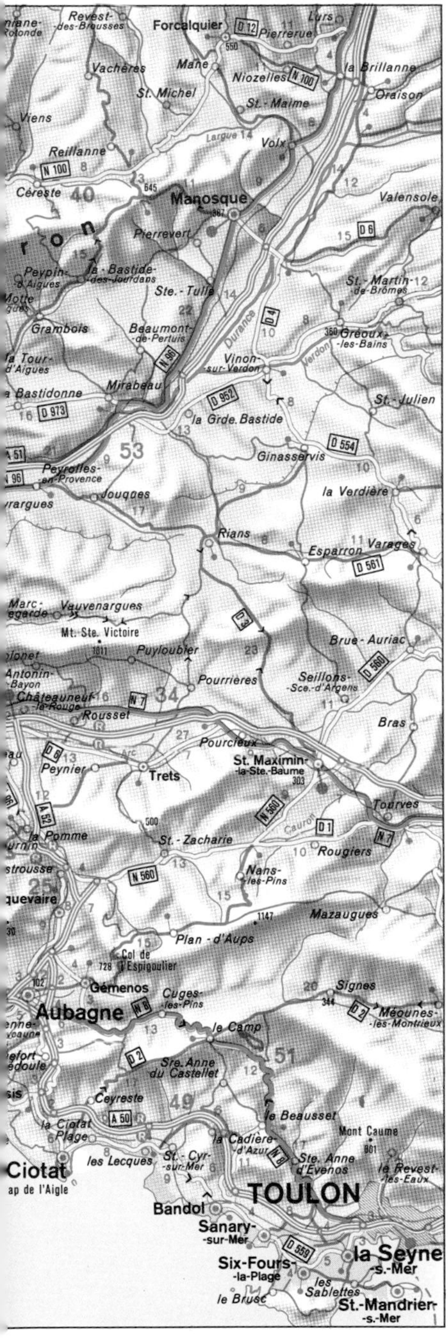

terres ingrates et inhospitalières ont replanté leurs racines dans cette tourbe ensoleillée, encore proche de leur pays, et suffisamment éloignée pour pouvoir rêver à une fortune meilleure.

Pour comprendre le Marseille contemporain, il faut savoir comment voilà des années, elle prospéra grâce aux industries de l'huile et du sucre, consolidant les bases d'une bourgeoisie fondées sur le commerce et la banque, enflant les rangs extrêmement nombreux des travailleurs, plus souvent au bas de l'échelle, important d'Afrique noire et d'Afrique du Nord une main-d'œuvre considérable, assurant en cela son rôle de plaque tournante d'une puissance colonisatrice.

C'est autour des comptes rendus judiciaires des années 20 et 30, où une énorme majorité d'Italiens était impliquée, que se façonna l'image du Marseille-pègre, soutenue par une abondante littérature policière et relayée par le cinéma. *De Borsalino* à *Cap Canaille* l'image d'une grande métropole de la violence estompa presque l'aimable trilogie de Pagnol dont les héros agacent presqu'autant les Marseillais que ceux qui firent de la Canebière le boulevard du crime.

Autour du Vieux-Port

C'est au début du XIXe s. que fut décidée la construction d'une basilique, œuvre ambitieuse réalisée par l'architecte Espérandieu, lequel dessina aussi les plans de la Major, cette gigantesque et massive cathédrale de style néo-byzantin, près de la **Vieille-Major**, authentique joyau d'art roman, malheureusement fermée depuis 1989.

Vibrante application de ce style romano-byzantin, fort en vogue à la fin du XIXe s., **Notre-Dame-de-la-Garde** a éclipsé la Major dans le cœur et dans la foi des Marseillais. Perchée sur son rocher, elle se contente de veiller sur tout et sur tous, prolongeant le culte rendu à la petite chapelle où vinrent se recueillir et

les marins anonymes et les grands du royaume. On y monte pour jouir du panorama, pour y invoquer la chance ou plus humblement pour perpétuer le souvenir de camarades et la passion de la mer, et de l'aventure, comme en témoignent les nombreux ex-voto qui décorent la crypte. Quel meilleur point de vue que celui de la "Bonne Mère" pour découvrir la ville, l'embrasser d'un seul regard, des plages du Prado au port de l'Estaque, des îles aux collines ? Les jours de vent, l'ivresse y est totale, les bleus intenses, les rouges chauffant doucement sous le soleil, courant de toits en toits, estompant avec force la présence souvent incongrue d'immeubles trop hauts, trop longs, trop peuplés.

De là, on aperçoit la **basilique Saint-Victor**, énorme forteresse qui abrita une des plus puissantes abbaye de Provence. Dominés par la tour d'Isarn, les murs d'enceinte dissimulent une merveilleuse

Ci-dessus : Marseille : le palais de Longchamps. A droite : les visages ensoleillés de la Méditerranée.

église des XIIIe et XIVe s., un hallucinant labyrinthe de chapelles, de grottes et de catacombes, une révérée Vierge noire et des tombes jumelles des martyrs chrétiens dont le culte fut développé au XIe s. par les abbés Wilfred et Isarn.

Les vrais monuments de Marseille ne sont pas la porte d'Aix, pastiche du XIXe s., ni l'obélisque, bornant le boulevard Michelet, ni les quelques belles fontaines comme celle de la place Castellane. Peut-être pas non plus le palais Longchamp, impressionnant édifice rococo construit sous Napoléon III, où les photographes amateurs s'essayent à des séances alambiquées, ou l'hôtel de ville dont la façade due à Portal et à Puget date du XVIIe siècle. Pourtant comme les **forts Saint-Jean** (XIIe s.) et **Saint-Nicolas** (construit sous Louis XIV), dont la silhouette massive est surmontée d'un phare, ils concourent à façonner, de part et d'autre du Vieux-Port, l'image de Marseille.

Les véritables monuments à Marseille sont en fait ceux qui générèrent légendes et anecdotes. Tel le **Vieux-Port,** carte postale obligée de la ville, dont les seules activités sont celles d'abriter l'amarrage des bateaux de plaisance et des bateaux des pêcheurs du Panier parmi lesquels parfois se glisse le yacht d'une célébrité plus ou moins locale et au milieu desquels, inlassablement, deux petits ferry "boîtes" assurent la liaison quai de Rive-Neuve et quai du Port.

Telle aussi la Corniche Kennedy qui, filant des Catalans aux plages du Prado, offre un panorama unique, notamment sur les îles du Frioul et sur le célébrissime **château d'If**, bâtisse fortifiée où Alexandre Dumas se plut à imaginer une partie de l'intrigue du *Comte de Monte Cristo.* Le château d'If fait ici partie du décor, tout comme l'**île Gaby**, ainsi baptisée après qu'un riche admirateur l'eut offerte à la vedette de music-hall Gaby Deslys : une *payse* qui conquit Paris avec ses costumes exubérants et que Cocteau avait surnommée *"la catastrophe apprivoi-*

sée." Le joaillier Morabito a récemment racheté cette île et y conduit d'ambitieux travaux. En 1990, il inaugura un musée sous-marin composé de sculptures en béton, placées sous l'eau, sans doute dans l'idée de créer une sorte d'île de Pâques locale à sa propre gloire...

Marseille commerçante

Tous les prétextes sont bons pour sauter dans un bus, s'offrir un trajet en métro, nouvelle fierté des Marseillais, en tramway, vieil orgueil des mêmes, et "descendre en ville."... faire ses emplettes dans les boutiques bruissantes des rues de Rome et de Saint-Ferréol. On y a ses habitudes, ses adresses, ses heures, ses étapes, ses itinéraires qui ont de plus en plus tendance à s'organiser autour du bas de la Canebière, surtout depuis que Marilyne Vigouroux, l'épouse du député-maire Robert Vigouroux, travaille à l'édification du **musée de la Mode**, surtout depuis que le parking d'Estienne-d'Orves, monstrueux amas de béton, a sauté et a cédé le pavé à une vaste place autour de laquelle terrasses de cafés et de glaciers, brasseries, galeries et librairies se sont installées. **Les Arcenaulx**, fief de l'éditrice Jeanne Laffitte aménagé dans les restes d'un vieux garage, regroupe restaurant, galerie et librairie et ne désemplit pas, fréquenté par ceux-là mêmes qui critiquent les autres habitués.

En bons méridionaux, les Marseillais s'adonnent automatiquement au jeu de la critique. Pagnol en a nourri ses écrits et ses dialogues et, si les Marseillais sont fatigués des "pagnolades", le pli est pris et, qu'ils paressent à la terrasse du *New York* sur le Vieux-Port ou qu'ils déambulent rue Paradis, les langues vont bon train, sans malice...

Parmi le patrimoine culturel de cette ville originale, il est des institutions qui font l'objet d'intarissables enthousiasmes et de non moins volubiles joutes oratoires : les matchs du club de football de l'Olympique de Marseille, et deux grands quotidiens qu'on lit à l'heure du petit déjeuner, *le Méridional* et *le Provençal*, tra-

Métro
Tramway
Rade de Marseille
MER MEDITERRANEE
MARSEILLE
0 500 m
Gare Maritime
Cathédrale de la Major
Musée Vieux Marseille (Maison Diamantée)
Fort St-Jean
Jardin du Pharo
Club Nautique Marseillais
CATALANS
Fort St-Nicolas
Caserne d'Aurelle
Basilique St-Victor
Théâtre La Criée
Vieux Port
Quai du Port
Quai de Rive Neuve
Boulevard
C. Livon
Bd. de la Corderie
Îles du Frioul, Île Gaby, Château d'If
Présid. J. F. Kennedy
Rue du Vallon des Auffes
Corniche
Hôtel Petit Nice
ILES D'ENDOUME
New H.Bompard
Notre Dame de la Garde
Président John F. Kennedy
H.Palm Beach
Ecole de Voile
Promenade G. Pompidou
Plage du Prado
Avenue Pierre
Parc Borély
Château Borély
Stade Olympique
Avenue du Prado
JOLIETTE
JULES GUESDE
Bd. des Dames
Rue de la République
Vieille Charité
M. d'Archéologie
Hôtel Dieu
Av. R. Schuman
Bd. de Dunkerque
Boulevard de Paris
Autoroute Nord A7
Arles 91 km
Faculté des Sciences
PTT
Gare St-Charles
ST CHARLES
Arc de Triomphe ou Porte d'Aix
Mont. des Accoules
Grand H. de Genève
Hôtel de Ville
VIEUX PORT HÔTEL DE VILLE
H. Beauvau
COLBERT
Jardin des Vestiges
Bourse
E. des Augustins
Office de Tourisme
Cours Belsunce
NOAILLES
La Canebière
Bd. d'Athènes
Dugommier
REFORMES CANEBIERE
Lutétia
Théâtre du Gymn
Grandhôtel Noa
New H.Astoria
Bd. Garibaldi
Place Jean Jau
N-D DU MON CRS. JULIEN
Opéra
Rue Paradis
Rue Breteuil
Palais de Justice
ESTRANGIN PREFECTURE
Banque de France
Musée Cantini et de la Faïence
Préfecture
Européen
Cours Lieutaud
Rue de Rome
Place Castellane
CASTELLANE
Castellane
Boulevard Notre Dame
Rue Breteuil
Avenue du
PERIER
Rue Paradis
Rond du P

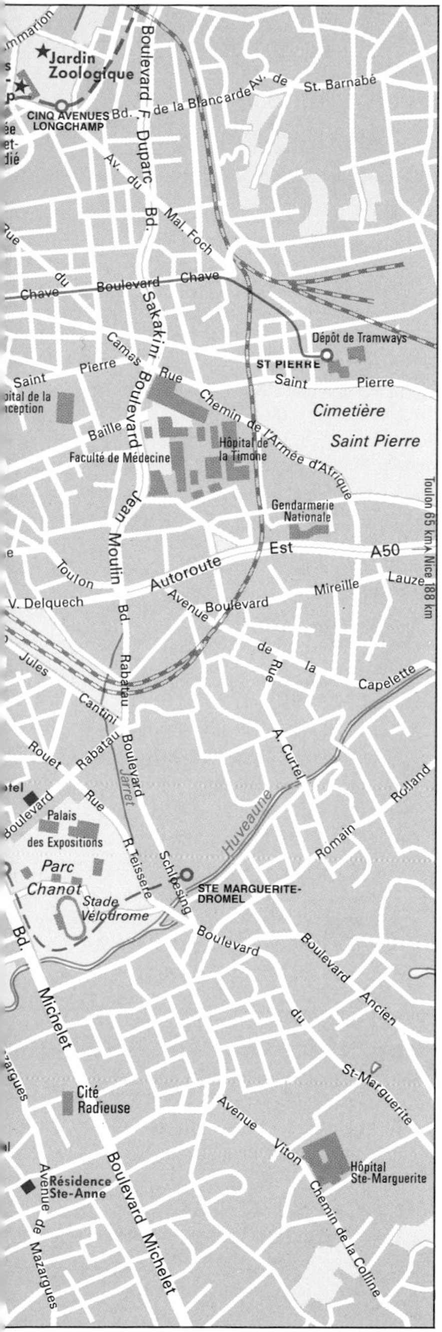

ditionnellement et à longueur de colonnes opposés l'un à l'autre.

Connaissant leurs goûts sur le bout des doigts, les Marseillais aiment à traverser la ville pour aller au marché de la Plaine, immense déballage de tout acabit où les affaires se font au gré des physionomies, au marché Castellane, l'un des plus importants, au marché de Noailles étalé sur les placettes et courant dans les ruelles du quartier des Capucins. Y flâner revient à capter l'air du temps, à capturer l'essence d'une ville qui veille jalousement à la sauvegarde de quelques menus plaisirs comme celui des navettes, ces gâteaux secs parfumés à la fleur d'oranger que l'on fabriquait uniquement pour la Chandeleur et que parfois l'on déniche au hasard d'un étal. Comme ces épices, ces cafés, ces fruits confits dont les enivrants parfums se répercutent d'épiceries en comptoirs, de pâtisseries en bars.

La Vieille-Charité
Le quartier du Panier

Après tant d'années, les Marseillais redécouvrent leur ville et la beauté des vieilles pierres, s'aventurent à nouveau dans des quartiers hier réservés à une faune aussi disparate que de mauvaise réputation. Il en est ainsi du Panier, ce quartier pittoresque et miraculeusement préservé, en bordure duquel l'**hôtel de ville,** élégant bâtiment inspiré des palais génois, fut le seul rescapé des opérations de destruction menées par les Allemands en 1943. Derrière se niche **le Panier**. Pour malfamé qu'il fût, ce quartier n'en demeure pas moins la mémoire vive de la ville où l'on pénètre par la montée des Accoules, volée de marches qui conduisent à un dédale de ruelles étroites, frangées de maisons plus ou moins salubres. C'est en parcourant les *favelles* du Panier que l'on ressent un je-ne-sais-quoi de napolitain à Marseille. Le linge sèche aux fenêtres, le soleil chauffe, en les rasant, des angles de murs et des morceaux de balcons en fer forgé. Les pêcheurs habitent toujours sur la butte des Accoules, figures burinées, vêtus de bleus de Chine délavés. Amarrées au quai du port, leurs barques les mènent soit vers Carry-le-Rouet, soit vers l'île de Planier, au large de la madrague de Montredon ou encore vers l'île de Riou. A leur retour, au petit matin, le quai des Belges est le théâtre de scènes animées par les marchandes de poissons qui vantent la fraîcheur de leurs étals, s'interpellant entre elles en dialecte napolitain mâtiné d'expressions typiquement marseillaises.

Non loin se trouve la **Vieille-Charité**, sans doute le plus bel édifice de Marseille. Achevée en 1706, elle était destinée à accueillir tous les miséreux, vagabonds et mendiants qui, en y trouvant refuge, se voyaient contraints au travail forcé. De fait, toute la beauté de l'ensemble réside en son organisation architecturale intérieure avec trois étages de galeries à arcades en calcaire rose sur lesquels la lumière, qu'elle soit naturelle ou artificielle, joue avec superbe. Extraordinairement réhabilitée, elle abrite dorénavant le **musée d'Archéologie méditerranéenne**, dont les salles ont été décorées par le *designer* Wilmotte, et accueille maintes expositions itinérantes, les activités culturelles de la Biennale de Marseille et les milliers de visiteurs qui ne se lassent guère d'admirer la chapelle de plan elliptique, chef-d'œuvre magistral de Pierre Puget, enfant chéri du pays.

Les musées

La découverte, et pourquoi pas la conquête de Marseille passent aussi par la visite des musées qui réservent quelques intermèdes rafraîchissants, isolés des bruits et de la chaleur. Au **musée Grobet Labadie**, ravissant hôtel particulier, les collections de peintures de l'école française voisinent avec les œuvres de Puget ou de Monticelli, peintre marseillais qui ne fut pas sans influencer Van Gogh et Cézanne, et d'admirables pièces de faïence et de ferronnerie. A deux pas de là, au-dessus des cascades du **palais Longchamp**, réalisation délirante d'Espérandieu, se nichent les musées d'Histoire naturelle, flanqué d'un zoo, et des Beaux-Arts, incluant le cabinet des Médailles. La galerie de la faïence du **musée Cantini** renferme des pièces rarissimes dont la beauté se trouve rehaussée par la hardiesse d'un décor en perpétuel mouvement, art contemporain oblige.

Le musée du Vieux-Marseille est aménagé à l'intérieur de la **Maison Diamantée**, curiosité architecturale datant de 1570 qui doit son nom à sa façade taillée en pointe de diamant. Outres des gravures, du mobilier, et des maquettes, on découvre ici les ancêtres d'un artisanat vivace : les santons et les crèches !

Personnalités des arts et du spectacles

Il n'y a pas que Marcel Pagnol et Vincent Scotto qui aient célébré Marseille et la Provence. La liste est longue, du cinéaste et producteur René Allio, qui tente de relancer une industrie cinématographique provençale, à Fernandel, qui imposa son accent de Paris à Hollywood ; de Edmond Rostand, auteur de *Cyrano*, à Edmonde Charles-Roux, fille du président de la Compagnie du canal de Suez, veuve de Gaston Defferre qui fut maire de la ville pendant plus de trente ans, rédactrice en chef du magazine *Elle*, écrivain à succès, que les Marseillais, bonhommes, appellent simplement Edmonde quand ils la croisent dans la rue. La cantatrice Régine Crespin, née à Marseille, y effectua ses débuts tout comme Marius Petipa, chorégraphe et maître de ballet, collaborateur de Tchaïkovski, mort à Saint-Petersbourg en 1910. Et si Roland Petit et Zizi Jeanmaire sont à Marseille des importations, l'accueil qui leur est encore

A droite : escalier monumental de la gare St-Charles à Marseille.

fait aujourd'hui traduit l'enthousiasme des Marseillais en matière de spectacles. Il n'y a plus autant de salles que par le passé et seulement une demi-douzaine de lieux dont **la Criée**, **l'Opéra** et le **Gymnase**. L'Alcazar est fermé depuis belle lurette, ce célèbre music-hall où même les plus chevronnées des vedettes redoutaient de se produire tant le public marseillais était réputé pour ses verdicts.

Et que va-t-il advenir de l'**hôtel de Noailles**, ce superbe palace abandonné aux courants d'air et dont les énormes colonnes donnent à la Canebière une allure inimitable ? Car la ville possède peu de beaux hôtels. L'*hôtel Beauvau*, avec vue imprenable sur le Vieux-Port et les forts Saint-Jean et Saint-Nicolas, reste le meilleur mais aussi le plus demandé. On y tourne des films, on y croise le gratin de passage. Quant au célèbre *Petit Nice*, son bâtiment principal a récemment été redécoré par le jeune *designer* Eric Klein, dont les réalisations ont assuré à de nombreuses boutiques du centre-ville un enviable succès. On y trouve des chambres avec le grand bleu pour seul horizon et on y mange excellemment mais à des prix *casse-tirelires* !

La Corniche et le Prado

But de promenade, tant à pied qu'en voiture, **la Corniche** fait partie de la vie des Marseillais, qui y viennent tôt le matin pour pêcher en calant leur matériel dans les travées déambulatoires, ou accomplir par tous les temps leur *jogging* quotidien. Certains rêvent au bonheur de vivre dans une de ces maisons du vallon des Auffes, port de pêche miniaturisé autour duquel se sont entassés cabanons et guinguettes que leurs occupants, pour tout l'or du monde, n'accepteraient de quitter.

Touristes et autochtones s'y bousculent chaque soir, ravis de se retrouver là pour dévorer une pizza *Chez François*, savourer une bouillabaisse *Chez Fonfon*. Car si bouillabaisse rime avec Marseille, la pizza, importée voilà des lustres par les Italiens, eut tôt fait de s'imposer comme

spécialité locale. Faire son marché rue d'Aubagne en croquant un quart de pizza fumante plié dans un papier blanc qui absorbe trop vite le gras, est un rituel.

Les **jardins** balnéaires **du Prado**, aménagés et gagnés sur d'anciennes plages populaires sont aujourd'hui un des buts de la promenade du dimanche, entrecoupée d'arrêts à l'une ou l'autre des nombreuses terrasses de glaciers.

L'autre promenade inévitable est celle effectuée dans les jardins du parc qui encercle le château Borely, cette ravissante folie du XVIIIe siècle. Alors que les Marseillais affectionnent de se promener dans les jardins où ils s'enchantent des merveilles de l'une des plus belles roseraies d'Europe, les salles du château sont à l'heure actuelle fermées aux visiteurs, les collections d'art antique, grec, romain et égyptien ayant été transférées dans les murs de la Vieille-Charité.

Ci-dessus: pêcheurs réparant leurs filets aux bouées multicolores. A droite : marchande de poissons, sur le Vieux-Port.

Toujours dans ce quartier du Prado, où subsistent encore bon nombre d'hôtels particuliers (tous propriété de banques et compagnies d'assurance), le parc Chanot, qui fut le siège des expositions coloniales au début du XXe s. avant de sceller son destin en 1924 avec cette vénérable institution qu'est la Foire de Marseille, demeure l'un des rares espaces verts publics situé en pleine ville.

Il y a encore cinquante ans, les Marseillais aisés prenaient leurs quartiers d'été aux Catalans, comme l'atteste la multitude de maisons aux styles disparates. A l'instar des bastides, ces riches résidences devenues au fil des siècles des maisons de plaisance pour les industriels et commerçants pendant les mois de chaleur, sont aujourd'hui très convoitées et s'arrachent à grands coups de millions.

C'est une architecture bien différente, qu'au lendemain de la Seconde Guerre mondiale, Le Corbusier fut autorisé à construire boulevard Michelet, sur le chemin qui mène à la Gineste et à Cassis. Les Marseillais s'empressèrent de baptiser

cette unité d'habitation expérimentale dénommée la Cité Radieuse, la maison du *fadà* (la maison du fou).

Il faut préciser que la conception de cet immeuble, désormais classé, avait de quoi dérouter une population pour qui les hardiesses architecturales s'étaient arrêtées en 1925 avec la fin des travaux de la gare Saint-Charles ! Immense coque de béton brut reposant sur 36 pilotis colossaux, la Cité Radieuse abrite, outre des appartements modernissimes, une galerie marchande (concept commercial que les Marseillais furent longs à accepter), une piscine et des services.

Certes, on a construit pire depuis 1952 et les collines qui encerclent la cité se sont hérissées de tours démesurées.

Loisirs et plaisirs

Sur le chemin des Goudes, en passant par la Pointe-Rouge, plage populaire s'il en est, livrée aux ébats des véliplanchistes, on se plaît à imaginer qu'avec la manie qu'ont les Marseillais de limiter leur territoire aux modestes murs de leur cabanon, leur *paradou* (paradis), la ville sera aussi longtemps qu'ils le voudront un étonnant patchwork d'us et coutumes aussi vivaces que tranquilles. Le cabanon, c'est juste le désir d'être chez soi, paisiblement, pour y vivre selon son rythme. Ce qui fit dire aux *estrangers* que les Marseillais n'étaient pas accueillants.

Encore une légende : les Marseillais, s'ils vous adressent la parole, ne le font pas par excès de mondanité, mais simplement par besoin naturel de communiquer, voire de vérifier qu'ils ont raison. Ils ne vous entraîneront pas immédiatement chez eux pour boire un pastis ou un sirop d'orgeat. Les cafés et les terrasses sont faits pour cela, que ce soit au *New York* (quai des Belges) ou au *Bar de la Marine* (quai de Rive-Neuve). Ils attendent alors de savoir s'ils sont à la hauteur de votre estime et bientôt de votre amitié pour ensuite se mettre en quatre pour vous faire honneur. Rien ne les rapproche plus alors des Italiens et des Espagnols ; et les saveurs du Midi précipitent les événements.

Désignée par Curnonsky comme une "*soupe d'or incomparable*," la bouillabaisse est un événement de taille et chacun à Marseille s'acharnera à vous convaincre que sa recette est la meilleure, ceci avant de brouiller vos sens en vous expliquant les nuances de préparation, les délicates différences entre la chair tendre des rougets et celle plus ferme du loup et de la rascasse, ainsi que les subtilités de la rouille, cet aïoli additionné de piments rouges. Dans la foulée, vous seront détaillées par le menu la recette de la bourride, celle des pieds-paquets et l'origine des navettes ; vous saurez pourquoi l'on appelle les tartes aux amandes des "lampions", quelle est la meilleure façon d'accommoder le corail des oursins, qui pêche les meilleures baudroies de la rade et quel doit être le réel parfum de l'huile d'olive ! En gastronomie comme en politique, les Marseillais adorent débattre de leurs goûts et de leurs souvenirs.

Ci-dessus : sites exceptionnels, les calanques de Cassis (En-Vau).

La foire aux santons

Chaque année, de novembre à début janvier, le haut de la Canebière se couvre de baraquements en bois, gigantesques maisons de poupées où s'alignent, éclatants de couleurs vernissées, ou prosaïquement bruts, terre cuite à nue, des milliers de tambourinaires, de bergers, d'arlésiennes, de ravis et d'Enfants Jésus. Peupler une crèche est, une année après l'autre, un rituel auquel les Marseillais ne sauraient se soustraire.

On vient à la foire en famille, humant l'air vif de l'hiver, balayés avec plus ou moins de violence par le mistral, élisant de nouveaux pensionnaires, soigneusement emmaillotés dans du papier de soie jusqu'au jour où l'on placera ce petit monde sur des collines de papier étoilé, entre les Rois Mages et le blé planté dans le coton le 4 décembre, jour de la Sainte-Barbe. La crèche sera ensuite un prétexte à rendre visite aux proches et aux parents, à visiter églises et chapelles, à la campagne comme à la ville, à assister à la messe de Noël, dite des pêcheurs, en l'église des Augustins, sur le Vieux-Port.

CASSIS ET AUBAGNE

Depuis Marseille, on peut continuer son périple vers la mer et Cassis ou se rapprocher d'Aix-en-Provence, en faisant une halte à Aubagne, ville des santons.

Cassis et ses calanques

Station estivale aux allures encore sauvegardées, **Cassis** représente la plus belle balade qu'on puisse s'offrir depuis Marseille, par la route de la Gineste (D559), long serpent de bitume sinuant entre les monts de la Gardiole et de Carpiagne ; ou depuis Aix, via Aubagne (par la D41). Le prétexte est toujours limpide : déguster des oursins, par douzaines, sur le port, soit *Chez Monsieur Brun*, sorte de Sénéquier local, fréquenté par la jeunesse dorée, soit *Chez Nino*, tout à côté, un cran plus familial.

A Cassis, les oursins se servent nature dans leur coquille épineuse, arrosés d'un petit vin blanc sec, autre grande spécialité de la région, léger, bavard, entêtant dégageant cet inimitable goût de mer. D'autres raffolent des castels, pâtisseries crémeuses à base de praliné et de macaron que l'on vend sous forme de pavé.

D'autres encore, réservent leur après-midi pour déambuler sur le port, avec ses nombreuses terrasses baignées de soleil, face aux embarcadères : de là partent les bateaux qui font découvrir, par la mer, la splendeur des **calanques de Port-Pin, Port-Miou**, **En-Vau.** Joyaux de blancheur bordé du vert des garrigues, baignant dans une eau aux coloris aussi vertigineux que ces parois à-pic.

Plus à l'ouest, on devine les **calanques de Sormiou** et **de Morgiou**, oasis de pinèdes taillées dans les massifs de Marseilleveyre et du Puget. A l'est, on aperçoit, se juxtaposant à la crête de cap Canaille, les murailles du château de la maison des Baux, lequel, bien que remanié, date de la fin du XIVe siècle. On a le choix des plages, celles du Bestouan, où les eaux, même en plein mois d'août, demeurent glacées, ou celles de la presqu'île, où l'on se rôtit sur les roches plates et blanches. Si par bonheur, vous escaladez les rues et routes qui s'éparpillent sur la colline, vous découvrirez une quiétude et un art de vivre uniques. Imposantes villas comme on les concevait à l'époque où les bains de mer étaient à peine à la mode, maisons couvertes de glycines, clôtures croulant sous les bougainvillées, jardins ombragés dont on jalouse la fraîcheur constituent le paysage d'une urbanisation tranquille, intégrée et entretenue.

Les raisons ne manquent pas de prolonger son séjour : visiter l'église Saint-Michel datant de 1860, le musée d'Arts et Traditions populaires, voir le marché, goûter les différents crus de vins de Cassis, directement dans les domaines...

Le soir tombé, demeurent les Cassidens purs et durs, ceux qui se battent pour éviter que leur petit paradis deviennent un Saint-Tropez marseillais, conscients que si les charmes de leur ville envoûtent les amateurs de traditions, ils attirent aussi les promoteurs qui lorgnent sur les hauteurs pour vendre de la "vue imprenable" à gogo. Au centre de Cassis, l'animation débonnaire des interminables parties de pétanque sous les platanes et le va-et-vient des Marseillais restés pour profiter des éléments de vie nocturne locale rendent l'ambiance vraiment chaleureuse.

Aubagne et ses santons

Entre la Sainte-Beaume et le Garlaban, la petite ville d'**Aubagne** (par la N8 depuis Marseille ou la N96 depuis Aix), au bord de l'Huveaune, est réputée pour son artisanat de la terre cuite, avec ses nombreuses et anciennes fabriques de vasques, pots, vaisselle et ses ateliers de santonniers. Ils perpétuent la tradition du

Ci-dessus : le petit port de Cassis bordé par les cafés et les restaurants de poissons.

santon provençal, inévitable élément de décor des intérieurs régionaux, comme figure colorée des crèches provençales. Pour être traditionnelles, ces activités n'en sont pas moins florissantes et leur production de haute qualité. Ainsi les *Santons d'Art de Provence*, chemin Charrel ou l'*Atelier Sylvette Amy*, 2, boulevard Emile-Combes. Mais Aubagne mérite aussi le détour si l'on est féru des écrits de **Marcel Pagnol** qui y naquit en 1895 et dont le petit monde, reconstitué justement en santons, fait l'objet d'une exposition permanente.

AIX-EN-PROVENCE ET LA SAINTE-VICTOIRE

Capitale historiquc ct culturelle de la Provence, **Aix-en-Provence** règne sur un petit pays de bois et de rochers où s'accrochent de charmants villages.

Aix-en-Provence

Créée en 123 av. J.-C. par le consul romain Caius Sextius Calvinus, Aix-en-Provence, de son premier nom *Aquae Sextiae* (les eaux de Sextius) fut d'abord appréciée pour ses sources thermales. Devenue à la fin du XIIe s., capitale de la Provence et résidence de ses comtes, Aix connut son apogée sous le règne du roi René (1471-1480). Université et parlement concourent alors à imposer la cité comme l'une des plus influentes de la région. Le milieu du XIXe s. marqua son déclin au profit de Marseille et Aix entama une longue période d'assoupissement derrière ses pierres vénérables, ses hôtels particuliers et son aristocratie qui lui valent encore parfois le surnom de "Florence provençale."

Aujourd'hui de nouveau florissante, Aix assume son rôle culturel, abritant les principales universités de la région dont celles de droit, d'économie et de lettres et accueillant chaque été depuis 1948, un Festival d'art lyrique et de musique dont la réputation est internationale.

Depuis le XVIIe s. où le goût de la promenade en carrosse obligea les architectes à modifier les anciens remparts médiévaux en avenues ombragées, la flânerie est demeurée l'un des grands plaisirs des Aixois. Evidemment, c'est sur le **cours Mirabeau** qu'il importe de se montrer, de prolonger l'après-midi ou la soirée à la terrasse d'un café, si possible aux *Deux Garçons* (les *2 G* comme l'on dit ici), ou au *Grillon*. Depuis la Rotonde, où une superbe fontaine brumise quelque peu l'atmosphère jusqu'à la statue de ce bon roi René, due à David d'Angers, la promenade permet de découvrir tous les aspects d'une ville aux charmes multiples. Côté soleil, magasins, cafés, hôtels de tourisme et donc foule sur les trottoirs. Côté ombre, des banques, un cinéma, et les confiseurs chez qui l'on trouve les calissons, douceur aux amandes dont le renom n'est plus à faire. Deux adresses

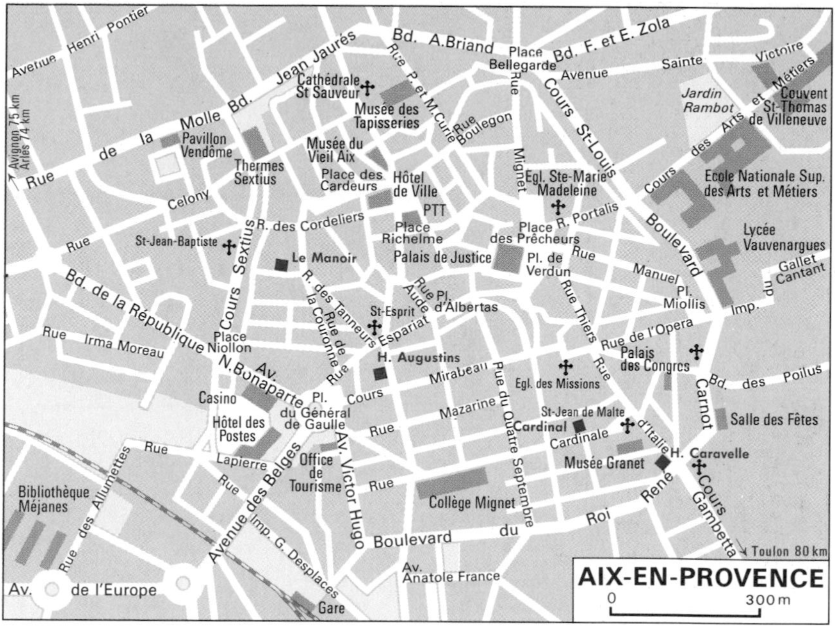

où l'on peut en acheter d'excellents : le pâtissier-confiseur *Bremond*, 2, rue Cardinale, et le chocolatier-confiseur *Puyricard*, 7, rue Riffle-Raffle (derrière le Palais). C'est aussi sur la rive Sud du cours qu'un étourdissant alignement d'**hôtels particuliers** témoigne des splendeurs passées : Isoard de Vauvenargues, Saint-Marc, Forbin, Maurel de Pontevès sont quelques-unes des résidences où vivaient présidents du Parlement, conseillers à la Cour des comptes, aristocrates oisifs, riches parvenus.

C'est par le trottoir impair du cours Mirabeau que l'on pénètre dans la vieille ville, interdite aux voitures, où le lacis de ruelles tortueuses débouche sur autant de places et de placettes telles la place Richelme, ou la suivante où la halle aux grains restaurée (actuelle Poste) fait face à l'**hôtel de ville**. Ce monument triomphal, caractéristique du style aixois, fut construit en 1671 et englobe la tour de l'horloge, beffroi antérieur d'un siècle et dont le carillon égrène les heures.

La **place d'Albertas** constitue un sublime ensemble architectural baroque, au milieu duquel gargouille une fontaine, et dont la grâce résume toute la magnificence du XVIIIe s. aixois. A quelques pas, se trouve le palais de justice, érigé au début du XIXe s. sur l'emplacement du vieux palais des comtes de Provence, jugé incommode et peu gracieux : le barreau d'Aix, université oblige, est l'un des plus actif. Face au palais de justice, le vaste parvis des Prêcheurs, délimite la frontière entre la ville médiévale et la ville neuve accueillant trois fois par semaine un immense marché dont les accents font conserver à cette place son rôle de forum populaire. En bordure, on découvre des pierres chargées d'histoire, comme l'**église de la Madeleine** riche de nombreuses œuvres d'art religieux.

En poursuivant vers le Nord, on pénètre le bourg Saint-Sauveur où se trouve la **cathédrale Saint-Sauveur**, renfermant un cloître roman, un magnifique baptistère ainsi que le fameux triptyque du *Buisson Ardent*, provenant du couvent des Carmes et représentant le roi René, et

les tapisseries du chœur provenant elles, de la cathédrale de Canterbury et attribuée à un artiste flamand inconnu. L'ancien archevêché abrite le **musée des Tapisseries**, l'un des plus riches du genre : les *Grotesques*, l'*Histoire de Don Quichotte* et les *Jeux Russiens* comptent parmi les plus belles pièces.

Tout proche, le **musée du Vieil -Aix**, installé en l'hôtel d'Estienne de Saint-Jean, entre 1931 et 1936 par le folkloriste Marcel Provence, renferme de véritables trésors dont une crèche parlante, du mobilier, des bibelots, des costumes et des objets quotidiens.

Le musée des Beaux-Arts ou **musée Granet** (ancien prieuré) abrite des tableaux d'Ingres, Puget, Fragonard, mais avoue une faiblesse quant à **Cézanne,** l'enfant du pays dont il ne possède hélas pas de grandes toiles. Une lacune qui a poussé les conservateurs à redoubler d'imagination pour évoquer le célèbre peintre. Il est d'ailleurs fréquent lorsqu'on déambule dans les rues de la ville de marcher sur des petits clous carrés et dorées, marquées d'un *C*, qui se succèdent comme pour indiquer un cheminement à suivre : c'est celui que Cézanne avait l'habitude d'emprunter pour se rendre de son domicile à ses lieux favoris, son atelier, son église.

Ci-dessus : la place d'Albertas et sa fontaine à vasque, Aix-en Provence.

Le **pavillon Vendôme**, en plein cœur du faubourg des Cordeliers, est le vibrant exemple d'architecture cumulative démarré par Pierre Pavillon, architecte que l'on suit à la trace en ville. Modifié par Vallon et surélevé au XVIIIe s., propriété du duc de Vendôme, petit fils de Henri IV et de Gabrielle d'Estrées, veuf de Laura Mancini (la nièce de Mazarin). Construit pour dissimuler les amours du veuf joyeux avec Lucrèce de Forbin Solliès, surnommée "la Belle du Canet," ce pavillon appartint par la suite au peintre Jean-Baptiste Van Loo et sert aujourd'hui de cadre à des réceptions privées et à des expositions temporaires. Flotte en ces jardins et autour de ces façades lourdement décorées, l'indicible parfum d'une splendeur pétrie d'épicurisme latin.

Si on veut faire quelques agréables emplettes, on trouvera un magasin de tissus provençaux, *Souleiado*, 31, rue de la Couronne, et de bons conseils dans le choix des vins locaux à la *Cave du Félibrige*, 6, rue du Félibre-Gaut. Outre plusieurs piscines, Aix et ses environs comptent aussi des clubs équestres dont celui, très sympathique, de Trets à 15 mn d'Aix, sur la route de Saint-Maximin (D6).

Vauvenargues et la Sainte-Victoire

Enfin on ne peut quitter le pays d'Aix sans avoir suivi les traces de Cézanne, dont on cultive ici le souvenir ; Cézanne, qui en peignant les formes offertes par la nature, tentait de "*marier les épaules des collines à des courbes de femme*." Il faut se perdre dans les couleurs et les lumières de la **Sainte-Victoire**. Une montagne qu'il a rendue mondialement célèbre, la peignant des dizaines de fois, chaque fois nimbée d'une lumière autre.

Plus qu'une histoire, Aix, est alors un paysage délimité au nord par la chaîne de la Trévaresse, au sud par la montagne de l'Etoile et à l'est par celle de Sainte-Victoire. Toile de fond de l'agglomération aixoise, la face Sud de la montagne avec ses falaises accidentées où s'exercent les amateurs d'escalades, invite à la découverte d'un site unique culminant avec régularité à 1000 mètres d'altitude.

Malheureusement, la Sainte-Victoire a été ravagée par un incendie en 1989. Une grande campagne de reboisement a été mise en place.

Aix-en-Provence, Cézanne et la Sainte-Victoire sont donc indissociables, les lieux conservant du maître les motifs d'inspiration que l'on découvre aujourd'hui avec le même émerveillement, que ce soit au Jas de Bouffan, demeure familiale vendue en 1899, au domaine de Montbriant, à Bellevue propriété du beau-frère de Cézanne, sur le route du Tholonet (D17), sinuant en corniche au flanc de la montagne ou sur le chemin des Lauves. Il y fit bâtir une maison avec un atelier dans lequel il travaillait dès cinq heures du matin. Toujours sur la Sainte-Victoire, le village de **Vauvenargues** (par la D10) mérite un détour, car son château, ostensiblement détaché du bourg, ravive le cadre à la fois austère et grandiose de l'ensemble. Un temps propriété du Premier consul d'Aix, Joseph Clapiers de Vauvenargues, puis des Isoards, le château, immense bâtisse fortifiée qui commandait le passage de la vallée, fut racheté en 1958 par Picasso.

ARLES ET LA CAMARGUE

Arles, authentique joyau architectural de la Provence, voisine avec un site naturel d'exception, la Camargue.

Arles

Arles, anciennement capitale romaine et grand centre religieux, s'était longtemps assoupie sur les lauriers tressés par Frédéric Mistral, Alphonse Daudet et Georges Bizet, ne se signalant à l'attention des étrangers que par la singularité de son folklore et la grandeur de ses antiquités gallo-romaines.

Les **Rencontres internationales de la photographie**, manifestation à laquelle aucun amateur n'aimerait se soustraire, les différents festivals culturels, l'engouement soudain des Parisiens pour la tauromachie et celui des gens de la mode pour le couturier Christian Lacroix qui parsema généreusement ses défilés d'hommages colorés aux Arlésiennes, ranimèrent l'engouement pour cette ville. Chacun trouve ici sa place : que ce soit aux spectacles des **arènes** ; dans les salles du **musée Réattu**, bourré à craquer d'œuvres d'art provençal, de collections d'œuvres contemporaines et de dessins issus de la donation Picasso ; ou dans une chambre du *Nord Pinus*, vieil hôtel du

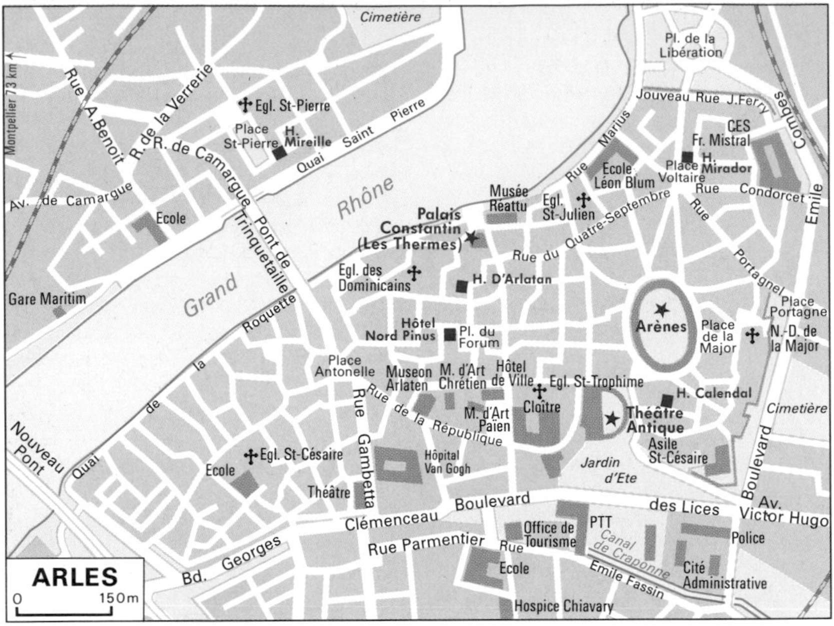

centre-ville, récemment repris et rafraîchi dans un style néo-kitsch et où se réfugient têtes connues et autres "branchés" venus en ville pour la **Féria** ou le **Festival**. Arles compte donc de nombreux monuments dont le théâtre antique datant de l'époque d'Auguste, les thermes, actuellement voués à un vaste programme de fouilles, les Alyscamps, nécropole paléochrétienne, le pont Van-Gogh, immortalisé par le peintre, l'**abbaye de Montmajour** (à 4 km par la D17), l'**église Saint-Trophime**, où le roi René épousa Jeanne de Laval. Au chapitre des musées, outre le musée Réattu, l'on peut visiter le **musée lapidaire d'Art païen**, installé dans l'ancienne église Sainte-Anne et y découvrir sarcophages, mosaïques et autres objets exhumés au cours des fouilles, le **musée lapidaire d'Art chrétien**, aménagé dans l'ancienne chapelle des Jésuites, et dont les richesses le placent juste derrière celui de Latran, le **Museon Arlaten**, fondé à la fin du XIXe s. par Frédéric Mistral qui y engloutit le montant total de son prix Nobel. Ethnographique, ce musée contient de nombreux costumes, meubles, livres et souvenirs du pays d'Arles, permettant la reconstitution des us et coutumes de la région.

Inauguré depuis peu, l'Espace Van-Gogh vient s'ajouter à cette liste, ne réservant toutefois pas ses expositions aux seuls visiteurs, puisqu'organisant chaque année une scénographie urbaine jalonnant le centre, donnant à la ville les couleurs de Van Gogh ou de Picasso.

Avec ses maisons cuites par le soleil qui hésitent entre le délabrement et la réhabilitation, ses hôtels au charme rafraîchissant et ses places couvertes de terrasses ombragées, Arles s'accommode à merveille de toutes ses influences, de ses héritages, de son patrimoine, sachant fort bien que leur attrait s'avère unique.

Intra-muros, on trouvera des vêtements provençaux et camarguais à l'*Arlésienne*, 12, rue du Président-Wilson, tissus et artisanat à la *Boutique du santon*, 1, rue Jean-Jaurès, et le vrai saucisson d'Arles à la *Charcuterie Pierre Milhau*, 11, rue Réattu. Pour flâner et prolonger ses soirées aux terrasses des cafés, il faut suivre les Arlésiens sur le *boulevard des Lices* où ils discutent de tout et de rien, de taureaux et de tourisme...

La Camargue

Formée par les alluvions du Rhône, occupant tout le delta, entre petit et grand Rhône, soit d'Arles aux Saintes-Maries-de-la-Mer et à Port-Saint-Louis, la **Camargue** est une région plate, en perpétuel mouvement, un temps foyer d'une culture intensive du riz, après qu'eurent été menés de colossaux travaux d'assainissement, aujourd'hui, rendue à la nature. Créé en 1972, le **parc naturel régional** contrôle l'expansion d'une flore et d'une faune dont la richesse va de pair avec le renom de la région.

Se nourrissant de crustacées et de coquillages, nichant régulièrement en Camargue, les flamants roses sont depuis longtemps, avec leur silhouette et leur plumage de fleurs qui volent, une flamboyante carte de visite pour ce triangle sacré. Mais ce serait ignorer que des centaines d'autres espèces vivent sur les bords de cette mer pétrifiée. Car là où le Rhône et la Durance se jetaient dans un vaste golfe, voilà 500 000 ans, sur ce paysage infini d'alluvions parfois émaillé d'îlots sur lesquels se sont érigés Arles et Montmajour, évoluent chevaux et taureaux que l'on se plaît à croire sauvages, oiseaux migrateurs, parmi lesquels l'échasse blanche, le héron bihoreau, le rollier, le guêpier, l'ibis, l'avocette et éclosent les plantes halophiles (qui aiment le sel) comme les chardons bleus, les tamaris, les narcisses et les saladelles. Ces fleurettes rose violacé sont l'emblème des gardians qui en ornent leur selle les jours de fête et les offrent en couronne à la ville de Maillane lors des anniversaires de Frédéric Mistral.

Sous le soleil, l'immensité de la Camargue (100 000 ha), se mue en une aveuglante palette de couleurs, passant de

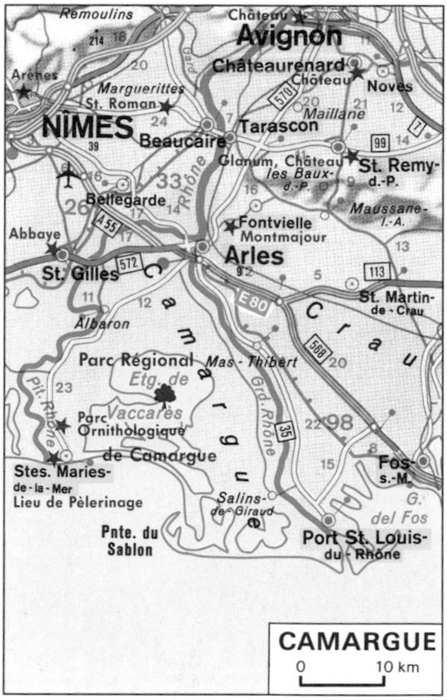

l'or des blés de la plaine d'Arles au blanc éblouissant des montagnes de sel, du vert des rizières à l'azur des étangs que l'on confond avec la mer. La Camargue est un étrange pays dont l'aspect inchangé depuis des siècles renforce l'impression de quiétude, de sérénité, voire de solitude, qui s'en dégage.

Comment demeurer insensible au spectacle des gardians menant à cheval taureaux ou chevaux groupés en manades (troupeaux), brisant l'air et la lumière de leur trot, faisant jaillir du sol des milliers de perles argentées ? Indissociables du paysage camarguais, chevaux et taureaux appartiennent au folklore, dans tout ce que ce terme a de noble, suscitant littérature, imagerie et depuis quelques années, un engouement nouveau, sans doute grâce à la médiatisation des férias et corridas. En Camargue, la *ferrade* est tout aussi populaire, livrant de jeunes taureaux sortis isolément de la manade, à des gardians, qui les forcent au galop avant de les terrasser et de les marquer au chiffre de leur propriétaire.

Quant au *cheval camargue*, il appartient à une race fort ancienne, remarquable pour son endurance et sa maniabilité.

Village, fondé sur un ancien îlot que les alluvions du Rhône ont peu à peu transformé en presqu'île, les **Saintes-Maries - de-la-Mer** (sur la D 570), doivent leur existence et leur renom à une légende : vers 40 apr. J.-C., Marie Jacobé, sœur de la Vierge, Marie Madeleine, Marie Salomé, son fils, Lazare, l'apôtre ressuscité, et d'autres disciples de Jésus, auraient abordé sur le rivage dominé aujourd'hui par l'église des Saintes-Maries. Dans leur sillage, leur servante noire Sarah, voguant sur un humble manteau jeté à la mer par Marie Salomé et transformé en radeau grâce à la protection divine. De cette troupe, seules Marie Salomé, Marie Jacobé et Sarah demeurèrent là où la volonté de Dieu les avait conduites. A leur mort, les fidèles placèrent les reliques dans un oratoire qui devint rapidement un incroyable objet de culte dont les plus fervents sont toujours à l'heure actuelle les Gitans qui vouent à Sarah, dite la Vierge noire, une adoration dévote, lui offrant de nombreux ex-voto. Sur l'emplacement de ce simple oratoire, fut élevée au IXe siècle Notre-Dame-de-la-Mer, édifice fortifié et incorporé aux remparts, puis agrandi et achevé au XIIe s.

Cidessus : amphithéâtre antique plus connu sous le nom d' arènes d'Arles.
A droite : jour de fête (procession) aux Saintes-Maries-de-la-Mer.

Témoignent encore de la ferveur de ce culte, les pèlerinages de mai et d'octobre. Les cérémonies rendant grâces aux saintes sont alors brillantes : leurs statues sont emmenées en procession dans les rues, sur les plage et dans la mer, par les guardians de Camargue et les femmes costumées en Arlésiennes. Le retour des saintes en leur sanctuaire marque le début de fêtes populaires avec bals, ferrades, courses de chevaux, de taureaux... Bien que les Saintes-Maries-de-la-Mer soit une station balnéaire très prisée, les touristes sont ici comme intimidés par la simplicité des maisons blanchies à la chaux, par les

couchers de soleil flamboyants, par le pittoresque non trafiqué des habitants.

C'est dans l'ancienne mairie que fut aménagé le **musée Baroncelli**, rassemblant maints documents sur la Camargue, tels tableaux, mobilier, instruments de travail, tous recueillis par le marquis Folco de Baroncelli, véritable manadier qui consacra sa vie à sauvegarder son pays et les traditions qui s'y rattachent. A la sortie de la ville, on peut visiter le **château d'Avignon** (par la D202), pavillon de chasse abritant meubles et objets d'art du XVIIIe s. Au chapitre de la nature, le parc ornithologique du Pont de Gau (sur la D570), étalé sur quelques 60 ha de marais permet de découvrir la flore et la faune sauvage de Camargue.

Situé à l'embouchure du grand Rhône, on appelle volontiers **Saint-Louis-du-Rhône** (sur la D35), la ville du bout du monde. Elle est en passe de devenir une destination de premier ordre pour tous les navigateurs de plaisance, ravis de pouvoir mouiller entre Italie et Espagne. Voisinant avec trois ports équipés d'un millier d'emplacements, de superbes plages de sable fin accueillent amateurs de bronzage et compétiteurs sur chars à voile. Les véliplanchistes sont ici à l'honneur avec un canal de vitesse où se déroulent de nombreux championnats dont ceux de Belgique et de Hollande. Mais l'image que l'on conserve de Saint-Louis est celle de ces innombrables cabanons qui dessinent le paysage des plages de Carteau et Napoléon. Construits sur des *sablas*, ils ne sont accessibles que par barque, réservant ainsi leur abri aux pêcheurs et aux contemplatifs de la nature.

Au nord-est s'étend la **plaine de Crau**. Gris sont les galets du sud de la plaine, dont l'étendue estompe le vert sombre des cyprès qui protègent les cultures fruitières du vent, au nord. Ces galets gris forment un épais tapis de cailloux, charriés par la Durance, abandonnés là quand fut changé son cours, dérivant vers le Rhône depuis le sud d'Avignon. Formant ce que l'on appelle depuis le vrai désert provençal, la grande Crau se traverse sans heurts, avec une certaine monotonie qui

contraste avec la petite Crau, vaste plaine cultivée. Fos, grand port romain englouti au fond du golfe, revit aujourd'hui par le biais d'installations ultra-modernes.

LA DURANCE DE CHATEAURENARD A SILVACANE

De Maillane à La Roque d'Anthéron, une dizaine de villages, entourés de vergers, abrités du mistral par des haies de cyprès constituent un itinéraire bourré de charme pour qui aime à se balader entre vieilles pierres et nature.

Bourgs et villages

C'est à **Maillane** (entre Tarascon et Avignon) que vécut Frédéric Mistral pendant 84 ans et qu'il repose, au cimetière municipal, dans un tombeau qui est l'exacte reproduction de celui de la reine Jeanne, aux Baux-de-Provence. Tout, à Maillane, semble tourner autour de la mémoire de ce grand poète et écrivain de langue occitane, prix Nobel de littérature en 1904, auteur, entre autres, de *Mireille* et de *Calendal*. Le **musée Mistral** a été aménagé dans la maison même où il résida et mourut en 1914. Y sont conservés et présentés tous ses souvenirs et certains des objets qu'il affectionnait.

Ci-desssus : indissociables du paysage camarguais ; les flamants roses et les chevaux à robe blanche.

Châteaurenard (par la D28) possède un château médiéval construit au Xe s. par le comte Raynardus, des tours vantées par Frédéric Mistral, au sommet desquelles le panorama est époustouflant. Les animations comportent des floralies en avril, un marché à l'ancienne le 14 juillet, des courses camarguaises aux arènes et un défilé de charrettes tirées par des chevaux harnachés à la mode sarrasine pour la fête du Cheval Roi.

A **Noves**, le château a disparu, mais le rocher sur lequel il se dressait est toujours là, dominant le village dont les origines remontent au Ve s. av. J.-C. Il ne devint français que sous le règne de Louis XI, après que les papes d'Avignon qui en étaient les propriétaires et qui y avaient élu leur résidence secondaire, l'eurent cédé au royaume de France. On s'y rend aujourd'hui autant pour admirer les quelques chapelles romanes que pour déguster et apprécier la *cuvée des Amours*, un petit vin local qui fait tout oublier. Cabannes (par la D26) est à visiter pour ses chapelles, ses placettes accueillantes, ses marchés parfumés et ses parties de pêche au bord de la Durance.

Sur les collines de la Durance, quelques villages se tiennent à l'écart des circuits touristiques, séparés du Luberon par la rivière, au nord de Salon-de-Provence.

L'on visite essentiellement **Lamanon** (sur la Départementale 73) pour ses habitations troglodytiques connues sous le nom de grottes de Calès et pour son Géant de Provence, un platane de plus de trois cents ans, classé monument historique ! Ce qui ne retire rien au charme de ses ruines féodales, de ses églises romanes, de son sentier botanique et de ses fêtes folkloriques de juin.

Alleins (par la D71 ou la D17) possède aussi des maisons anciennes, les ruines de l'ancien château des Renaud d'Allein dont la tour est surmontée d'un beffroi, des chapelles et un calvaire.

Outre les ruines du château des évêques de Marseille, dont le donjon (XIVe s.) domine la vallée de la Durance, Mallemort (par la D16) se distingue par sa quiétude, son ensoleillement, ses randonnées équestres.

Fondée en 1144 par le seigneur Raymond des Baux, l'**abbaye de Silvacane** (par la D561) doit son nom à l'environnement marécageux sur lequel elle fut érigée (*silva canna* signifiant en l'occurrence forêt de roseaux). Elle appartint à l'ordre cistercien et connut une longue période de prospérité entachée par une rivalité aussi marquée que constante avec l'abbaye de Montmajour. Elle fut finalement anéantie par les pillages et les manquements à la règle religieuse. Transformée en ferme après la Révolution, Silvacane a été rachetée en 1846 par l'Etat français qui la restaure avec lenteur. On visite aujourd'hui son cloître, ses bâtiments conventuels (salle des moines, réfectoire...), et son église, superbe de sobriété et de rigueur.

Non loin, résonne en été les accords classiques des concerts donnés dans le cadre du Festival international de piano de **La Roque-d'Anthéron**, que l'on considère comme étant une ville neuve, car construite au XVIe s. ! Jean de Forbin, dit Jean Ier, fondateur d'une des plus puissantes familles de Provence, décida l'édification d'une ville autour du château de Florans, de style Renaissance. Il dessina les plans de cette ravissante cité aux belles maisons bourgeoises, aux rues rectilignes, qui s'emplissent chaque été d'une foule de mélomanes accourus applaudir les plus grands pianistes dans un théâtre de verdure.

Salon-de-Provence

Le centre économique de ce périmètre est **Salon-de-Provence**. On ne peut pas ne pas y évoquer les as de la Patrouille de France dont les voltiges aériennes font lever le nez lorsque leurs appareils trouent le ciel et parfois le silence avec une fulgurance à laquelle les habitants sont désormais sourds.

Salon-de-Provence est aussi la ville de Nostradamus. Il y vécu en exil, se livrant à l'astrologie, visité par les grands du royaume, Catherine de Médicis en tête, écrivant son *Almanach*. Son tombeau est situé dans l'une des chapelles de l'église Saint-Laurent. Autre célébrité locale, l'ingénieur Adam de Craponne construisit au XVIe s. le fameux canal qui porte son nom et irrigua jusqu'à 200 km^2 de terres autrefois stériles. Salon fut aussi et surtout le berceau de l'industrie de l'huile d'olive développée par Colbert, à laquelle vint s'adjoindre celle du savon de Marseille, dont il reste aujourd'hui un

unique fleuron, la *Savonnerie Marius Fabre*. Maison et fabrique peuvent être visitées : on y réalise encore les savons de façon traditionnelle et artisanale, qu'ils soient à l'huile de palme, à l'huile d'olive, parfumés à l'avoine ou à la lavande. L'on se complait à surnommer Salon, "la Pastorale couronnée d'oliviers" et l'on aime à se souvenir qu'elle fut provençale avant d'être française, fondée par les Salyens, ces marchands de sel qui s'installèrent sur les hauteurs voilà une vingtaine de siècles.

On y suit le cours de l'histoire, du **château de l'Empéri** à la collégiale Saint-Laurent, des vestiges des enceintes fortifiées au mémorial Jean Moulin. Construit sur le rocher du Puech entre les XIIIe et XVe siècles, le château de l'Empéri fut ainsi nommé en allégeance à l'empereur romain-germanique. Ce magnifique édifice abrite depuis une vingtaine d'années le musée d'Art et d'Histoire militaire, dépendant des Collections nationales et accueille chaque été les interprètes du Festival de juillet (jazz, variétés, classique).

Ci-dessus : le château de l'Emperi à Salon-de-Provence. A droite : ruines spectaculaires et demeures Renaissance des Baux-de-Provence.

LES ALPILLES

Villages de charme ou somptueux vestiges, les petites Alpes, les Alpilles, recèlent de grandes surprises.

Les Baux-de-Provence

Sur une avancée du massif des **Alpilles** précédant la plaine de Crau, un site exceptionnel donne jusqu'à son nom au village des **Baux-de-Provence** (entre Arles et Saint-Rémy) : baux, provenant du provençal *baou*, signifie lui-même rocher élevé. Elevée et enlevée fut aussi l'histoire de ce château où les seigneurs des Baux, comptant parmi les plus puissants féodaux du Midi, se succédèrent, guerroyant et festoyant avec tapage jusqu'à ce que Louis XI en fasse démanteler les

murs. L'épisode se répéta sous Louis XIII. De baronnie, les Baux devinrent en conséquence un marquisat cédé aux Grimaldi, princes de Monaco. Redevenue française en 1791, la cité des Baux quasi désertée ne connut plus d'autre gloire que celle d'avoir donné son nom au minerai d'aluminium découvert sur son territoire, à savoir, la bauxite.

Site classé et protégé, les Baux-de-Provence se divisent en deux parties : la ville morte, extraordinaire ensemble de ruines que l'on confond presque avec la falaise, et le village auquel le tourisme a redonné un lustre parfait.

Tout a été ici restauré avec application, et pas moins de trois musées et une dizaine de bâtiments classés composent un paysage culturel mêlant grande histoire et anecdotes. Du musée lapidaire aménagé dans la maison de la **Tour de Brau**, à la rue du Trencat, creusée dans la roche, de l'ancien temple protestant et de l'**église Saint-Vincent**, harmonieux mélange d'architectures romane et Renaissance, où la messe de minuit attire des centaines de curieux venus assister à l'offrande des bergers, au donjon du château d'où le panorama sur le val d'Enfer donne le frisson, les Baux-de-Provence haut lieu du tourisme provençal, synthétisent en beauté la grandeur et l'influence d'une région.

Les villages des Alpilles

Parce que réunissant tous les éléments que d'aucuns, un peu à la hâte, estiment folkloriques, **Fontvieille** (sur la D17), porte de la vallée des Baux, au pied de la côte bleue des Alpilles, apparaît comme l'un des sites touristiques les plus prisés en Provence. Vestiges et ruines permettent de reconstituer son histoire depuis les temps préhistoriques jusqu'à la guerre de 1914-1918, en passant par la période romaine, le moyen âge et surtout la littérature. Car en vantant la poésie de ses quatre moulins à vent, juchés sur les collines embaumant le thym et la lavande, Alphonse Daudet et ses *Lettres de mon moulin* l'ont fait connaître au monde entier. L'on s'attache ici à perpétuer la tradition à travers un artisanat parfois maladroit, et l'agriculture : vignes et oliviers, mais aussi primeurs et fruits de jardin lesquels, confèrent aux marchés avoisinants une couleur et un parfum uniques. Le patrimoine architectural comporte les vestiges romains de Caparon, ceux de la forteresse du mont Paon, les châteaux d'Estoublon, de Barbegal et de Montauban, dite "la maison bénie" et l'abbaye de Montmajour, située sur la commune d'Arles, mais très près de Fontvieille.

Pour être la patrie du poète occitan Charloun Rieu, auteur des *Chants du Terroir* et qui traduisit en provençal *l'Odyssée*, **Paradou** n'en demeure pas moins un ravissant village perdu au milieu des vignes et des oliviers, avec son église romane Saint-Martin, ses tours du Castillon, vestiges d'un château du XIIIe s. et ses festivités dont la célébration à la mi-septembre du brave Charloun.

On arrive à **Maussane** par une route bordée d'immenses cyprès d'un côté, l'autre offrant au visiteur un superbe panorama sur les Alpilles. Avec ses vieux moulins à huile, son lavoir remontant au Second Empire, sa fontaine des Quatre-Saisons et son château de Monblan (XVIIIe s.), Maussane-les-Alpilles représente l'image idéale que l'on se fait d'un village de Provence, regroupant belles maisons et petits monuments qui méritent que l'on s'attarde. Parmi les nombreux oratoires qui font l'orgueil des Maussanais, celui de Saint-Marc, datant du XVe s. s'avère remarquable de beauté et de sobriété. Quant à l'église Sainte-Croix, de pur style classique, elle fut construite au XVIIIe s., soit deux siècles après la chapelle de Monblan.

Jusqu'à la Révolution, l'histoire de **Mouriès**, à l'instar de Maussane et de Paradou, se confond avec celles des Baux-de-Provence et s'il ne reste rien de la forteresse du Castellas, détruite en 1394 par le vicomte de Turenne (les ruines sont situées sur le territoire de la commune de Paradou), l'on peut encore admirer l'église Saint-Jacques-le-Majeur, la chapelle Saint-Symphorien et jouer aux archéologues en arpentant les fouilles à l'Oppidum des caisses de Servanes. Mais Mouriès recèle entre autres trésors de nombreux mas, lesquels étaient jadis tous flanqués d'un moulin, dont ceux de Servanes, de Beauregard, de Malacercis et le plus réputé, le mas de Brau, avec sa façade Renaissance, classée en 1932. Première commune oléicole de France, Mouriès doit sa richesse à l'assèchement des marais qui l'encerclaient et l'irrigation par les eaux de la Durance qui y furent amenées : oliviers, arbres fruitiers et vignes y prospèrent toujours.

Dominant la plaine de Crau sur les contreforts Sud des Alpilles, **Aureille** est un petit village dont on se plaît à penser qu'il tire son nom de la voie aurélienne et que l'on visite pour se souvenir que la République d'Arles avait là sa place forte, comme l'attestent les ruines d'un château féodal à l'entrée du village. Outres ces vestiges, une église du XIe s. surmontée d'un clocher à coupole, d'anciennes maisons et autant de traces romaines constituent un agréable but de visite pour les amateurs de vieilles pierres. Les autres faisant leur délices des manifestations taurines régulièrement organisées.

Au cœur des Alpilles, le ravissant bourg d'**Eyguières**, dont le climat possède paraît-il des qualités parfaites, réserve à qui sait s'y intéresser mille trésors architecturaux, notamment les chapelles romanes Saint-Pierre-de-Vence, Saint-Sauveur et Saint-Vérédème, dont la fête votive le deuxième dimanche d'août fait figure d'événement, de nombreux oratoires et calvaires, des nécropoles gallo-romaines, des sites préhistoriques et quelques façades classées comme celle de la maison Garcin. Mais, au plus chaud de l'été, le véritable attrait du lieu demeure

A droite : près de Fontvieille, le moulin de Daudet ; aux portes du charmantvillage d'Eygalières, la chapelle Saint-Sixte.

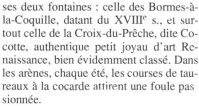

ses deux fontaines : celle des Bormes-à-la-Coquille, datant du XVIIIe s., et surtout celle de la Croix-du-Prêche, dite Cocotte, authentique petit joyau d'art Renaissance, bien évidemment classé. Dans les arènes, chaque été, les courses de taureaux à la cocarde attirent une foule passionnée.

Orgon (par la N569), outre ses ruines médiévale, maisons Renaissance et vestiges romans d'art sacré (chapelle de Saint-Véran) offre un panorama unique sur la vallée de la Durance et sur le Luberon. Le superbe village est situé sur la rive gauche de la Durance, au pied d'une colline où fut il y a fort longtemps érigée une forteresse, domaine du duc de Guise. Il possède en plus de son patrimoine historique, le don de perpétuer les traditions, avec notamment sa foire fin septembre et son musée villageois.

Eygalières (par la D24) est un village provençal typique, du style de ceux que l'on miniaturise pour décorer la crèche. Longtemps assoupi au terme de mille chambardements parmi lesquels le site passe de seigneurie à comtat avant de tomber dans le giron de la famille de Guise, contrainte de vendre la terre à ses habitants, Eygalières connaît depuis une dizaine d'année un regain d'intérêt, surtout aux beaux jours. Sans doute l'image pastorale de l'église Saint-Sixte, cernée de cyprès y est pour quelque chose.

Saint-Rémy-de-Provence

Au pied des Alpilles se trouve **Saint-Rémy-de-Provence** (par la D99). Les **Antiques** (sur la D5) lui valent sa célébrité touristique : un arc de triomphe et un mausolée, superbes vestiges d'une riche cité gallo-romaine détruite par les Barbares au IIIe siècle. L'arc de triomphe, comme tous ceux que l'on trouve en Provence, est antérieur à l'ère chrétienne, et n'était pas destiné à fêter le passage des généraux romains victorieux, mais à commémorer la fondation de Glanum.

Quant au mausolée, dont l'exceptionnel état de conservation en fait l'un des plus beaux monuments du monde romain, il s'agit en fait d'un cénotaphe, monument élevé pour honorer la mémoire, selon l'hypothèse courante, de Caïus et Lucius César, petits-fils de l'empereur Auguste, prématurément décédés.

Ces deux magnifiques vestiges invitent à découvrir l'ensemble archéologique de Glanum, un saisissant site de fouilles, qui permit de fixer les origines de la ville au IIIe s. av. J.-C. Les objets précieux, comme les pièces de monnaie, les bijoux, les bronzes, exhumés au fur et à mesure des fouilles, sont exposés au Musée archéologique, aménagé dans les murs de l'hôtel de Sade.

Aujourd'hui, Saint-Rémy-de-Provence accueille autant de visiteurs qu'autrefois Glanum, offrant les délices de la flânerie dans les venelles, ceux d'une halte autour d'une de ses nombreuses fontaines, à l'ombre de places bordées d'hôtels particuliers et de maisons aux façades ornées. On respire ici le parfum d'un art de vivre unique, on imagine avec amusement qu'elle dut être la vie de Nostradamus qui logeait rue des Barri, ou celle de Van Gogh, qui séjourna à Saint-Rémy en 1889 et 1890 et à qui la ville rend un hommage permanent en l'hôtel Estrine. Le centre d'Art "Présence Van Gogh" a été aménagé dans l'ancien hôtel des Pistoye, seigneurs de Saint-Rémy jusqu'en 1790.

On y trouve tout ce que l'on désire savoir et connaître sur Van Gogh, toiles exceptées, ainsi que des accrochages temporaires d'artistes contemporains. Une visite guidée en forme de promenade permet aussi de découvrir les paysages qui ont inspiré le peintre. L'ancien hôtel Mistral de Montdragon se consacre aux arts et traditions populaires avec le musée des Alpilles qui expose costumes, artisanat, santons, mobilier, documents sur Nostradamus, et collections de peintures. On peut aussi visiter sans formalités le ravissant cloître roman de **St-Paul-deMausole**, ancien monastère au beau clocher, qui transformé en maison de santé accueillit Van Gogh mais aussi Albert Schweitzer entre 1914 et 1918. A Saint-Rémy-de-Provence, les manifestations taurines tiennent aussi le haut du pavé avec des courses à la cocarde et les abrivados, ou "arrivées des taureaux", sorte de joute processive dont l'enjeu consiste à soustraire l'un ou l'autre animal de la surveillance des gardians.

A droite : le château de Tarascon achevé au XVe siècle par le bon roi René.

TARASCON ET LA MONTAGNETTE

Le long du Rhône, entre Barbentane au nord et Tarascon au sud, s'étend la radieuse Montagnette.

La Montagnette

Accroché à un éperon, Barbentane (sur la D35) possède encore quelques vestiges des anciens remparts médiévaux, avec la porte Calendrale et la porte du Séquier. Le village est plus connu pour son célèbre château que pour sa maison des Chevaliers et sa tour Anglica, monument médiéval pourtant chanté par Mistral dans les Iscles d'Or.

Le château, élégante demeure du XVIIe s., aujourd'hui encore propriété du marquis de Barbentane est surnommé le "petit Trianon du soleil" : il doit son lustre à Joseph Pierre Balthazar de Puget, marquis de Barbentane, ambassadeur de Louis XV en Toscane, qui fit décorer les pièces de réception dans le style florentin et aménager des terrasses à l'italienne.

Plus agreste, la balade au moulin de Bretoule comblera d'aise les amateurs de scènes pastorales : perdu dans les pins d'Alep dont les forêts alternent avec les champs d'oliviers, le moulin ne tourne plus depuis plus d'un siècle, mais la nature vibrant au chant forcené des cigales, ses parfums et sa flore constituent un songe radieux.

Tarascon

Aux bords du Rhône naquit **Tarascon** et la légende de la Tarasque, abominable monstre amphibie,qui dévorait les jeunes gens et qui fut terrassé par la valeureuse Sainte-Marthe, accourue des Saintes-Maries-de-la-Mer avec son eau bénite. Puis vint Tartarin, personnage haut en couleurs imaginé par Alphonse Daudet. Cela suffit à façonner l'image de la ville, où le bon roi René fit activer la construction d'un **château** fort, seulement achevé à la fin du XVe siècle.

Aujourd'hui, l'on visite cette forteresse pour les six tapisseries faisant partie de la *Geste de Scipion l'Africain*, pour l'apothicairerie de l'hôpital Saint-Nicolas et ses centaines de pots de faïence enfermés dans de superbes boiseries, pour ses expositions d'art contemporain et pour le panorama sur le Rhône, Beaucaire, la Montagnette... On peut visiter l'église Sainte-Marthe (patronne de la ville), magnifique sanctuaire de style gothique abritant des tableaux de Van Loo et de Mignard et des orgues de la fin du XVe s., le cloître des Cordeliers, théâtre actuel de concerts et d'expositions temporaires et l'abbaye Saint-Michel-de-Frigolet perchée sur la Montagnette.

On peut aussi découvrir le charme pittoresque de la maison de Tartarin de Tarascon, reconstitution d'une demeure bourgeoise fin de siècle avec mobilier ancien et costumes d'époque et une abondante documentation sur le mythe de Tartarin, exploité au cinéma et au théâtre. Pour se fournir en tissus provençaux on pourra se rendre au *magasin Souleiado*, 39, rue Proudhon.

Quant à déambuler dans les ruelles de la ville, autant s'attarder en ces vieilles artères que sont la rue des Halles, la seule et unique à arcades du département, ou la rue Arc-de-Boquy, laquelle présente la charmante particularité d'être couverte. Enfin, chaque année, Tarascon se met en liesse pour célébrer son cher Tartarin, et sa redoutée Tarasque, lors de fêtes populaires qui se déroulent le dernier dimanche de juin.

EXCURSION DE L'AUTRE COTE DU RHONE

A partir de Tarascon, une excursion au Pont du Gard (D 986) s'impose, en passant par Nîmes (N 86) et Saint-Gilles (D 42), quitte à dépasser les limites de la Provence.

Le Pont du Gard

Qui ne connaît pas, ne serait-ce qu'en photo, le fameux aqueduc qui déploie audacieusement ses arches au-dessus du Gard ? Il faut avoir vu ce chef-d'œuvre technique de la civilisation romaine pour pouvoir en apprécier pleinement la grandeur (H : 49 m). Vieux d'environ 2 000 ans, il fut construit en 19 av. J.-C., sous Agrippa, un général de l'empereur Auguste. La configuration du Pont du Gard n'a rien à voir avec celle des aqueducs actuels. A son époque, il assurait l'alimentation en eau de la ville de Nîmes, distante de 50 km, à raison de vingt mille mètres cubes par jour. Ses pierres de plusieurs tonnes sont assemblées sans mortier. On cessa de l'utiliser à partir du IXe siècle et l'édifice fut négligé jusqu'au siècle dernier où on commença à le restaurer.

Aujourd'hui on peut se promener sur les trois étages de ce pont, long de 275 m, qui enjambe le Gard. Il y a même une route au niveau inférieur. Ceux qui n'ont pas le vertige pourront se risquer plus haut. Si l'on préfère admirer l'aqueduc d'en bas, il est possible de louer sur place un kayak. Il est étonnant de voir à quel point ce monument de l'architecture romaine s'harmonise parfaitement avec le paysage, comme s'il en faisait naturellement partie.

Nîmes

La grande ville de Nîmes (130 000 habitants), comme la Provence, a un passé romain. Sa situation privilégiée sur la "route d'Hercule," une des plus ancien-

Ci-dessus : la Maison Carrée, Nîmes. A droite : groupes d'apôtres, musée de la Maison romane, Saint-Gilles.

nes voies marchandes, en a fait une ville-carrefour. Mais en dehors des monuments romains très bien conservés et d'une vie culturelle intense, cette ville industrielle a peu d'attrait : l'animation y est surtout commerciale. A la fin du Ier s. av. J.-C., des vétérans des campagnes d'Egypte de l'empereur Auguste s'installèrent dans la *Colonia Augustus Nemausus*. Sur les armoiries de la ville, un crocodile enchaîné à un palmier symbolise la victoire des anciens guerriers sur Marc Antoine et le pays du Nil. Nîmes était à l'origine une colonie celtique, construite près d'une source à qui on donna le nom du dieu des fontaines, Nemausus. Le célèbre amphithéâtre (131 m sur 100 m), qui peut accueillir 24 000 spectateurs, est mieux conservé et un peu plus grand que celui d'Arles. Il sert encore actuellement d'arènes pour les corridas, et de décor pour des représentations théâtrales. La **Maison Carrée**, aux proportions harmonieuses, est considérée comme l'un des plus beaux temples d'inspiration grecque en dehors de l'Italie. Elle abrite le **musée des Antiques**, une collection de sculptures et de mosaïques de l'Antiquité. La **porte d'Auguste** est une porte de la ville, et non un arc de triomphe. Elle faisait partie des anciens remparts et permettait de surveiller la route d'Arles. C'est dans le **jardin de la Fontaine**, au pied du mont Cavalier, que jaillit la source de Nemausus. Au sommet de la colline se dresse la **tour Magne**, une tour romaine, d'où l'on a une vue superbe sur les environs.

Saint-Gilles

Saint-Gilles, porte de la Camargue, est situé au milieu de vergers fertiles. Cette modeste petite ville doit son nom à saint Aegidius (saint Gilles) qui fonda en 1200 le monastère, un chef-d'œuvre de l'art roman du Sud de la France. A cette époque, le monastère était une étape importante sur le chemin du pèlerinage de Saint-Jacques de Compostelle. Mais les

guerres de Religion et surtout la Révolution le mirent à rude épreuve. Et le visiteur sera surpris de voir qu'il ne reste de l'ancienne **église abbatiale** romane que le sublime **portail** de la façade Ouest, une partie du **chœur** et la **crypte** avec le tombeau de saint Gilles.

Les motifs d'inspiration religieuse que l'on admirera particulièrement sont les scènes de la vie et de la Passion du Christ, réalisées avec art, comme la Cène, le lavement des pieds, le baiser de Judas, la flagellation et le chemin de croix. La frise est également décorée d'animaux fantastiques. Les formes de ce monde symbolique sont inspirées de l'Antiquité romaine. Le portail Ouest est composé de trois arches de pierre décorées, sur lesquelles trônent, au-dessus de la frise, des sculptures inspirées de l'antiquite.

De l'ancien chœur il ne reste plus que les murs plantés à l'extérieur de l'église actuelle. La **Vis de Saint-Gilles**, remarquable escalier en colimaçon construit vers 1150, donne une idée de la grandeur que pouvait avoir le clocher détruit.

Informations

Comité départemental du tourisme, rue du Jeune-Anacharsis, 13001 Marseille, tél.: 91 54 92 66.

AIX-EN-PROVENCE

Hôtels

PRIX MOYEN : **Le Manoir**, rue d'Entrecasteaux, tél.: 42 26 27 20.

PRIX MODERE : **La Bastide**, quartier Robert, Les Milles, tél.: 42 24 48 50.

Restaurants

Abbaye des Cordeliers, rue Lieutaud, tél.: 42 27 29 47, prix modéré. **Le Picotin**, rue de la Paix, tél.: 42 27 95 44, prix modéré.

Monuments / Musées / Manifestation

Cathédrale Saint-Sauveur, visites 10h-12h et 14h-18h. **Musée des Tapisseries**, ancien Archevêché, tél.: 42 23 09 91. **Musée du Vieil Aix**, Hôtel d'Estienne de Saint-Jean, 17, rue Gaston-de-Saporta, tél.: 42 21 43 55.

Musée Granet, place Saint-Jean-de-Malte, tél.: 42 38 14 70. **Pavillon Vendôme**, 34, rue Célony, tél.: 42 21 05 78.

Festival d'art lyrique et de musique : en juillet.

Informations

Office de tourisme, place du Général-de-Gaulle (la Rotonde), 13100, tél.: 42 26 02 93.

ARLES

Hôtels

PRIX MOYEN : **Calendal**, 22, place Pomme, tél.: 90 96 11 89. **La Fenière**, Raphèle-lès-Arles, tél.: 90 98 47 44.

Restaurants

Le Vaccarès, 9, rue Favorin, tél.: 90 96 06 17, prix moyen. **L'Affenage**, 4, rue Molière, tél.: 90 96 07 67, prix modéré.

Monument / Musées

Musée Réattu, 10, rue du Grand-Prieuré, tél.: 90 96 37 68. **Musée lapidaire d'Art chrétien**, rue Balze, tél.: 90 96 37 68. **Musée lapidaire d'Art païen**, place de la République, tél.: 90 96 37 68. **Museon Arlaten**, 29, rue de la République, tél.: 90 96 08 23. **Espace Van Gogh**, rue du Président-Wilson. **Abbaye de Montmajour**: fermée le mardi.

Informations / Manifestations

Office de tourisme, esplanade Charles-de-Gaulle, 13200, tél.: 90 96 29 35.

Rencontres internationales de la photographie : juillet-août. *Feria* : à Pâques. *Festival* : en juillet.

BARBENTANE

Hôtel

PRIX MODERE : **Castel Mouisson**, quartier Castel Mouisson, tél.: 90 95 51 17.

Monument / Informations

Château, tél.: 90 95 51 07.

Office de tourisme, mairie, tél.: 90 95 50 39.

LES BAUX-DE-PROVENCE

Hôtels

DE LUXE : **Le Mas d'Aigret**, sur la D27a, tél.: 90 54 33 54. *PRIX MODERE* : **La Reine Jeanne**, Grand'Rue, tél.: 90 54 32 06.

Musée / Manifestation

Musée lapidaire, Tour de Brau, tél.: 90 97 34 17. *Fête du pastrage* : à l'église Saint-Vincent, à Noël.

Informations

Office de tourisme, hôtel de Manville, rue du château, 13520, tél.: 90 97 54 39.

CASSIS

Hôtels / Restaurants

PRIX MOYEN : Les **Jardins du Campanile**, rue Auguste-Favier, route de Marseille, tél.: 42 01 84 85. *PRIX MODERE* : **Cassitel**, place Clémenceau, tél.: 42 01 83 44. **La Presqu'île**, quartier de Port Miou, route des Calanques, tél.: 42 01 33 77, restaurant haut-de-gamme.

Informations

Office de tourisme, place Baragnon, 13260, tél.: 42 01 71 17.

CAMARGUE

Hôtel

PRIX MODERE : **Mas Saint-Germain**, route de Vaccarès, tél.: 90 97 00 60.

Monument / Parcs

Parc naturel régional de Camargue, Pont de Rousty, tél.: 90 97 10 40. **Château d'Avignon**, route d'Arles, tél.: 90 97 86 32. **Parc ornithologique du Pont de Gau**, tél.: 90 47 82 62.

Informations

Consulter les offices de tourisme d'Arles ou des Saintes-Maries-de-la-Mer.

CHATEAURENARD

Hôtel

PRIX MODERE : **Les Glycines**, avenue Victor-Hugo, tél.: 90 94 10 66.

Informations

Office de tourisme, quartier des Halles, avenue Roger-Salengro, 13160, tél.: 90 94 23 27 ou 90 94 14 97.

EYGALIERES

Hôtel

PRIX MOYEN : **Le Mas de la Brune**, sur la D74a, tél.: 90 95 90 77.

FONTVIEILLE

Hôtel

PRIX MOYEN : **A la Grâce de Dieu**, 90, avenue de Tarascon, tél.: 90 54 71 90.

Musée

Moulin de Daudet, musée, tél.: 90 97 60 78.

MAILLANE

Musée

Musée Frédéric Mistral, 11, rue Lamartine, 13910, tél.: 90 95 74 06.

MARSEILLE

Hôtels

DE LUXE : **Le Petit Nice**, Corniche Kennedy, tél.: 91 59 25 92. *PRIX MOYEN* : **Grand Hôtel** de Genève, 3 bis, rue Reine-Elisabeth, tél.: 91 90 51 42. *PRIX MODERE* : **Résidence Sainte-Anne**, 50, boulevard Verne, tél.: 91 71 54 54.

Restaurants

L'Epuisette, anse du vallon des Auffes, tél.: 91 52 17 82, haut-de-gamme. **Chez Fonfon**, 140, vallon des Auffes, tél.: 91 52 14 38, prix moyen.

Monuments / Musées

Jardin des Vestiges, rue Henri-Barbusse, métro Vieux-Port. **Vieille-Major**, visites 9h-11h30 et 14h30-17h, sauf lundi. **Vieille-Charité**, tél.: 91 56 28 38. **Maison Diamantée, musée du Vieux-Marseille**, 2, rue de la Prison, tél.: 91 55 10 19. **Notre-Dame de la Garde**, visites 7h-17h45 en hiver, 7h-19h en été. **Basilique Saint-Victor**, visites 9h-12h et 15h-18h. **Musée Cantini**, 19, rue de Grignan, métro : Estrangin-Préfecture, tél.: 91 54 77 75. **Château et parc Borely**, avenue du Prado, tél.: 91 73 21 60. **Musée Grobet-Labadié**, 140, boulevard de Longchamp, métro Longchamp-Cinq-Avenues, tél.: 91 62 21 82.
Musée des Beaux-Arts, Palais Longchamp, métro Longchamp-Cinq-Avenues, tél.: 91 62 21 17.
Musée des Arts et Traditions populaires, Château Gombert, place des Héros, tél.: 91 68 14 38.
Château d'If, tél.: 91 55 50 09, liaison avec l'île depuis le quai des Belges.

Informations / Manifestations

Office de tourisme, 4, la Canebière, tél.: 91 54 91 11. *Foire aux Santons*: fin novembre à janvier.

MAUSSANE-LES-ALPILLES

Hôtel / Restaurant

PRIX MODERE : **L'Oustaloun**, place de l'Eglise, tél.: 90 54 32 19.
Ou Ravi Provençau, avenue Vallée-des-Baux, tél.: 90 54 31 11, restaurant prix moyen.

NIMES

Hôtels

DE LUXE : **Imperator Concorde**, quai de la Fontaine, tél.: 66 21 90 30. *PRIX MOYEN* : **Grand Hôtel du Midi**, square de la Couronne, tél.: 66 21 07 18. *PRIX MODERE* : **Majestic**, 10, rue Pradier, tél.: 66 29 24 14.

Informations

Office de tourisme, 6, rue Auguste, 30000, tél.: 66 36 27 27.

LA ROQUE-D'ANTHERON

Monument / Manifestation

Abbaye de Silvacane, tél.: 42 50 41 69.
Festival de piano : en août.

Informations

Office de tourisme, mairie, place des Ecoles, 13640, tél.: 42 50 40 40.

LES SAINTES-MARIES-DE-LA-MER

Hôtels

DE LUXE : **Auberge Cavalière**, route d'Arles, tél.: 90 97 88 68. *PRIX MOYEN* : **Mas du Clarousset**, roubine du Joly, tél.: 90 97 81 66.
PRIX MODERE : **Bellevue**, 5, rue de l'Etang, tél.: 90 97 81 47.

Musée / Manifestation

Musée Baroncelli, ancien hôtel de ville, rue Victor-Hugo, tél.: 90 47 80 05.
Pèlerinages : 24-25 mai et fin octobre.

Informations

Office de tourisme, 5, avenue Van-Gogh, 13732, tél.: 90 97 82 55.

SAINT-REMY-DE-PROVENCE

Hôtel

PRIX MOYEN : **Castelet des Alpilles**, place Mireille, route des Baux, tél.: 90 92 07 21.

Monuments / Musées

Glanum, tél.: 90 92 23 79. **Musée archéologique et hôtel de Sade**, tél.: 90 92 13 07. **Musée des Arts et Traditions populaires**, Hôtel Mistral de Montdragon, tél.: 90 92 08 10.

Informations

Office de tourisme, place Jean-Jaurès, 13210, tél.: 90 92 05 22.

SALON-DE-PROVENCE

Hôtels

PRIX MOYEN : **Nuit d'Hôtel**, route du Val de Cuech, tél.: 90 56 06 04.
PRIX MODERE : **Domaine de Roquerousse**, route d'Avignon, tél.: 90 59 50 11.

Musée / Manifestation

Château de l'Empéri, musée, tél.: 90 56 22 36.
Festival de jazz : en juillet.

Informations

Office de tourisme, 56, cours Gimon, 13300, tél.: 90 56 27 60.

TARASCON

Hôtels

PRIX MOYEN : **Les Mazets des Roches**, route de Fontvieille, tél.: 90 91 34 89. *PRIX MODERE*: **Le Saint-Jean,** 24, boulevard Victor-Hugo, tél.: 90 91 13 87.

Monuments / Musée / Manifestation

Château, tél.: 90 91 01 93. **Cloître des Cordeliers**, place Frédéric-Mistral, tél.: 90 91 00 07. **Maison de Tartarin**, 55 bis, boulevard Itam, tél.: 90 91 05 08.
Fête de la Tarasque : dernier week-end de juin.

Informations

Office de tourisme, 59, rue des Halles, 13150, tél.: 90 91 03 52.

VAUVENARGUES

Hôtel

PRIX MODERE : **Le Moulin de Provence**, route des Maquisards, tél.: 42 66 02 22.

LE VAUCLUSE

LE COMTAT VENAISSIN
AVIGNON
CAVAILLON / CARPENTRAS
ORANGE
MONT VENTOUX
SENANQUE
APT / GORDES
LE LUBERON

Le Vaucluse forme un quadrilatère tout de guingois, flanqué d'une enclave au nord. A l'ouest et au sud, le Rhône et la Durance imposent leur tracé. Au nord-est, côté Alpes, la ligne se fait plus vague, se faufile au gré des plissements, court au creux des vallées, erre sur les plateaux. En schématisant, on distinguerait d'une part la plaine, cultivée au propre comme au figuré, aussi riche des fruits de la terre que de ceux de l'esprit ; et d'autre part ces hauteurs caractéristiques de la Provence, âpres et rudes d'accès, traditionnellement fières et plus pauvres.

LE COMTAT VENAISSIN

Encadré par les quatre cités d'Orange, Carpentras, Cavaillon et Avignon, le Comtat Venaissin doit aujourd'hui sa prospérité à sa vaste plaine maraîchère, bénie des eaux ; mais les cités historiques ne manquent pas non plus au tableau, plein de douceur.

La plaine du Comtat

Les jardins maraîchers les plus productifs de France forment une mosaïque de parcelles minuscules : zébrée de canaux d'irrigation, ponctuée çà et là par le miroitement des serres, compliquée de fossés et de talus, enrichie parfois d'étonnantes verdoyances bocagères, et soulignée toujours par les cordons sombres des cyprès et les rideaux de canisses dressés contre le vent.

Pages précédentes : magie printanière des vergers en fleurs. A gauche : beauté provençale.

Le paysage comtadin doit peu à la nature. Exceptées, mauves et lointaines, les ombres du mont Ventoux ou des Alpilles, exceptés aussi le soleil qui l'inonde et surtout le mistral. Ici plus que partout ailleurs il s'enfle, dessèche les sols, arrache les jeunes plants, retourne les esprits.

L'organisation entière de la plaine tourne autour de ces deux problèmes, le vent et l'eau. Car hors de la Durance et de la Sorgue qui répand ses ramifications en direction de l'Ouvèze, l'eau des montagnes ne parvient guère jusqu'ici, trop tôt absorbée par le sol calcaire. Aussi a-t-on creusé, à partir des rares rivières dont le cours ne tarit pas l'été, un réseau si serré de canaux et de rigoles que la carte en paraît toute bleutée.

Aux temps lointains où la future Méditerranée recouvrait la Provence jusqu'au sud du Luberon, le Rhône et la Durance entassaient ici leurs alluvions. Résultat, une vaste alternance de marais argileux et de vagues collines calcaires habillées de garrigues desséchées et de chênes verts.

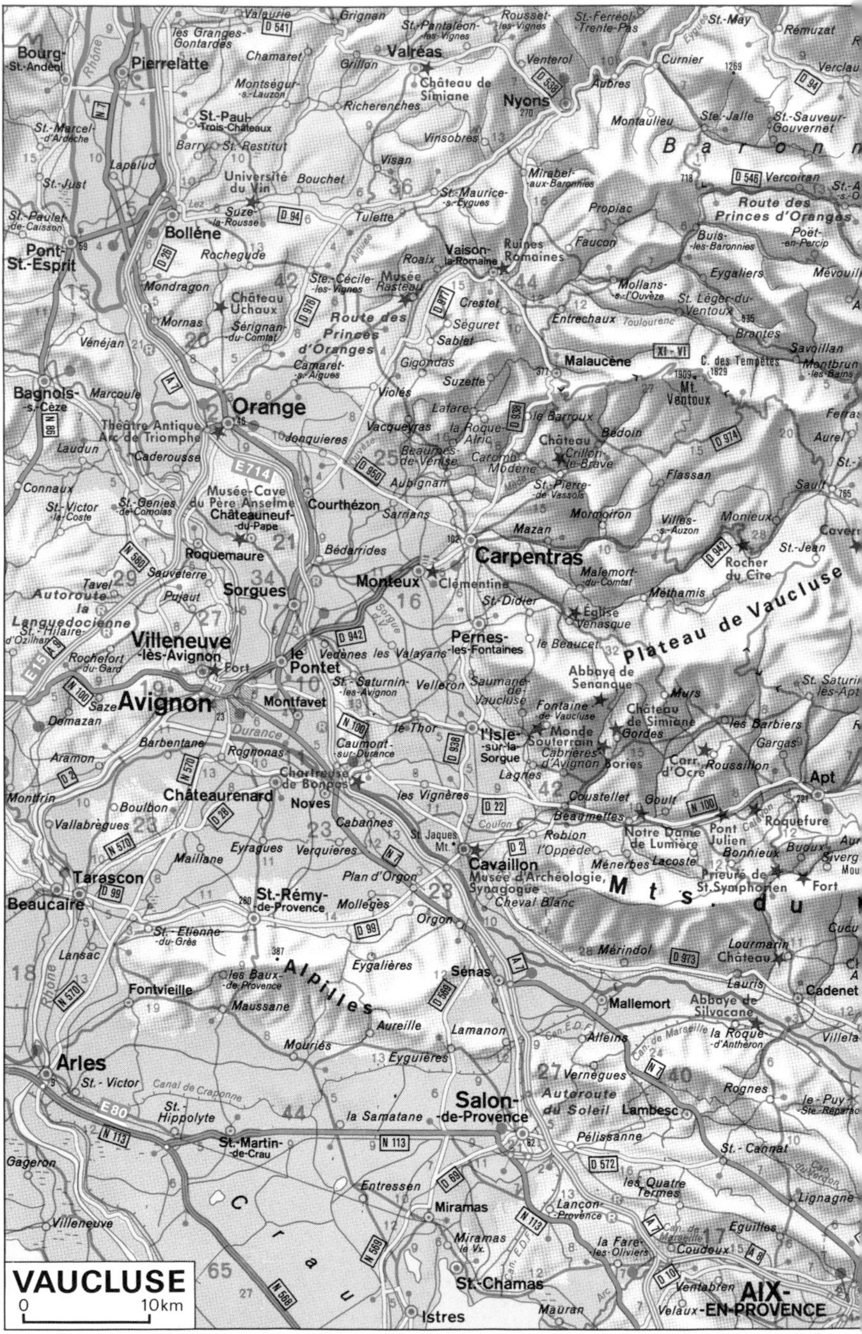
VAUCLUSE
0
10km
Bourg-St.-Andéol
Pierrelatte
Valaurie
Grignan
Valréas
Château de Simiane
Nyons
Rousset-les-Vignes
St.-Pantaléon-les-Vignes
St.-Ferréol-Trente-Pas
St.-May
Rémuzat
Curnier
Verclause
Aubres
Venterol
les Granges-Gontardes
Chamaret
Grillon
Montségur-s.-Lauzon
Richerenches
St.-Paul-Trois-Châteaux
St.-Marcel-d'Ardèche
Barry
St.-Restitut
Vinsobres
Montaulieu
Ste.-Jalle
St.-Sauveur-Gouvernet
Baronnies
Lapalud
Visan
Mirabel-aux-Baronnies
Vercoiran
St.-Just
Université du Vin
Bouchet
St.-Maurice-s.-Eygues
Route des Princes d'Oranges
Propiac
St.-Paulet-de-Caisson
Suze-la-Rousse
Tulette
Buis-les-Baronnies
Poët-en-Percip
Bollène
Pont-St.-Esprit
Rochegude
Roaix
Vaison-la-Romaine
Ruines Romaines
Faucon
Mondragon
Ste.-Cécile-les-Vignes
Musée Rasteau
Mollans-s.-l'Ouvèze
Eygaliers
Château Uchaux
Crestet
St. Léger-du-Ventoux
Mévouillon
Mornas
Route des Princes d'Oranges
Entrechaux
Toulourenc
Sérignan-du-Comtat
Séguret
Brantes
Vénéjan
Sablet
Savoillan
Camaret-s.-Aigues
Gigondas
Malaucène
C. des Tempêtes
Montbrun-les-Bains
Bagnols-s.-Cèze
Marcoule
Suzette
Mt. Ventoux
Orange
Violès
Lafare
Théâtre Antique
Arc de Triomphe
Jonquières
Vacqueyras
la Roque-Alric
le Barroux
Bédoin
Ferrassières
Aurel
Laudun
Caderousse
Beaumes-de-Venise
Caromb
Château Crillon-le-Brave
Modène
Aubignan
St.-Pierre-de-Vassols
Flassan
Connaux
Musée-Cave du Père Anselme
Courthézon
Sarrians
Sault
St.-Victor-la-Coste
St.-Geniès-de-Comolas
Châteauneuf-du-Pape
Mormoiron
Villes-s.-Auzon
Monieux
Mazan
Roquemaure
Bédarrides
Carpentras
St.-Jean
Sauveterre
Sorgues
Monteux
Clémentine
Malemort-du-Comtat
Rocher du Cire
Tavel
Autoroute la Languedocienne
Pujaut
St.-Didier
Méthamis
Plateau de Vaucluse
St.-Hilaire-d'Ozilhan
Église Venasque
Villeneuve-lès-Avignon
le Pontet
Vedènes
les Valayans
Pernes-les-Fontaines
le Beaucet
Rochefort-du-Gard
Fort
St.-Saturnin-les-Avignon
Velleron
Saumane-de-Vaucluse
Abbaye de Senanque
St. Saturnin-lès-Apt
Saze
Avignon
Montfavet
Fontaine-de-Vaucluse
Murs
Domazan
Durance
le Thor
Château de Simiane
Gordes
les Barbiers
Barbentane
Caumont-sur-Durance
l'Isle-sur-la-Sorgue
Monde Souterrain
Cabrières-d'Avignon
Bories
Gargas
Aramon
Rognonas
Carr. d'Ocre
Roussillon
Chartreuse de Bonpas
Lagnes
Apt
Montfrin
Châteaurenard
Noves
Coustellet
Goult
Boulbon
les Vignères
Beaumettes
Pont Julien
Roquefure
Vallabrègues
Cabannes
Coulon
Robion
Notre Dame de Lumière
St. Jaques Mt.
l'Oppède
Bonnieux
Buoux
Sivergues
Maillane
Eyragues
Verquières
Cavaillon
Ménerbes
Lacoste
Prieuré de St.Symphorien
Fort
Tarascon
Plan d'Orgon
Musée d'Archéologie, Synagogue
Mts. du Luberon
Beaucaire
St.-Rémy-de-Provence
Mollégès
Cheval Blanc
St.-Etienne-du-Grès
Orgon
Lourmarin Château
Lansac
Alpilles
Eygalières
Mérindol
les Baux-de-Provence
Sénas
Lauris
Cadenet
Fontvieille
Maussane
Mallemort
Abbaye de Silvacane
Aureille
Lamanon
Alleins
la Roque-d'Anthéron
Villelaure
Mouriès
Eyguières
Arles
Vernègues
St.-Victor
Canal de Craponne
Autoroute du Soleil
Rognes
St.-Hippolyte
la Samatane
Salon-de-Provence
Lambesc
le Puy-Ste.-Réparade
St.-Martin-de-Crau
Pélissanne
St.-Cannat
Gageron
les Quatre Termes
Entressen
Lignagne
Crau
Miramas
Lançon-Provence
Villeneuve
Eguilles
Miramas le Vx.
la Fare-les-Oliviers
Coudoux
St.-Chamas
Ventabren
Aix-en-Provence
Istres
Mauran
Velaux

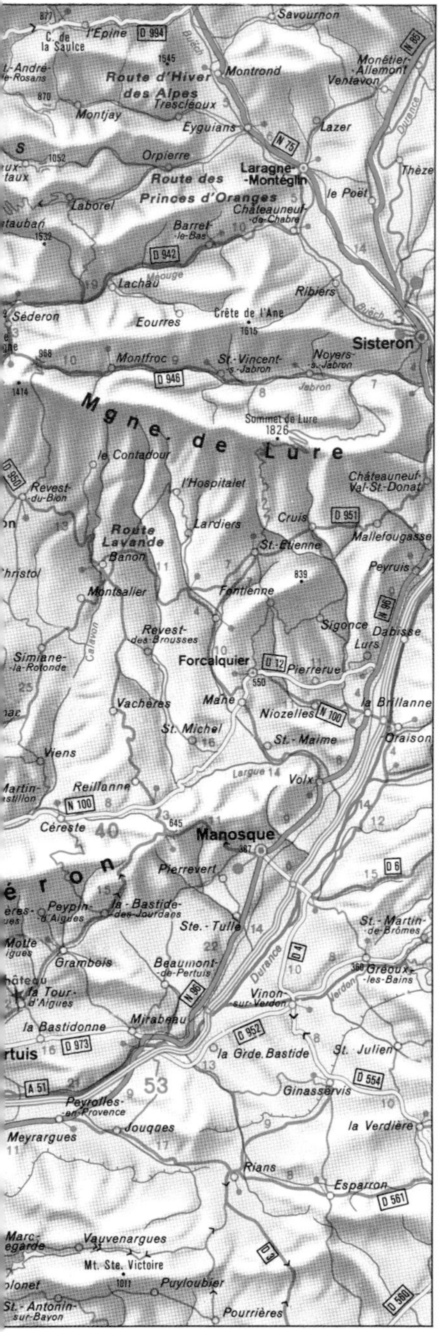

L'homme, en règle générale, préférait de beaucoup la montagne et ses bastions naturels. Il lui faudrait pour s'aventurer en plaine des ères de paix relative : celle des Romains par exemple, ou plus tard celle des papes... Il construisit alors de grandes fermes, planta le blé, la vigne et les oliviers. Puis vers le VIe ou VIIe siècle vinrent les moines, qui commencèrent à drainer les marais et creuser les premiers canaux d'irrigation.

La prospérité comtadine connut encore des hauts et des bas. Au début du siècle dernier, la sériciculture, les plantations de garance et la vigne assuraient sa fortune : vers 1860, coup sur coup, la pébrine, maladie des vers à soie, le phylloxéra et la découverte de l'alizarine (colorant artificiel) firent sa ruine.

Heureusement le chemin de fer allait sauver la situation, et le Comtat Venaissin prendre enfin l'aspect qu'on lui connaît aujourd'hui, celui de premier fournisseur de fruits et de légumes.

A l'ouest du canal de Carpentras (creusé au XIXe s. entre la Durance et l'Ouvèze) s'étend la grande plaine maraîchère en habit d'arlequin, territoire des melons, des raisins, des tomates, des fraises ou des courgettes ; des vergers aussi, triomphants au printemps, des fleurs blanches des pommiers, cerisiers ou abricotiers, des fleurs roses des pêchers et des amandiers. La population y est dense, les exploitations minuscules, et la rentabilité paradoxalement excellente. De l'autre côté du canal, sur le sol sec des premières pentes dominent le raisin, et les vastes vergers. On jurerait que rien n'a changé ici depuis des siècles, quand le paysage en réalité n'a guère plus de cent ans.

Cités historiques

Aux grandes fermes isolées succèdent de proche en proche ces villes et ces villages caractéristiques, profitant des plus vagues collines, des moindres amorces de promontoire pour s'y enrouler autour de sobres églises ou de châteaux ruinés. Le plus souvent, le passé subsiste sous la forme d'une tour, de bribes de remparts, de quelques mâchicoulis, d'un donjon crénelé, de maisons anciennes.

A **Monteux** (sur la D942, à 4 km de Carpentras), une maison de campagne du pape Clément V a laissé une tour, justement dite "clémentine". A **Courthézon** (sur la N7, à 7 km d'Orange) on retrouve pêle-mêle sur la colline château, remparts, beffroi, halle, hospices. **Le Thor** (par la N100, depuis Avignon ou Cavaillon) naguère capitale du raisin Chasselas, possède une des plus belles églises romano-gothiques de la région. Au sud, surplombant la Durance, la **chartreuse de Bompas** (entre Avignon et Cavaillon) et son couvent fortifié daté du XIIIe s. attire les visiteurs avec son enceinte crénelée, ses jardins à la française et la vue superbe qui s'offre, depuis sa terrasse.

Venasque (sur la D4, à 12 km de Carpentras), qui fut avant Carpentras le siège de l'évêché et donna d'ailleurs au comtat son nom de venaissin, abrite sur son éperon rocheux du Piémont vauclusien un baptistère fameux, en fait une église mérovingienne du VIe siècle. L'un des édifices religieux les plus anciens de France.

Pernes-les-Fontaines (sur la D938, à 6 km de Carpentras) a toujours connu une situation privilégiée, liée à l'eau. Avec ses trois belles portes flanquées de tours à mâchicoulis, son vieux pont à encorbellements surmonté d'une chapelle, voisinant avec le donjon à campanile du château des comtes de Toulouse et la belle collégiale Notre-Dame-de-Nazareth, sans oublier la tour Ferrande, carrée et crénelée, la ville aurait eu assez pour se classer parmi les plus intéressantes. Mais c'est l'abondance de ses fontaines qui fait son originalité : 37 au total, par lesquelles s'écoule l'eau du sous-sol et celle de la Nesque. Abondance n'étant pas gaspillage, ces fontaines ont eu jusqu'en 1914 chacune leur gardien attitré !

A droite : Avignon, le pont St-Bénezet, le Petit Palais et le palais des papes.

A l'**Isle-sur-la-Sorgue** (sur la N100, à 12 km de Cavaillon) c'est librement que l'eau circule. Antique village de pêcheurs, installé comme son nom l'indique entre les multiples bras de la rivière, elle a hérité comme toute ville bâtie sur l'eau du titre pompeux de "Venise comtadine". Ce qui n'ôte rien à la séduction de ses eaux vertes et de ses rues fraîches ombragées de platanes. Des 70 roues à aubes que la Sorgue entraînait autrefois, au temps de la soie, de la garance et des olives, 5 sont encore visibles, retraitées nonchalantes et moussues.

La valeur cruciale de l'eau se lit encore dans la légende de saint Gens, et son célèbre pèlerinage du **Beaucet** (entre Venasque et Pernes). Jugeant païennes les pratiques locales, Gens priva les paysans de pluies. La sécheresse ravagea la région jusqu'à leur repentir et fit la gloire du saint qui, bon prince, offrit une double source, d'eau pure et de vin clair. Aujourd'hui seule la première coule toujours, près de l'ermitage de Saint-Gens.

AVIGNON

A tout seigneur tout honneur : parmi les cités du Comtat, **Avignon** est certainement la ville *star*, bien qu'elle n'en fasse pas historiquement partie. En effet les fameux Etats pontificaux de nos manuels d'histoire juxtaposaient sans les confondre Cité des papes et Comtat, dont la capitale fut successivement Venasque, Pernes-les-Fontaines et Carpentras. Pour être tout à fait exact, lesdits papes possédaient le comtat depuis 1274 (un cadeau du roi de France), mais n'achetèrent Avignon à Jeanne, reine de Naples et comtesse de Provence qu'en 1348 alors que Clément V avait commencé à y résider dès 1309.

Peu importe, l'antique *Avenio*, dont le nom signifie sans doute "ville du vent", est bien aujourd'hui non seulement la préfecture, un centre touristique majeur et

la plus grande ville du Vaucluse (près de 180 000 habitants), mais sa capitale au sens plein du terme. Son aura de ville-phare tient par-dessus tout à une sorte de génie du lieu, fait de jovialité ambiante, de bouillonnement spirituel et d'ensorcelantes élégances architecturales.

Comment aborder Avignon ? En s'y plongeant comme on se jette à l'eau, en plein mois de juillet, dans l'effervescence euphorique et cosmopolite du Festival ? En se laissant griser par l'animation bruyante des terrasses des cafés, la multiplicité et la variété des spectacles offerts à travers la ville entière. Pourquoi pas : l'événement ne trahit pas le lieu. La Cité des papes n'a-t-elle pas toujours fourmillé d'ambassadeurs, de légats, de marchands ou d'artistes venus de tous les horizons ?

Elle avait, de toute éternité, le goût des fêtes, des processions, des grands mystères médiévaux ; elle fut la capitale intellectuelle de la Renaissance ; son dynamisme culturel a traversé les âges, voilà tout. Peintres, écrivains, poètes, archéologues n'ont jamais cessé de s'y donner rendez-vous.

On peut aussi préférer une découverte plus classique : une carte postale peut-être... C'est depuis le Rhône alors qu'il faut la voir, lorsque les reflets du soleil couchant viennent dorer le grès rose de ses murailles. L'idéal sans doute serait d'y arriver au fil du fleuve (diverses compagnies de bateaux-promenade permettent du reste facilement de s'accorder ce luxe) ; en venant du nord on devinerait d'abord au loin le **rocher des Doms**, la calotte boisée de ses jardins, puis la silhouette altière de la forteresse pontificale. Avignon apparaîtrait alors, comme un rêve de pierre, une de ces cités vaguement luminescentes que les peintres du Quattrocento aimaient à figurer aux arrière-plans de leurs toiles.

Sur terre, il faut pousser jusqu'à l'île Barthelasse, ou encore franchir le pont (ainsi que la limite départementale) et gagner pour la contempler à l'aise sa ville-sœur, parfois ennemie : **Villeneuve-lès - Avignon**, qui semble n'avoir été bâtie là

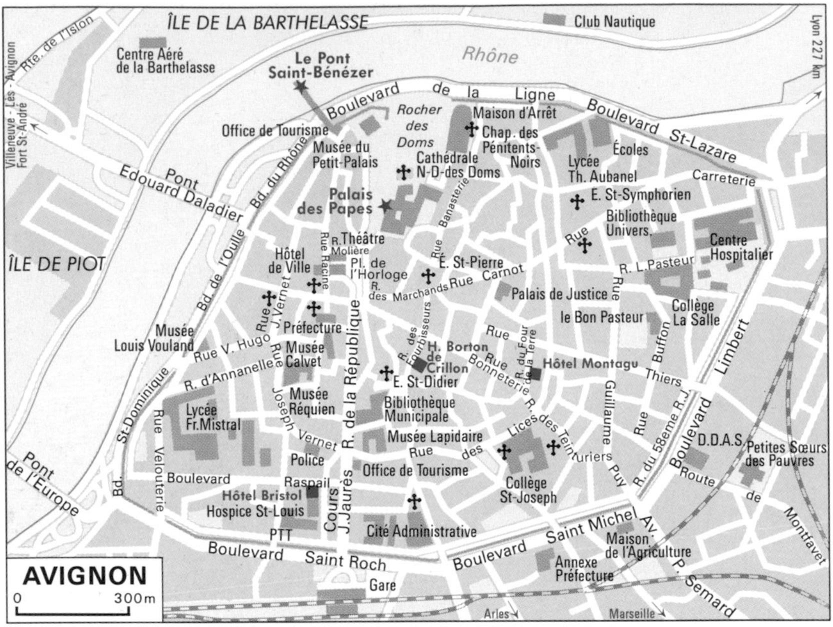

que pour mieux surveiller et contrôler ses folies (avant de devenir le “faubourg des cardinaux”).

Les plus beaux et les plus commodes belvédères qu'on y trouve, à savoir la tour de guet de Philippe-le-Bel, haute de quelque 40 m, et le fort Saint-André, rocher-citadelle à peu près inexpugnable qui commandait le passage du fleuve, y ont d'ailleurs bel et bien été élevés dans ce but : tenir en respect la Cité des papes.

Avignon flotte au-dessus des remous du Rhône, écume de tuiles roses d'où pointe un jaillissement continu de clochers, de tours, de campaniles, et qui vient doucement mourir au pied du palais impassible. Les **remparts**, presque 5 km de grosses pierres carrées où se lit encore la signature stylisée d'un demi-millier de tailleurs, constituaient une défense autant contre les eaux que contre les hommes : aujourd'hui encore, malgré deux barrages protecteurs au nord de l'île Barthelasse,

A droite : fresque de Matteo di Giovanetti (palais des Papes, Avignon).

les violents orages qui gonflent en amont les rivières telles que l'Ardèche provoquent des crues brutales.

Au siècle dernier Viollet-le-Duc, l'architecte des reconstitutions historiques, reconstruisit les parties éboulées des murs, et fit raser les nombreuses maisons qui s'y adossaient (mais il ne put les libérer des mètres de remblais accumulés par les siècles).

Ce n'est que vers 1900 que la ville, croissance oblige, se résolut à les rouvrir au passage de nouvelles artères. Preuve supplémentaire du caractère résolument conservateur des Provençaux, en matière d'architecture du moins. Caractère qui ne date pas d'hier, et s'est récemment illustré (dans les années soixante) par une violente querelle des Anciens et des Modernes à propos du vétuste **quartier de la Balance**, aux abords du palais des Papes. Le compromis de rénovation adopté (une alternance de constructions neuves et de restaurations) n'ayant pas suffi à calmer les esprits chagrins. Au fond, la Provence en général et Avignon en particulier ont

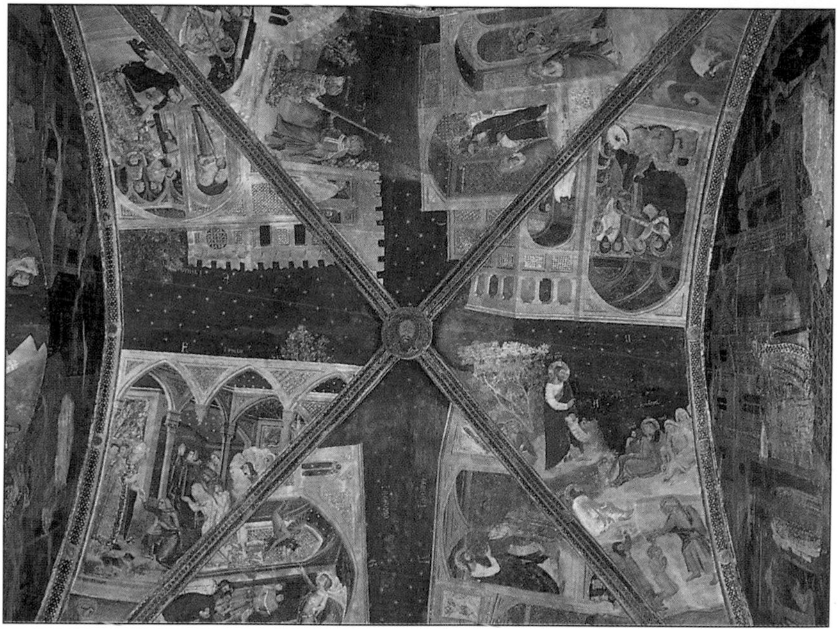

toujours été en retard d'une mode en ce domaine. Bien qu'Avignon soit communément tenue pour le berceau provençal du gothique flamboyant, celui-ci s'est longtemps limité au remplacement par des croisées d'ogive des voûtes romaines en berceau. Encore celles-ci résistèrent-elles vaillamment jusqu'aux alentours du XIVe siècle. Ce qu'on a appelé le "gothique des papes", influencé surtout par l'Italie, conserva du style roman cette habitude des effets de masse, des jeux de volumes, et d'une extrême sobriété des décors dont le palais demeure la meilleure illustration.

Elle restera pratiquement de mise, par delà la Renaissance, jusqu'au XVIIIe s. et à l'avènement du baroque. Ainsi les églises, à l'image de la **cathédrale Notre-Dame-des-Doms**, s'en tinrent-elles à leur nef unique, rétrécie par d'épais murs et contreforts (pas d'arcs-boutants), d'étroites fenêtres sans vitraux, des porches inspirés des temples romains. Peu ou pas d'ornements sculptés, auxquels on préférait les fresques, puis les panneaux peints (le musée du Petit Palais en conserve une superbe collection). De la même manière, beaucoup de constructions civiles, tant intra-muros que dans l'ensemble du Comtat, châteaux, maisons de campagne, fortifications, gardèrent jusqu'au XVIes., voire au XVIIe s. leurs allures médiévales. Les tours rondes, par exemple, ne sont pas légion dans les environs. Quant aux fameux remparts avignonnais, ils étaient paraît-il militairement dépassés dès leur achèvement.

A l'intérieur des murs, c'est un lacis de ruelles aux noms éloquents : **rue des Teinturiers**, où d'anciennes roues sur la Sorgue rappellent les grandes heures de la garance, **rue de la Peyrollerie** royaume des chaudrons, rue de la Banasterie pour les paniers d'osier, rue de la Bonneterie, rue des Marchands, des Fourbisseurs, de la Saunerie, du Four-de-la-Terre, et tant d'autres... Près du théâtre sont les rues Molière et Racine. Le passé plus proche n'est pas oublié, Jean Vilar et Gérard Philipe sont dûment honorés. Chaque carrefour ou presque révèle sa moisson de livrées (demeures que se faisaient bâtir les dignitaires de la cour pontificale), d'hôtels particuliers, d'églises, de chapelles. Rabelais surnommait Avignon *"la ville sonnante"*, Mistral la *"sonneuse de joie"* : un historien méticuleux calcula en effet qu'il y sonnaient chaque jour entre 200 et 300 cloches.

Les musées aussi foisonnent. Outre le **Petit Palais,** ancien siège de l'évêché superbement restauré, et sa rétrospective de la peinture italienne, du moyen âge à la Renaissance, le plus célèbre est le musée Calvet : des siècles de peinture, de nombreux vestiges antiques, mais surtout une importante collection de préhistoire locale, qui témoigne que le site pourtant peu protégé d'Avignon a depuis longtemps ses adeptes.

Citons encore le **Musée lapidaire** (sculptures et bas-reliefs dont certains renvoient à l'époque celto-ligure), la **livrée Ceccano** qui abrite la belle médiathèque municipale, les musées Requien consacré à l'histoire naturelle, Théodore Aubanel à l'imprimerie et au félibrige, Louis Vouland au mobilier et à la faïence. De quoi passer des heures enfermé, tandis qu'au dehors le mistral balaie un ciel toujours plus lumineux.

Qu'on s'y prenne comme on veut, les pas du promeneur le ramènent inévitablement au pied du **palais des Papes**. Un hectare et demi de créneaux et mâchicoulis, de courtines embellies d'arcatures aveugles, de tours et de cours, de salles immenses et de couloirs en dédale : la majesté du palais des Papes, son apparente unité de façade cachent un incroyable mélange de genres. Jean Vilar, le fondateur du Festival, pouvait-il manquer de tomber amoureux d'un aussi somptueux décor de théâtre ? Et les 1800 m^2 de la cour d'honneur trouver meilleure destination que de devenir une des scènes les plus recherchées du monde ?

A droite : musicien itinérant ou oisif d'un jour, on apprécie le soleil de Provence Pro-

Plus loin, les pas mènent immanquablement vers le Rhône, et le **pont Bénezet,** ce pont d'Avignon sur lequel on dansait presque comme dans la chanson. Le pont s'appuie sur l'île Barthelasse, sept kilomètres sur quatre de riches vergers où pointent encore les buttes qui jadis abritaient le bétail des crues. En fait, c'est là que les Avignonnais tournaient si gaiement dans leurs guinguettes.

Quant au pont, achevé en 1185, plusieurs fois emporté et reconstruit, et définitivement rompu par les glaces d'un hiver rigoureux en 1670, il ne lui reste plus aujourd'hui que 4 de ses 22 arches. Selon la légende, c'est un petit pâtre ardéchois, Bénezet, qui posa en quelque sorte la première pierre de l'édifice, en soulevant tout seul un rocher *"que trente hommes n'eussent pu mouvoir"* : miracle qui lui assura par la suite les fonds nécessaires aux travaux. Fi des mauvaises langues qui affirment qu'ils provenaient plutôt d'un gigantesque trafic d'indulgences, et que d'ailleurs la première version du pont, en bois, date des Romains.

Avignon n'en est pas à une légende près. Sainte Marthe fut bien improvisée vers le XIIIe s. patronne et évangélisatrice de la ville, alors qu'elle n'y mit de toute évidence jamais les pieds. Qu'importe, les exégètes brodèrent. Un clerc à l'imagination féconde en profita pour ajouter quelques protecteurs de son cru : saint Ruf, saint Magne, saint Agricol, dont on doute qu'ils aient même jamais existé, et pour faire bonne mesure inscrivit dans l'histoire de la ville une bonne vingtaine d'évêques fictifs !

Sans doute est-ce là l'effet d'une sorte de tolérance bonhomme dont la ville semble avoir la spécialité (mais dont elle a du pourtant se départir en quelques occasions, pour ne citer que l'époque du grand schisme des guerres de Religion !).

On l'a vue accepter avec bonne humeur bon nombre de bizarreries.

Ainsi du XIIIe au XVIIIe s. ces "clubs" de pénitents multicolores, dont seules

subsistent quelques **chapelles** : sept confréries au total, des noirs, des blancs, des gris, des bleus, des violets... et même vers 1700, des rouges, les plus "prolétaires" de tous. Il s'agissait en général d'aristocrates ou de bourgeois, qui pratiquaient le secours mutuel et défilaient en procession dans les rues, couverts de bure et encapuchonnés. Mais plus près de nous, en 1950, un inspecteur des Postes d'Avignon put bien encore sans rire se déclarer "Christ de Montfavet", et réunir sur la base d'une doctrine des plus fantaisistes une secte d'environ 3 000 adeptes !

Au chapitre des loisirs Avignon privilégie aussi le nautisme : le *Relais nautique* (capitainerie "Manureva") accueille les plaisanciers, *Yachting club* et *Société nautique* proposent ski nautique, navigation et planche à voile.

CAVAILLON ET CARPENTRAS

De part et d'autre de la plaine du Comtat, se trouvent Carpentras, ancienne capitale historique et Cavaillon, nouvelle capitale maraîchère, célèbre surtout pour ses fameux melons !

Cavaillon

Maraîchère avant et par-dessus tout, **Cavaillon** (sur l'autoroute A7) a choisi la plaine. Quand les moindres villages comtadins semblent jouer à chat perché, qui sur son rocher, son faîte de falaise, qui faute de mieux sur la plus vague éminence ou le plus léger tertre, la ville des melons tourne résolument le dos à sa colline. Une belle colline pourtant, la colline Saint-Jacques. Rocheuse et escarpée à souhait, enveloppée du parfum des pins, avec vue imprenable sur la Durance, qui miroite au pied de la ville, sur les champs et les vergers, sur les pentes vallonnées du haut Comtat, jusqu'au Ventoux, aux plateaux du Vaucluse, au Luberon, et aux Alpilles.

Les premiers habitants, Ligures, puis les Cavares (Gaulois) ne s'y étaient pas trompés, et y avaient installé un oppidum fort convenable. Il en est resté, sur son

versant Nord les traces d'un rempart de pierre sèche, une citerne creusée dans le roc, la patine des roues de chars sur un chemin, quelques tombes et divers objets qui ont pris le chemin du musée archéologique municipal. Celui-ci renferme également d'intéressantes trouvailles préhistoriques venues du Luberon voisin, et quelques provisions gauloises, pain, tartes, graines, étrangement conservées par les sablières qui se trouvent sur la route d'Avignon.

Parmi ces vestiges, certains objets originaires d'Italie, ou même de l'ancienne Egypte, témoignent que Cavaillon fut très tôt un centre d'échanges important. Sa position le voulait : au débouché des montagnes, sur la voie Domitienne qui relie l'Italie à Tarascon sur le Rhône, au lieu précis où celle-ci franchissait la Durance. Les passeurs appartenaient à la corporation des utriculaires, ainsi nommés parce que les bouées qui soutenaient leurs rudimentaires radeaux étaient des outres remplies d'air ; ce qui ne les empêchait nullement de convoyer dans les remous, parfois sur de longues distances, denrées et voyageurs.

Ci-dessus : fromages de chèvre. A droite : fusion de s fleurs et du soleils, les miels de Provence.

C'est donc pour devenir un marché que la cité, dès l'époque romaine, a quitté son perchoir. Depuis, ses melons juteux et parfumés ont fait sa gloire ; aujourd'hui elle brasse des affaires sans nombre qui presque toutes parlent de fruits et de légumes frais cueillis, et s'anime avant l'aube de la ronde bruyante des wagons que l'on charge et des camions débordant de primeurs : le M.I.N. (Marché d'Intérêt National) de Cavaillon est le plus actif de France après Rungis.

De sa période romaine, Cavaillon n'a gardé qu'un arc, ou plutôt la moitié d'un arc, puisqu'il a perdu deux de ses quatre arcades. Comme il encombrait un peu au cœur de la ville, à deux pas de la cathédrale, on le démonta pierre à pierre en 1880 pour le remonter au pied de la colline, place François-Tourel.

Derrière lui, les premières marches du sentier de Saint-Baldou amorcent l'escalade de la colline. Un quart d'heure de grimpée un peu raide, qu'il serait pourtant dommage de sacrifier au confort de l'automobile (par le nord, une route permet néanmoins d'atteindre le sommet). En récompense, un panorama somptueux, le calvaire rappelant la mémoire des milliers de Cavaillonnais victimes de la grande peste de 1629, et surtout l'ermitage et la chapelle Saint-Jacques agrippée au calcaire, un petit bijou roman dans son écrin de cyprès. Bien que saint Véran, patron des bergers, soit aussi celui de la cathédrale, c'est ici que selon la tradition se fait l'*offerte* : l'offrande d'un agneau nouveau-né enrubanné, à la messe de Noël.

Cavaillon est célèbre enfin pour sa **synagogue** du XVIIIe s., dont le décor Louis XV blanc, bleu et or, les boiseries précieuses, les balustrades en arabesques, les innombrables lustres et chandeliers rivalisent d'élégance et de raffinement avec son homologue carpentrassienne.

L'histoire des juifs dans le Comtat Venaissin est particulière. Le pape leur y accorda asile et protection, mais une liberté très surveillée : ainsi devaient-ils se signaler par le port d'un chapeau jaune, habiter des ghettos appelés *carrières*, que l'on bouclait le soir par des chaînes et se garder d'en sortir les jours de marché.

Il en existait quatre : à Avignon, l'Isle-sur-la-Sorgue, Carpentras et Cavaillon. Moyennant quoi les communautés, organisées en sortes de mini-républiques autonomes, devinrent florissantes. Celle de Cavaillon, la plus petite, ne comptait guère plus de 200 personnes, mais à Carpentras ils étaient 2 000 au XVIIIe s., fort à l'étroit dans leurs murs et contraints de bâtir des maisons de plus en plus hautes, que les chrétiens jaugeaient d'un œil plutôt jaloux.

Il dut pourtant y avoir quelques défections, puisque la cathédrale de Carpentras possède sur sa face Sud un portail dit "porte juive", du fait qu'il servait de passage aux nouveaux convertis. A moins qu'il ne tire son nom de cette "croix des

juifs" plantée sur le parvis jusqu'à la Révolution, en expiation d'une farce de mauvais goût : le Vendredi saint de l'an 1603, quelques mauvais sujets du ghetto avaient promené dans la rue un épouvantail crucifié.

De ces communautés, les synagogues seules demeurent, avec au rez-de-chaussée leur boulangerie destinée à la cuisson du pain azyme (celle de Cavaillon a été transformée en musée judéo-comtadin et contient également un bassin d'ablutions rituelles).

Pour le reste, les ghettos insalubres ont été démolis au siècle dernier. Tout comme les remparts, tant à Cavaillon qu'à Carpentras. Jugés trop encombrants, ou rétrogrades, ils ont cédé la place à des boulevards qui continuent de dessiner au cœur de l'agglomération le plan de l'ancienne cité. C'est particulièrement net dans l'ex-capitale du Comtat.

Ci-dessus : abondance et fraîcheur des marchés de Provence, même en hiver.

Carpentras

Capitale d'autrefois devenue sous-préfecture sans remparts, **Carpentras** (sur la D938) s'enroule en escargot autour de la place Inguimbert, qu'encadrent dans un audacieux mélange de styles la **cathédrale Saint-Siffrein**, le palais de justice et l'arc de triomphe.

Ce dernier, qui a successivement servi de portail à l'ancienne cathédrale et d'arrière cuisine aux évêques n'a peut-être pas très grand air, mais il est ici le seul vestige de la Rome antique. Encore que des visiteurs peu avertis soient parfois tentés de lui attribuer également les 10 km et les 48 arches de ce magnifique aqueduc... achevé en 1734 ! L'élégant et rose **palais de justice**, avec sa longue façade et ses rangées de hautes fenêtres, n'est autre que l'ancien palais épiscopal, bâti au XVIIe s. à l'inspiration du palais Farnèse. Tout contre lui, la cathédrale affiche la pure sobriété d'un gothique provençal sur lequel détonne un peu un clocher trop récent. Le nom de son bâtisseur est trop charmant pour ne pas le prononcer : Benoît XIII, anti-pape de son état mais de son vrai nom Pierre de Lune.

C'est sur le porche Sud de l'église, dit porte juive, qu'on voit sculptée cette fameuse boule aux rats dont le symbole prête toujours à controverse : est-ce “le monde rongé par l'hérésie“, ou s'agit-il plus simplement d'exorciser cette peste noire dont les épidémies ravagèrent régulièrement la région ?

Autour de cette place, qui sert aussi de théâtre au Festival Offenbach (de mi-juillet à mi-août), la ville s'organise selon un plan qui remonte au XVIIIe siècle : des quartiers, subdivisés en “îles” numérotées (on distingue encore les numéros gravés au coin de certaines rues), ceinturés d'un large rempart de platanes. De la véritable enceinte d'antan, forte de trente-deux tours et quatre portes, il ne reste, on ne sait d'ailleurs pourquoi, que la porte d'Orange, massive (27 mètres de hauteur) et puissamment crénelée. Au cœur de la cité se trouve également une superbe synagogue du XVIIe s., non loin de l'hôtel de ville.

Tout à fait à l'opposé de la porte, sur la route d'Avignon, se dresse la belle silhouette classique de l'**Hôtel-Dieu**. On y visite l'émouvante pharmacie, avec ses innombrables tiroirs et pots de faïence où les religieuses conservaient pieusement étiquetée une incroyable pharmacopée aux noms des plus insolites.

On doit l'ensemble à Malachie d'Inguimbert, évêque et bienfaiteur de la ville de 1735 à 1757, de même que l'impressionnante bibliothèque Inguimbertine, ouverte au public dès 1746 : 200 000 volumes dont une moitié de livres anciens, et tous ceux, confisqués, en 1754, à la communauté juive.

Carpentras elle aussi s'enorgueillit d'être, depuis l'époque celtique, un centre majeur du commerce agricole provençal. Sans parler du marché de gros, réservé aux professionnels, elle se distingue toujours par l'ampleur et l'animation de ses marchés et foires. Il y a, tout d'abord, la **Foire Saint-Siffrein,** qui chaque 27 novembre investit la ville entière : tout à la fois marché aux chevaux, foire à la brocante, bourse aux truffes et fête foraine, elle se clôt par une messe de vêpres traditionnelle, avec concert de musique baroque autochtone.

Il y a surtout, déployant bruyamment ses tréteaux sous les platanes des boulevards l'irremplaçable marché du vendredi matin. L'authentique marché de Provence, celui qui rit et s'interpelle, comme dit la chanson, par-dessus les bottes de thym et les kilos de figues, les pots de miel et les tonneaux d'olives. On y trouve de tout, y compris ces spécialités locales que la ville collectionne : les fruits confits, les berlingots, minuscules pyramides de sucre rayées, translucides et craquantes, les brioches aux fruits qu'on appelle ici *christines*, les appeaux, spécialement appréciés des chasseurs de grives des montagnes voisines, des plants et des boutures à ne savoir qu'en faire, de vigne ou de n'importe quoi, du géranium aux arbres de jardin.

Et des truffes. Pour peu qu'on soit entre octobre et mars, le rassemblement des *rabassiers* (ici, les truffes sont des *rabasses*) devant l'Hôtel-Dieu, se flaire de loin. Les affaires s'y traitent longuement, mais sans ostentation, au-dessus des corbeilles d'osier remplies de “sauvages” ou d'“artificielles” (les belles). Des affaires d'or : les deux tiers de la production nationale s'échangeraient ici. Les truffes prospèrent naturellement sur les terres calcaires du Ventoux et du Luberon. Mais une cueillette un peu trop frénétique ces dernières années a sensiblement appauvri le “gisement”. La patience est le seul remède : même les truffières artificielles, ces singuliers vergers de chênes verts alignés que l'on plante de ci de là, bien que le résultat en soit hautement hypothétique, demandent dix ans pour produire...

On trouvera la spécialité locale de berlingots chez la plupart des confiseurs,

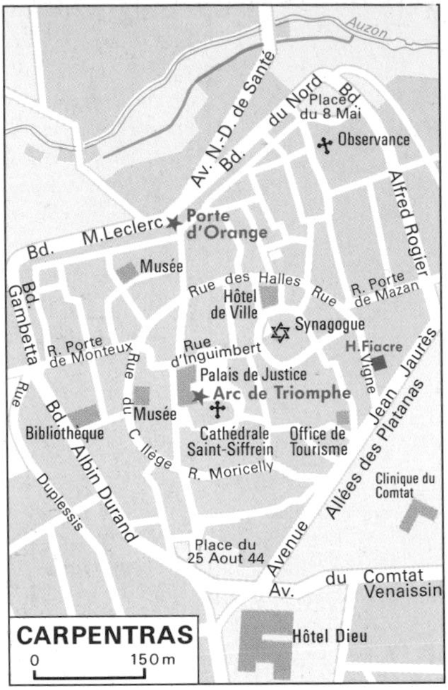

meilleurs bien sûr s'ils sont de fabrication artisanale comme chez *René Gazoti*, 118, rue de la République.

CITES ROMAINES ET ENCLAVE DES PAPES

Au nord-ouest du Vaucluse, les riches plaines rhodaniennes ont vu naître des cités romaines et provoqué la convoitise des papes : Orange, Vaison-la-Romaine et leurs vestiges , Valréas et son enclave, en témoignent.

Orange

Avignon ne fut jamais une grande cité romaine. Tout juste un port commode. Alors que la future **Orange** (au croisement de la N7 et de la D950) fut la capitale d'un comptoir commercial, développé à l'époque celtique par le peuple des Cavares. Investie par les légions impériales, puis officiellement colonisée au profit des vétérans de l'armée des Gaules (d'inestimables cadastres, visibles au musée municipal, détaillent précisément le découpage et l'attribution des parcelles) celle-ci en revanche devint vite un centre florissant. Tite-Live ou Strabon, dès le premier siècle avant notre ère la mentionnaient dans leurs géographies. Son histoire a connu depuis les invasions barbares bon nombre de péripéties : fondation, à la fin du premier millénaire, de la principauté d'Orange, laquelle devient, de 1530 à 1713, propriété de la dynastie des Nassau, souverains protestants de Hollande ; en conséquence, participation active et violente aux guerres de Religion, puis aux conflits franco-hollandais menés par Louis XIV, qui s'empare de la ville en 1672 et l'annexe.

A droite : spectacle au théâtre antique d'Orange.

Pourtant il est frappant de constater que les seuls vestiges marquants, les monuments prestigieux grâce auxquels aujourd'hui la gloire de la ville s'étend bien loin au-delà de nos frontières sont ceux qu'élevèrent les légionnaires d'Arausio.

Il ne resta pas pierre sur pierre, après le passage des armées du Roi-Soleil, des formidables murailles ou de la puissante citadelle bâties au début du XVIIe s. par Maurice de Nassau, lequel soit dit en passant n'avait pas hésité pour les besoins de ses maçons à démonter à peu près tous les édifices antiques jusque-là rescapés. Le théâtre et l'**arc de triomphe**, eux, défient le temps. Non qu'ils n'aient connu au cours des siècles leurs petites misères, alternances de pillages et de restaurations. Marbres, stucs, statues, mosaïques et bas-reliefs se sont peu à peu évanouis dans la nature. Au moyen âge l'arc se trouva transformé en donjon fortifié, tandis que l'espace du théâtre était envahi d'un enchevêtrement de ruelles et de masures dont certaines creusées dans l'épaisseur même de son monumental mur de scène. Plus tard, alors même que Louis XIV s'extasiait sur *"le plus beau mur de son royaume"*, il n'en servait pas moins de

terrain d'exercice aux compagnies d'arquebusiers de la ville (les arbalétriers s'étant attribué pour leur entraînement les façades de l'arc, qu'en contrepartie ils entretenaient). Sa base quant à elle était enfouie sous tant de mètres de remblais que les petites arcades livraient tout juste passage pour un homme. Jusqu'au début du XIX^{e}s., Orange se souciait assez peu de ces trésors. Une porte sans rempart, élevée à plusieurs dizaines de mètres des dernières maisons, paraissait sans doute une construction bien frivole.

Planté au nord de la ville en pleine *via Agrippa*, c'est-à-dire aujourd'hui au beau milieu de la Nationale 7, l'arc de triomphe d'Orange, avec ses trois arches encadrées de colonnes, son fronton triangulaire et ses bas-reliefs exubérants, débordant d'armes, de trophées, de Gaulois déconfits et captifs, de cavaliers romains et d'ustensiles nautiques, est bien en tous cas l'un des plus beaux du monde latin. Et des mieux conservés, finalement.

Son origine exacte, en particulier le nom de son dédicataire, a laissé longtemps perplexe historiens et archéologues. De nombreux triomphateurs ont été pressentis, puis rejetés. L'appellation de "triomphe" serait-elle usurpée? En fait l'arc semble avoir été élevé vers 20 avant J.-C. pour commémorer la fondation de la colonie. Il a bien été dédié, après cinquante ans d'existence, à l'empereur Tibère mais celui-ci, au grand dam sans doute de ses dévoués soldats, n'a jamais franchi en grande pompe la porte monumentale.

A l'autre extrémité de la ville, adossé au parc de la colline Saint-Eutrope, le théâtre antique, excellemment restauré, semble miraculeusement intact. Le mur de scène (103 m de long et 37 de hauteur, qui lui ont valu le surnom euphémique de grand mur, et plus récemment son inscription au patrimoine mondial de l'humanité), est même le seul au monde à s'être conservé dans son entier, avec ses arcades aveugles et ses rangs de colonnes superposées. Il n'y manque même pas les supports de l'immense *velum* qui recouvrait le tout pendant les représentations.

Seul le décor, mosaïques, stucs et sculptures à foison, s'est envolé, mais depuis quelques dizaines d'années la statue d'Auguste salue à nouveau la foule du haut de sa niche impériale. Quant aux gradins, qui devaient accueillir quelque 10 000 à 15 000 spectateurs, et à l'acoustique surnaturelle du lieu, il eut été criminel de ne pas en tirer parti : ainsi sont nées les **Chorégies d'Orange**. Chaque année aux mois de juillet et août elles marient art lyrique, ballets, concerts, tragédies. C'est peu dire qu'elles ont été de loin le premier de tous les festivals provençaux : leur création, sous le nom de Fêtes romaines, remonte à 1869.

Le pays d'Orange

A quelques kilomètres d'Orange, les restes noyés de forêt du château féodal d'**Uchaux** (par la D11) peuvent mériter une visite, ainsi que **Caderousse** (sur la Départementale 17) au bord du Rhône, fier d'avoir vu les armées d'Hannibal passer le fleuve avec leurs éléphants (on distingue paraît-il dans les rochers de la rive les traces d'amarrage d'un pont flottant), et spécialiste jusqu'il y a peu des grandes inondations.

Mais c'est **Sérignan-du-Comtat** (par la D976) qui, dans les environs, draine les curieux. Non pas pour le château ruiné de Diane de Poitiers, mais parce que l'entomologiste-poète Jean-Henri Fabre s'y retira vers 1870 dans un domaine appelé l'**Harmas** (c'est-à-dire en provençal "la friche") où pendant près de quarante ans il observa en paix chenilles et fourmis, et rédigea la somme de ses souvenirs entomologiques. La propriété, soigneusement conservée en l'état est aujourd'hui sacrée parc botanique provençal.

En poussant vers le Rhône, on rencontre Bollène (par la D994 ou l'A7), cité provençale rattrapée par le progrès. De ses terrasses on aperçoit toujours le curieux village troglodytique abandonné de

Ci-dessus : l'arc de triomphe d'Orange sur la Nationale 7 A droite : marchande de barbe à papa .

Barry, mais on contemple surtout en contrebas le canal de Donzère-Mondragon, l'usine hydroélectrique, et la centrale de production nucléaire du Tricastin.

Mornas (sur la N7) en revanche a gardé ses allures médiévales : peut-être hantée par les fantômes de la garnison catholique précipitée jadis du haut de ses 137 m de falaise, bientôt rejointe par les prisonniers huguenots. Et **Mondragon** (par la D 26) fête toujours en mai le Drac, ce monstrueux serpent du Rhône qu'on appelle aussi la Tarasque.

Passé la limite du département, les vignes s'étendent dans la Drôme vers Saint-Restitut et **Suze-la-Rousse** et s'étagent en terrasses le long de la vallée de l'Aigues pour rejoindre Saint-Pantaléon-les-Vignes et le plateau de Vinsobres, où la lavande vient se mêler aux ceps. Toujours dans la Drôme, à Suze-la-Rousse (par la Départementale 94), le château féodal abrite depuis quelques années une authentique Université du vin. S'y trouve rassemblé tout ce qui concerne le vin à travers le monde, au passé, au présent et au futur puisqu'elle comporte un laboratoire de recherches. Elle dispense également au public de précieux stages d'initiation.

Valréas et l'Enclave

Au nord-est s'étend l'**Enclave des papes** et en son sein **Valréas** que rejoint la D976. Depuis leur palais d'Avignon les papes convoitaient le fertile Tricastin ; dans sa forteresse du Louvre, Philippe le Bel s'efforçait d'endiguer leur expansionnisme. Le résultat fut en forme de compromis : la viguerie de Valréas ne rejoignit jamais les frontières pontificales.

L'Enclave demeure comme une tache d'encre, un "pâté" sur la carte en couleurs des départements français. Au plus près, à peine plus d'1 km la sépare pour toujours du Vaucluse. Alors la fiancée perdue s'arrange pour ne pas se faire oublier : pour être belle, riche et intelligente.

Belle sa plaine, rayée de vignes et de lavandes, barrée de sombres cyprès et de bosquets de chênes truffiers. Plaisants, ses trois villages fortifiés, ses maisons anciennes et ses vieux châteaux : **Richerenches**, commanderie de templiers au lourd rempart carré renforcé de quatre tours d'angle et d'une épaisse porte cloutée, **Grillon**, **Visan**, autour de Valréas, rond et cerné de platanes, rempli d'hôtels particuliers et de chapelles classiques.

Riche aussi. Depuis longtemps la garance et les vers à soie d'autrefois ont été fructueusement remplacés : Côtes-du-Rhône-Villages et VDQS, lavande et truffes. Même les moutons ici sont d'appellation contrôlée. L'artisanat (céramique, santons et mobilier) est florissant. Et l'industrie se porte bien : Valréas est depuis un siècle et demi la capitale du cartonnage (un musée lui est consacré), Grillon, spécialiste du plastique possède un institut international des Arts et techniques des polymères.

Cultivée enfin. Comme Orange, Avignon, Villeneuve ou Vaison ont leurs festivals, l'Enclave a ses **Nuits théâtrales**. Les tréteaux sont dressés dans les quatres communes. Grillon prête les ruines de sa vieille ville, Visan son théâtre de verdure.

Richerenches troque pour le costume de scène sa canadienne et sa balance romaine, attributs inséparables du rabassier (tous les samedis d'hiver s'y tient un marché aux truffes qui rivaliserait presque avec celui de Carpentras).

Valréas enfin fait entendre les orgues (du XVIe s.) de Notre-Dame-de-Nazareth, et dresse ses tréteaux dans la cour du **château de Simiane**. Vaste demeure en U à l'élégante symétrie et aux baies vitrées innombrables, surmontée d'une tour carrée qui n'est pas donjon mais belvédère, celui-ci fut construit à la fin du XVIIe s., et fait office à la fois d'hôtel de ville et de musée (on visite les appartements, ainsi qu'une exposition permanente du peintre austro-provençal Scharf). Un salon de la peinture provençale s'y tient chaque été, de mi-juillet à mi-août.

En ce même lieu au solstice d'été, trois cent cinquante Valréassiens en costume du XVIe siècle portent en triomphe, fanfares et flambeaux à l'appui, le Petit-Saint-Jean, un blondinet de quatre ans sacré roi pour une nuit et mascotte de la ville pour un an.

C'est qu'on a le sens de la fête, dans l'Enclave... A Notre-Dame-de-Nazareth, belle église romane surmontée d'un double campanile, est présentée chaque année, de Noël à la fin janvier, l'une de ces monumentales crèches de Provence qui font si bien rêver les enfants. Quant au Corso de la lavande, c'est au début du mois d'août qu'il anime la ville : durant deux longues nuits, ses cortèges parfumés défilent.

Pour les amateurs de processions, signalons encore à Visan le pèlerinage de la très vigneronne Confrérie de Saint-Vincent, au début septembre. La Vierge polychrome de la jolie chapelle Notre-Dame-des-Vignes n'omet jamais ce jour-là de bénir les vendanges.

A droite : les dentelles de Montmirail, longue vague de collines sur 15 km.

Vaison-la-Romaine

A quelques kilomètres au sud-est, via Visan ou Nyons, se trouve Vaison-la-Romaine qui est, en matière de ruines romaines, notre Pompéi national. Une cité prospère pour ne pas dire opulente, mais sans lustre, sans monuments orgueilleux. Peut-être parce qu'ellereçut le statut de ville fédérée, restant civile et moins préoccupée de gloire que de confort et de douceur de vivre. Un ensemble de maisons cossues et de logis modestes, de rues à colonnades, de galeries marchandes, de bains publics ou privés, de canalisations, de jardins ; un théâtre, plus petit que celui d'Orange. Mille témoignages d'un quotidien paisible et provincial, plus émouvant que les plus imposants monuments.

Vaison ce n'est pas une, mais deux, et même trois villes juxtaposées : on devrait dire selon les cas Vaison-la-Romaine, Vaison la médiévale, Vaison la moderne... Vu du ciel cela donnerait un curieux assemblage enjambant le cours ondoyant de l'Ouvèze. Rive droite, la ville actuelle, où s'imbriquent comme deux vastes carrés de verdure les ruines des **quartiers de Villasse et de Puymin**. Dégagée systématiquement durant la première moitié de notre siècle, la ville antique s'étend probablement bien au-delà, sous les maisons du XIXe s. Les fouilles, du reste, se poursuivent. Légèrement à l'écart se tiennent l'ancienne cathédrale romane et son cloître qui abrite un musée lapidaire. Un pont vieux de quelque 2 000 ans dont la belle et unique arche résiste vaillamment mène sur la rive sud de l'Ouvèze.

Puis une rude montée conduit au sommet du "rocher", où la **Haute-Ville** médiévale s'est remparée du XIIIe au XIXe siècles. Un étrange éperon taillé comme un transatlantique et divisé en deux dans sa longueur : côté rivière les maisons an-

ciennes, les étroites et glissantes ruelles de galets, les placettes, l'église ; côté falaise, du vert, jardins et fourrés, dominé par la masse imposante, en U retourné, de la forteresse. L'enceinte, faite comme toujours de pierres en grande partie volées aux constructions romaines, clôt l'ensemble en frôlant l'à-pic. Après quelques décennies d'abandon, de nombreux artistes et artisans se sont heureusement réinstallés, et redonnent vie à ce nid d'aigle, classé monument historique.

De peur enfin que dans un cadre aussi doublement singulier d'aucuns persistent comme dit le slogan à "bronzer idiot", Vaison additionne les festivals. Musique, théâtre et danse chaque été au festival éponyme ; chant choral uniquement pour les triennales Choralies internationales.

DENTELLES DE MONTMIRAIL ET ROUTE DES VINS

A l'ouest du mont Ventoux, séparé seulement par un mince couloir se dresse un curieux massif : les **dentelles de Montmirail**. Un dernier sursaut des Alpes, pour marquer la frontière entre deux pays, celui des montagnes, et celui du vin. Sur quinze kilomètres c'est une vague de collines, feutrées de garrigues ou côtelées de vignes d'où surgit tout à trac une sorte d'échine de dragon, une crête rocheuse déchiquetée, affûtée, ciselée par le vent et la pluie. Paravent de calcaire éclatant de blancheur sous la lumière de midi, roussi par le couchant, teinté de mauve au crépuscule ; roche vive hantée tout à la fois par l'insaisissable *chèvre d'or* des légendes, et les grimpeurs biens réels qu'attirent ses vertigineux à-pics.

Par une multitude de chemins paysans et de sentiers fléchés on accède à ses vallons cachés, ses terrasses d'amandiers solitaires, ses sources, ses replis innombrables abrités du mistral, jusqu'au pied des brutales aiguilles. Sans avoir rien d'un alpiniste on peut escalader le sommet de la Tête du Turc (627 mètres), ou le mont Saint-Amand qui domine, fort de ses 734 mètres.

Des hameaux minuscules se nichent au creux des collines, s'accoudent à ses pentes plutôt douces. Depuis Les Beaumes ou Malaucène, une route étroite et charmante (Départementale 90) rejoint Lafare, La Roque-Alric, Suzette. Au nord, **Crestet** est l'un des plus séduisants, avec son imposant château ruiné, ses maisons Renaissance et sa place à arcades. Tout près, dans la chapelle de Prébayon, le filet d'eau miraculeux de Malézieux guérit, comme son nom l'indique, les maladies oculaires.

Même décor de maisons anciennes, de ruelles en raidillons et de ruines féodales à Sablet (par la Départementale 23), ou à **Séguret**, dont le site est classé. Séguret est de plus apprécié pour sa pittoresque crèche de Noël vivante.

Depuis Vacqueyras (sur la D8), émue encore du funeste destin de Raimbaud, célèbre troubadour provençal, mort aux croisades pour l'amour de sa dame, on gagne Montmirail et le non moins infortuné vallon de Souïras : là coule une source sulfureuse et saline, la "fontaine d'eau verte".

Au XIXe s., ses vertu hautement purgatives y attiraient les curistes, parmi lesquels le poète Mistral et Sarah Bernhardt. Les temps ont changés : il ne reste de la station désertée que les vestiges de l'hôtel, des bains et ducasino. Le domaine des vins, lui, ne redoute pas l'oubli. Au revers du vallon, **Beaumes-de-Venise** chauffe en paix au soleil les grappes de muscat léger qui donneront à l'automne son gentil vin doux naturel. Pour le goûter et acheter, on peut s'arrêter à la *Cave des vignerons de Beaumes-de-Venise*.

Même paysage à **Rasteau** à l'autre bout du massif. Entre les deux c'est **Gigondas**, un des joyaux de la vallée.

Charmant village, qu'on visite le plus souvent par les caves *(Cave des vignerons de Gigondas*, sur la route de Vaison), car son vin est superbe. Quelqu'un disait : *"Pour faire un bon vin il faut un bon*

Deux monuments de Châteauneuf-du-Papes, les vignes et un château du XIVe s. A droite: un village près de Montmirail.

sol, un bon climat, un bon cépage et un bon paysan". On aurait pu ajouter : un bon client. C'est à l'installation des papes en Avignon et au commerce florissant du vin de messe que nous devons cet actuel terroir des Côtes-du-Rhône. Aussi le cru le plus renommé reste-t-il celui de **Châteauneuf-du-Pape**. Les *Caves du père Anselme*, (musée vigneron et dégustation), attirent là sans doute plus de touristes que les quelques pans de murs de la maison de campagne de Jean XXII rescapés du passage des Huguenots en 1562 et des Allemands en 1944.

Fait unique, ce vin doit sa puissance vermeille et sa régularité non seulement à son sol d'argile rouge et de galets (qui rôtis au soleil réchauffent les vignes la nuit comme une brique sous une courtepointe), mais surtout aux treize cépages, pas un de moins, qui entrent dans sa composition officielle. Il est vrai que le vignoble dans son entier, où dominent grenache, syrah et cinsault, comporte au total vingt-trois cépages, quand ailleurs on se contente d'un ou deux !

Ajoutez à cela l'extrême variété des expositions et des terrains (sable jaune des collines de saffre, marnes, calcaire, argile et galets roulés des terrasses alluviales) et vous comprendrez la richesse et la diversité des crus. D'Avignon jusqu'au Tricastin, les aires d'appellation sont surtout affaire de géologie.

Les professionnels ont établi à travers le Vaucluse quatre routes des vins. Chacune dûment baptisée et fléchée de sa propre couleur : rousse, dorée, orange ou lavande. Elles s'entrelacent et tire-bouchonnent depuis les bords de la Durance et les collines en pinèdes de Châteauneuf-de-Gadagne, jusqu'aux coteaux du Tricastin, à cheval sur le département de la Drôme : le vin ne connaît de frontières que celles de la terre même. Contournant sous le vent Dentelles et mont Ventoux (d'Aubignan à **Mazan**, un chapelet de villages perchés y commande aux alignements de ceps), le vignoble remonte vers **Cairanne**, ancien bourg templier, Rochegude, Lagarde-Paréol, et surtout **Sainte - Cécile-les-Vignes**, responsable à elle

seule d'un dixième de l'appellation contrôlée. De ces crus qu'on appelait autrefois "de café", parce qu'ils emplissaient les ballons servis sur le zinc...

Le vin ici n'est pas simple activité agricole, il est culture, il se met en musée : musée du Vin à Cairanne, Musées vignerons à Rasteau et Châteauneuf-du-pape. Quant au calendrier des fêtes des vins ou des vignerons, de bans des vendanges, en "légende de la grappe d'or" ou foires commerciales, il honore la vigne à longueur d'année et dans chaque village. Citons la grande Foire aux vins et exposition viticole qui se tient, (juillet- août), dans les grottes naturelles jouxtant le théâtre romain d'Orange.

MONT VENTOUX ET PAYS DE SAULT

Au nord-est du Vaucluse, le relief s'élève et les couleurs changent : le pays de Sault est celui de la lavande ; le mont Ventoux culmine à 1 909 mètres.

Ci-dessus : le point culminant de la Provence rhodanienne, le mont Ventoux.

Le mont Ventoux

Le mont Ventoux est une authentique montagne, d'autant plus majestueuse qu'elle s'élève tout net au-dessus de la plaine et des plateaux de Vaucluse, sans rien qui vienne raccourcir pour l'œil sa silhouette de pyramide (la D974 fait tout le tour du massif). C'est la montagne des Carpentrassiens. Comme le dit Jean-Paul Clébert, auteur d'un excellent guide historique : *"Plus que du Comtat Venaissin, Carpentras est la capitale du Ventoux, et laisse à Avignon le soin difficile de régner sur le Vaucluse rhodanien"*.

Avant le XIXe s., où il devint à la mode, ne se risquaient guère sur ses pentes que de sombres charbonniers ou des bûcherons œuvrant pour le compte des chantiers navals de Toulon. Le Ventoux en devint chauve comme un œuf. J.- H. Fabre, l'entomologiste, qui fut instituteur à Carpentras, le décrivit comme *"un tas de cailloux concassé pour l'entretien des routes* (...) *une interminable couche de calcaire fragmentée en écailles qui fuient sous les pieds avec un cliquetis sec* (...)".

Au tournant du siècle le reboisement fut entrepris. Désormais d'alpines forêts de hêtres, de sapins, de mélèzes et même de cèdres surplombent les yeuses, les pins, les garrigues et la lavande du Piémont. Jusqu'à une hauteur de 1 600 mètres. Au-delà on retrouve le royaume du vent et des pierres, si blanches que leur miroitement en été fait croire aux neiges éternelles. Dans ce désert aride, les moutons en furetant se découvrent une pitance secrète et parfumée.

En hiver la neige est tout de même bien présente : il faut dire qu'alors on enregistre couramment à l'observatoire météo du sommet des températures de moins 27°C, et un mistral furieux s'acharne avec des pointes de 290 km/h. Pas étonnant que parmi les rares plantes survivantes on trouve la saxifrage du Spitzberg ou le pavot du Groënland !

Au sommet du Ventoux, les domaines des *Chalet Reynard* et *Chalet du mont Serein,* deviennent le paradis des skieurs. Une station de sports d'hiver près de Carpentras, alors que la ville s'alanguit dans sa douce tiédeur, protégée du mistral par le massif, quelle aubaine !

En 1933 on a fait doubler la route en lacets serrés qui menait de Malaucène au sommet en passant par Bédoin, (celle qui fait les cauchemars des cyclistes du Tour de France). La nouvelle route atteint le sommet par le versant Nord, plus doux, ce qui boucle la boucle. Les touristes obéissants, sur le conseil des guides ("épargnez la mécanique") y tournent scrupuleusement dans le sens des aiguilles d'une montre : par esprit de contradiction, prenez-là à l'envers. Ou coupez court, par le chemin escarpé qui traverse la forêt de cèdres.

Mais pour qui a de bonnes jambes, et quatre ou cinq heures à perdre dans la nature, c'est à pied qu'il faut monter, par ces sentiers amoureusement balisés aux couleurs des Grandes Randonnées (GR 9 et 4) qui vont de crêtes en corniches par des passages parfois taillés à flanc de roc. Chaque versant montre sa personnalité : l'ubac sombre, vert et boisé, parcouru de ruisseaux, le sud aride, tout de garrigue et d'oliviers.

Station radar, tour hertzienne et parking à autocars, le sommet n'est pas si vierge. Mais la vue, si par chance on n'est pas noyé dans la brume, porte jusqu'aux cimes des Ecrins et du Dévoluy. Et la nuit, la plaine allumée de ses millions de lumignons, et le faisceau des phares sur la lointaine Méditerranée forment un spectacle fascinant.

Les villages du Ventoux

Les villages du mont Ventoux n'ont pas moins de charmes. Au nord ils dominent le cours du Toulourenc, qui se faufile dans des gorges étroites et sombres : **Entrechaux** (sur la D13) planté sur son piton rocheux, Saint-Léger-de-Ventoux, **Brantes** (par la D40) dont le sous-sol paraît-il est en constant déséquilibre, Savoillan où s'est installé un centre d'expérimentation agronomique spécialisé dans les problèmes d'irrigation et les plantes aromatiques, lavandin, sauge, menthe...

Malaucène (sur la D938) commande le massif vers l'ouest. C'est un vieux bourg provençal où les platanes ont supplanté le rempart. Mais l'église à mâchicoulis qui faisait jadis partie de l'enceinte n'a pas désarmé. Ses orgues du XVIIIe s. sont réputées, et plus encore la toute proche chapelle du Groseau. La source qui jaillit là, dans un vaste bassin ombragé au pied de la falaise, était adorée déjà par les Ligures. Et les Romains, toujours pratiques, avaient détourné par un aqueduc son eau tiède vers les bains de Vaison.

Au sud, **Le Barroux**, au milieu des terrasses d'oliviers et d'abricotiers, semble l'archétype du village nucléaire, perché tout en rond autour de son ancienne forte-

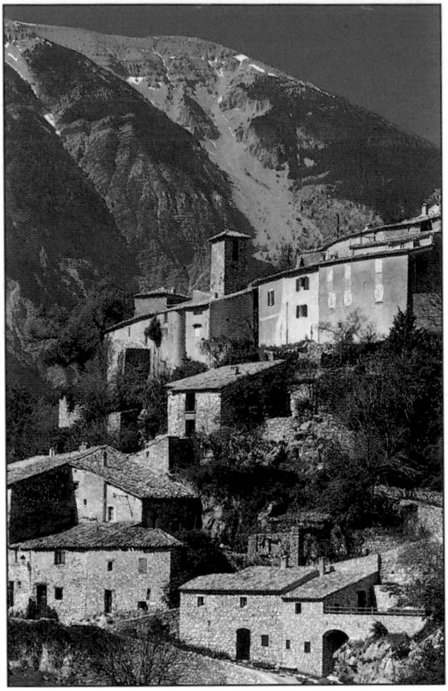

resse, convertie en demeure Renaissance, puis reconvertie en Centre d'études historiques et archéologiques du Comtat. Non loin, le charme perdure à **Caromb** (par la D13) ou à **Modène**. Bédoin, où l'on cuisine à l'automne force gibiers, brochettes de grives et champignons des bois est un village paisible où une église jésuite incongrue, avec son fronton hautain, semble tombée par erreur.

A **Crillon-le-Brave**, les résidences secondaires font bon ménage avec le château du compagnon d'Henri IV. Flassan s'est coloré des teintes roses de l'ocre venu des carrières voisines de **Mormoiron** (par la Départementale 14), qui exploite aussi le gypse.

La région a ses produits locaux et son artisanat, qu'on trouvera notamment à l'enseigne du Pays du Ventoux, cours Isnard à Malaucène, et au **Four-à-chaux** à Caromb.

Ci-dessus : village du mont Ventoux. A droite : superbe devanture d'une boulangerie à Malaucène.

Le pays de Sault

Au sud-est s'étend le **pays de Sault**, pays de la lavande. On la croise souvent aussi dans le haut Comtat, surgie en touffes rose violacé et furtives entre deux bouquets de chardons ou de thym, ou bien épanouie en potées bleu argenté et bordures odorantes au creux des jardins. Mais guère plus : on sent bien que son vrai pays n'est pas là.

La lavande est fille des plateaux, du calcaire et de la sécheresse. En dévalant vers l'est le cône du Ventoux, en plein mois de juillet, jusqu'à tomber sur le pays de Sault, on en a la révélation. Une sorte de mirage : entre les carrés de blés blonds, le sol soudain se met à refléter par flaques l'azur intensément limpide de la déjà haute Provence, tandis que dans l'air flotte comme un délicat souvenir des armoires de grand-mère. Et cela va à perte de vue, par le plateau de Saint-Christol jusqu'à celui de Valensole, et au-delà.

C'est le moment d'apprendre à distinguer à travers les nuances de bleu, de mauve ou de violet l'aspic à larges feuilles, la sauvage et discrète lavande des Maures, la lavande vraie qu'on cultive entre 600 et 1 400 mètres ; et enfin le lavandin, hybride prolifique, qui sent moins bon mais plus fort.

Tout cela vibre et ronfle du bourdonnement continu des abeilles : le miel de lavande donne, disent les connaisseurs, le meilleur nougat blanc, celui de Sault précisément. Autrefois la lavande était la potion magique de la Provence. Tout à la fois antiseptique, antimites, eau de Jouvence, produit à laver le carrelage et j'en passe. Aujourd'hui on sait décomposer les odeurs en laboratoire, pour les recomposer à partir de rien. Restera-t-il bientôt assez de lavande pour embaumer le miel et le nougat ?

Sault (sur la D1) lui-même est déjà, à 765 mètres, un village montagnard, surplombant en gradins le lit encaissé de la Nesque : trapu, ses maisons chiches en

ouvertures tassées le long d'étroites rues qui protègent du vent, du soleil et des froids hivers, avec au sud une terrasse parfumée de tilleuls pour mieux jouir de la vue sur la vallée et le mont Ventoux. Chaque 15 août s'y tient la Foire Notre-Dame et la Fête de la Lavande.

Autour, le val de Sault est une plaine cernée. Au nord, le Ventoux et la montagne de Lure, au sud les monts de Vaucluse. A peine de quoi installer une poignée de lieux-dits, et de villages minuscules : **Aurel** (par la Départementale 942), cent vingt-six âmes et un reste de fortification, **Montbrun** village perché et coiffé de ruines, **Saint-Trinit** (par la D950) moitié moins grand, mais une trop belle église datant du XIIe siècle.

Il n'y a qu'une brèche pour se faufiler jusque-là, une plate-forme impénétrablement boisée qui dégringole de combe en combe jusqu'au bord du Comtat, et dans laquelle la Nesque a enfoncé profond son lit de cailloux ronds.

Des enthousiastes ont baptisé les gorges de la Nesque "petit Verdon" : c'est beaucoup dire, mais ça ne leur ôte rien. Le défilé, d'une vingtaine de kilomètres, se dessine quelques virages après Monieux (en suivant la Départementale 942), et le superbe hameau médiéval est déjà au balcon.

La route le suit en corniche, tandis qu'un sentier de chèvre se risque à flanc de paroi, jusqu'à une série de grottes dont l'une est transformée en chapelle. La merveille des gorges s'appelle le rocher du Cire.

Depuis la nuit des temps ce piton qui se dresse à deux cents mètres au-dessus de la route est le royaume des abeilles, qui en ont fait la plus gigantesque des ruches. Jadis on venait y "cueillir" le miel au bout d'une corde.

On ne dit plus qu'une messe, une fois par an, à Notre-Dame-des-Abeilles ; sa chapelle borde la route de la Gabelle (qui passe sur le plateau, parmi les chênes verts, et vaut aussi son pesant de points de vue). Mais sur la route de Sault à Murs et Méthamis, on trouve un chemin qui mène encore au rocher : avis aux amateurs...

"FONTAINE"
PLATEAUX DE VAUCLUSE

Avec les plateaux de Vaucluse commence la Provence des collines, parcourue de rivières souterraines ou à éclipses...

Les plateaux de Vaucluse

Le Nesque a le cours capricieux, le débit plus encore. Comme la presque totalité des rivières à l'est de Carpentras, qui n'offrent aux yeux des cartographes qu'un sinueux pointillé bleu, signe de fréquents manques d'eau. La terre boit trop goulûment la pluie. Certaines ont en cours de route de curieuses "absences" ; d'autres longues d'à peine quelques kilomètres s'effacent pour ne plus reparaître, happées par l'un de ces avens innombrables qui poinçonnent le poudingue calcaire des plateaux. Où va l'eau ?

Ci-dessus : champ de blé sous le ciel immense et rencontre dans une ruelle de village. A droite : la Sorgue .

Henri Bosco, le chantre du Luberon, disait en parlant des sources : *"On ne sait jamais d'où elles viennent, quand elles jaillissent ainsi de la terre ; et peut-être y a-t-il, non loin de leur résurgence, un abîme, où des rivières souterraines alimentent de leur courant silencieux des profondeurs liquides, que nul n'a jamais explorées, et qui dorment ainsi à notre insu, noires et lourdes de menace, dans quelque caverne de la montagne"* (Le mas Théotime).

Près de Fontaine-de-Vaucluse, s'étend la vallée close et encaissée où naît la Sorgue impétueuse. Elle butte sur une falaise haute de plus de tois cents mètres. C'est déjà le rebord des monts auxquels elle a aussi donné son nom, les plateaux de Vaucluse. Monts ou platcaux ? La géographie se montre indécise. Saint-Pierre de Vaucluse culmine bien à 1 256 mètres, contre seulement 1 125 mètres au Mourre Nègre luberonnais, et le Luberon est pourtant une montagne.

Mais ici si l'on grimpe, on ne redescend pas une fois passée la crête.

Géologiquement c'est une affaire de plissement, un grand plissement d'est en ouest si compliqué de rides perpendiculaires, qu'on le désigne le plus souvent par défaut. On dit : entre Ventoux et Luberon. A chacun de retrouver sous ce terme trop vague les perspectives changeantes des plateaux : croupes et combes secrètes tapissées de chênes kermès, de myrtes, de genévriers, roche vive surgie en brutales échines, garrigues où la pierre sèche s'organise en murets, en citernes, en bories, effondrements plus ou moins escarpés des dolines, dunes mourantes de la vallée du Calavon, cassures, replis, falaises, ondulations... unis dans une solitude et une aridité communes.

Vers le levant on débouche sur **Saint-Christol** (sur la D30) et le **plateau d'Albion**. Un vrai causse, celui-là, battu par le vent, brûlant l'été, glacé l'hiver ; un moutonnement de lavande, de blés et d'herbes roussies, ponctué çà et là d'une ferme ou d'un bosquet d'amandiers, barré de longs affleurements de pierraille. Bien qu'il ait appartenu, aux temps anciens, au peuple des Albici, il est tentant de rapprocher son nom du latin *albus*, blanc, et de la clarté du calcaire. La base militaire aérienne fait sa notoriété, et la fortune de Saint-Christol, transformé en bourg de garnison. Mais son vrai trésor, ce sont les avens innombrables qui le minent comme un gruyère. Plus de 200 ont déjà été reconnus, trois ont révélé d'immenses réseaux, et des profondeurs supérieures à 600 m. Parmi eux l'aven Jean-Nouveau, au sud de Sault, s'ouvre par un puits rigoureusement vertical sur 163 mètres.

Du côté ouest, entre Pernes-les-Fontaines et Fontaine-de-Vaucluse, quelques bourgs et villages se retiennent aux pentes finissantes des monts, avant que ceux-ci ne retombent à plat sur le pays des Sorgues. Ce sont **Saumane-de-Vaucluse** surplombant la Sorgue, **Le Beaucet**, **Venasque** ou **Méthamis** qui dominent la Nesque... Ce dernier tire son pittoresque de l'enceinte écroulée dont l'unique porte

se fermait autrefois par un pont-levis. A proximité, on distingue encore parmi les broussailles un long muret de pierres sèches. Sa construction remonte à 1722, alors que la peste ravage la Provence et menace une fois de plus le Comtat Venaissin. Le mur de la peste devait agir, de Cavaillon à Sault, comme un cordon sanitaire gardé par des sentinelles. Mais saufconduits et passeurs clandestins étaient si nombreux...

Fontaine-de-Vaucluse

Et d'où vient l'eau, quand elle vient ? A **Fontaine-de-Vaucluse** où la Sorgue jaillit entre les rochers, la question prend une acuité singulière. On ne se dérobe pas au mystère de cette faille en cul-de-sac au fond de laquelle bée une grotte verticale : tantôt il ne semble y dormir qu'une mare immobile et verte, tantôt dans un fracas du diable elle vomit sur la roche moussue ses torrents d'écume. Les Gaulois, qui n'étaient surement pas les premiers, y avaient mis un dieu pour se rassurer.

Plus tard on y logea la Coulobre, salamandre géante que terrassa saint Véran. Puis le rationnel ayant pris le dessus, curieux, géologues et spéléologues ont cherché, expérimenté, exploré, coloré les rivières... et finalement apporté un début de réponse. Où va l'eau des plateaux ? Globalement, à Fontaine-de-Vaucluse. Au débouché d'un labyrinthe souterrain qui récupère les eaux de pluie sur quelque 200 000 hectares de pierrailles desséchées, pour alimenter au grand jour dans la plaine, "de l'autre côté du miroir", le labyrinthe symétrique des sorgues et des roubines.

Tout dans l'affaire n'est pas éclairci. En particulier les phénoménales variations de débit de la source, sans rapport direct avec le niveau des précipitations : d'un minimum de 4 500 litres à la seconde en saison sèche, on peut passer à 200 000 litres environ en automne ou au printemps. Pas étonnant que les Romains se soient empressés d'y conduire, une fois de plus, un aqueduc !

Les explorations répétées du gouffre, même à l'aide de robots télécommandés, ont permis d'en toucher le fond, à trois cent quinze mètres, mais pas de trouver la clef. Le musée du Monde souterrain de Norbert Casteret présente, dans un décor reconstitué de grottes, l'histoire inachevée de ces explorations.

Le village, lui, se passe bien d'explications trop définitives. Les énigmes ont du bon, quand on vit du tourisme. Presqu'exclusivement : sur 600 habitants, pas un ne se déclare agriculteur, et la dernière des papeteries sur la Sorgue (une industrie qui remontait au XVIe s. !) a fermé ses portes en 1968. Des huit moulins à eau d'autrefois, un seul a été restauré, et aménagé en centre artisanal. Sa roue de sept mètres de diamètre entraîne encore pour mémoire les pilons qui réduisent le chiffon en charpie.

A droite : écrin de lavande pour l'abbaye de Sénanque.

Hélas, un million de visiteurs par an suffisent souvent à gâcher le spectacle de la fontaine, mais pas à endiguer l'exode rural. Ce sont des passants volatils, aussitôt repartis qu'arrivés. Les Vauclusiens mettent pourtant tout en œuvre pour tenter de les retenir, son et lumières, restauration, artisanat, souvenirs, même quatre musées : le Monde souterrain, le musée des Santons (son chef-d'œuvre, trente-neuf personnages, tient dans une noix), celui de l'histoire de la Résistance et des restrictions de 1870 à 1940 (!) et celui, bien pauvre, de Pétrarque, installé au bord de la Sorgue dans une maison qui aurait pu être la sienne.

Le poète italien dispute la vedette à la fontaine : il s'est réfugié ici seize années, au XIVe s., tandis qu'il languissait d'un chaste amour pour une mystérieuse Laure (il s'agirait, par un étrange raccourci de l'histoire, d'une dame de Sade, ancêtre du divin marquis, morte de la peste à quarante ans en laissant onze orphelins...) et y a produit le meilleur de son œuvre. En vertu de quoi le village reconnaissant lui consacre une belle colonne au milieu des platanes, et bon nombre d'enseignes de boutiques ou d'auberges.

En prenant la direction de Sénanque, on traversera certainement Cabrières-d'Avignon, l'occasion de faire provision de pains aux olives ou aux anchois (à la *Boulangerie Dromer*) et des "must" des produits locaux de l'huile d'olive aux truffes, en passant par les cerises (à l'*Epicerie Fine*).

De Sénanque au pays des bories

A **Sénanque** (sur la Départementale 177) les pierres parlent aussi, mais un autre langage. Là se dresse, nichée parmi la lavande, l'une des trois "sœurs cisterciennes" de Provence, avec les abbayes de Silvacane et du Thoronet.

Un miracle de dépouillement et d'équilibre, ordonné autour du cloître selon la règle tacite et immuable de saint Bernard.

Les principes de simplicité et de pauvreté excluent tout ornement superflu. Mais les murs aux pierres finement taillées, les toits de lauzes, l'humble clocher, les arcades parées seulement d'ombres et de lumières donnent à ce dénuement la calme et forte harmonie qui est la plus solide beauté.

L'abbaye fut fondée au XIIe s., par douze moines du Vivarais. L'architecte Fernand Pouillon a retracé dans son livre Les *Pierres sauvages* (éditions du Seuil) l'histoire au jour le jour d'une semblable construction. Il s'agit de l'abbaye du Thoronet, mais sa troublante chronique de la naissance d'un chef-d'œuvre s'appliquerait tout aussi bien ici.

Entrée en décadence dès le XIVe s., Sénanque ne comptait plus au XVIIe s. que deux moines. En 1854 elle est rattachée au monastère des îles de Lérins. Douze moines de Saint-Honorat s'y cramponnent, de 1927 à 1969, puis elle est donnée en bail à l'Association des amis de Sénanque, présidée par Berliet, l'homme des camions, qui la restaure et installe dans l'ancien dortoir une double exposition : la construction de l'abbaye, et le Sahara des Touareg, une note insolite en ce lieu... En octobre 1989 enfin les moines reviennent. Mais les visites continuent.

Par la forêt de Venasque (D5) et des gorges aussi charmantes que généralement à sec, on gagne **Murs**, derrière le col du même nom. C'est ici qu'il faut se souvenir que les plateaux furent les premiers lieux habités de Provence. Sur les pentes boisées de la Combe de Murs abondent rognures et éclats de silex. On a trouvé aussi de rudimentaires outils de pierre aujourd'hui exposés au musée d'Apt. L'endroit devait être tout simplement un vaste atelier où l'on a taillé sans relâche, durant des siècles, flèches et rasoirs de silex.

Et puis, on est ici au pays des bories, ces cabanes de lauze sèche qui *"sortent du sol en forme de bonnet pointu"*, fondues dans le décor d'oliviers et de garrigues. Semblables à celles que bâtissaient déjà les Ligures à la fin du néolithique, même si elles n'ont que quelques siècles

d'existence. Les pierres ne viennent pas de loin, minces lamelles calcaires délitées par le soleil et les gelées auxquelles l'homme des collines a toujours disputé ses maigres champs. La technique d'assemblage baptisée "fausse voûte en encorbellement" est simple comme bonjour et connue de tous les peuples méditerranéens. On en retrouve l'équivalent dans les Pouilles, en Corse, en Sardaigne, en Espagne et même à Mycènes.

On compte près de trois mille bories entre Vaucluse et Luberon, et pas loin de trois cent cinquante aux environs de Gordes. Minuscules ou spacieuses (la plus vaste mesure vingt mètres de long et dix de haut), rondes et nues souvent, mais parfois plus sophistiquées, avec un étage, une toiture en pente, voire une cheminée, elles servaient et servent encore selon le cas de bergeries, de granges, de remises à outils ou même d'habitations.

Bon nombre des plus belles ont été transformées à grands frais en maisons de vacances. Leur épaisse muraille dépourvue de fenêtres les préserve du froid comme de la chaleur.

On les rencontre le plus souvent groupées en hameau (parfois une ferme entourée de ses dépendances), au centre d'une cour de même facture. Entre Sénanque et Gordes, c'est un vrai village que l'on a restauré, et qui abrite depuis 1979 le Musée ethnographique de la région : vingt ou trente bories rassemblées autour du four à pain.

Ci-dessus : le superbe village de Gordes dominant la plaine du Coulon.

VILLAGES PERCHES DE GORDES AU PAYS D'APT

"On peut s'arrêter presque n'importe où, il suffit de lever la tête pour apercevoir quatre ou cinq villages perchés à deux ou trois cent mètres sur les collines, leurs murs de pierre se confondant avec la roche dont ils sont faits".

Roussillon fait partie, comme Gordes, Oppède et tant d'autres, de ces communes archétypiques.

Gordes

Giono imaginait ainsi le village provençal : "Un village sur une hauteur. Un peu pour se défendre des Sarrasins, mais surtout à cause de la belle vue. On voit passer des choses extraordinaires d'en haut : des gens, des rivières, des troupeaux, des nuages. Les paysans, qui savent vivre, prennent le temps de voir les choses". Giono lui, voyait des petits remparts démantelés, mangés de ronces ; derrière un portail, entre deux pans de murs verts, des ruelles brunes ou blondes, où le vent vous accueille ; les rues sont vides, les hommes sont aux champs ou au café, les enfants à l'école ou bien dans la nature ; sur la place une fontaine à l'ombre des mûriers.

Gordes, à côté de Sénanque, pourrait encore certains jours correspondre à cette image, et même en pleine saison touristique il garde son charme irrésistible. Parce qu'il se dépeuplait à vue d'œil, il y a une cinquantaine d'années, et que les demeures abandonnées s'y multipliaient, il n'a jamais été défiguré par ces constructions récentes qui souvent se répandent au pied des bourgs perchés. Pour les mêmes raisons il a enchanté peintres et intellectuels, qui lui trouvèrent un air naturellement cubiste. Ils se sont mis en tête de le ramener à la vie. Vasarely dans un élan de mégalomanie généreuse, a requinqué le **château des Simiane** pour en faire le musée didactique de ses œuvres.

Boutiques et ateliers d'art ont animé les rues. Avec un bel éclectisme on a ouvert un musée consacré aux vitraux et un autre aux moulins à huile. Le site a pris sans doute ce tour superficiel qui vient toujours avec l'invasion des touristes mais sa survie était à ce prix.

On parle souvent de Gordes comme d'une acropole dressée sur un socle doré. Il y a en effet quelque chose d'antique dans sa disposition régulière, couronnée par l'église et le château. La première massive, étayée de robustes contreforts, le second hésitant entre forteresse féodale et manoir Renaissance, sa porte à fronton et ses fenêtres à meneaux contrastant avec les mâchicoulis des tours et les poivrières aux angles des murs. Tout autour le village semble napper la colline d'un savoureux mélange de hautes maisons, de rochers, de terrasses boisées et d'escaliers tordus, de passages voûtés, de toits grisonnants, de jardins... Au concours du village le plus photographié, Gordes a sûrement ses chances.

Côté gourmandises, on pourra s'arrêter, place du Marché, à la boutique de *Monsieur Peynon* pour le miel et la tapenade du pays.

Roussillon et les carrières d'ocre

Au début des années cinquante, un universitaire américain, Laurence Wylie, passa un an à **Roussillon** (sur la D102). A la fin il écrivit sur ce village un livre d'ethnologue, aussi plaisant que scientifiquement méticuleux : un Village du Vaucluse, (Gallimard). Le village qu'il y dépeignait en s'obstinant Dieu sait pourquoi à le déguiser sous le nom de Puyméras était encore de ceux que l'on croise au détour des romans d'Henri Bosco ou de Giono. A peine si l'autocar y remplaçait l'antique patache, et des guimbardes cahotantes les carrioles d'autrefois. Ni l'ambiance, ni les personnages n'avaient beaucoup changé ; notre professeur de sociologie française se régala d'innombrables et précieuses histoires de Clochemerle. Qu'est devenue aujourd'hui cette savoureuse humanité des villages perchés ? Tant de choses ont changé... A commencer par la télévision, qui ne fait pas qu'enlaidir les toitures.

"Mais ici, précise Laurence Wylie, *les enfants dessinent des maisons et des collines à faire frémir tous les psychologues !"*. Lorsque Roussillon paraît, au sortir d'un brusque virage, on croit à une hallucination. Soulignées d'une frange de sombres pinèdes, les falaises incandes-

centes qui l'entourent dressent sur le ciel leurs aiguilles déchiquetés par les mines, le mistral et les orages. Les crépis des maisons renvoient exactement les dix-sept nuances d'ocre, du carmin au jaune d'or en passant par le rose et toute la gamme des bruns. Les entailles du val des Fées plongent à la verticale au cœur des Falaises de Sang, au-delà du cimetière la Chaussée des Géants déploie ses gigantesques entonnoirs.

Ici une colline a eu tout un flanc emporté, là on distingue l'énorme trou noir d'une mine abandonnée.

Dommage que des villas récentes aient entamé l'harmonie du village. Car lui aussi est devenu villégiature à la mode. Sous les parasols colorés des nouveaux cafés, Wylie trouvait déjà en 1960 *"l'atmosphère aussi joyeuse et factice que celle d'une comédie musicale"*...

Pour les curieux, un sentier aménagé par le parc régional du Luberon fait le tour de la question de l'ocre. Sa composition, d'argile et d'oxyde de fer, ses mines, dont bon nombre ont été transformées en champignonnières, son extraction qui exige beaucoup d'eau et une patiente décantation, son utilisation enfin : non plus pour les crépis (on emploie désormais des colorants synthétiques) mais dans les cosmétiques ou encore comme colorant alimentaire. Car plus à l'est, sur toute une colline autour de Gargas, quelques mines rescapées fonctionnent encore. Leurs bassins de décantation s'aperçoivent de la route. Elles produisent, bon an mal an, entre 2 000 et 3 000 tonnes.

Entre Rustrel et Gignac, un peu de marche s'impose (voire d'escalade, car certains passages sont délicats) pour découvrir les carrières abandonnées, où s'insinue peu à peu la végétation. C'est une fantastique succession de canyons, d'aiguilles, de galeries, de belvédères naturels et de cirques artificiels, tous teintés d'invraisemblables nuances, surnommée **Colorado provençal.**

Ci-dessus : une rue du village de Roussillon. A droite : les carrières et les falaises d'ocre aux fabuleuses couleurs.

L'homme qui, à petits coups de pinceau rouges et blancs, en a balisé les pistes secrètes ainsi d'ailleurs que les nombreux sentiers du Luberon (GR 6) habite Saint-Saturnin-lès-Apt. Il s'appelle François Morenas. C'est un conteur hors pair, et une célébrité locale : il a créé en 1936, l'année même des congés payés, l'auberge de jeunesse baptisée Regain qu'il tient toujours. "*C'était le temps*, rappelle-t-il, *où on faisait du gionisme !*"

Le pays d'Apt

A **Saint-Saturnin-lès-Apt** (D2), les terres flammées de l'ocre laissent place aux vergers de cerisiers, giboulée de fleurs blanches pour peu qu'on soit au printemps, pointillé de fruits rouges en été. Mais dire que si les oliviers n'avaient pas tous gelé sur pied durant l'hiver 1953, Apt serait peut-être aujourd'hui le royaume de la *picholine* et non cette capitale mondiale des fruits confits qui truffe de bigarreaux sucrés et collants jusqu'aux cakes et plum-puddings !

Entre Luberon et plateau, le **pays d'Apt** est une vallée trop vaste pour le maigre cours d'eau qui s'y faufile, ce Coulon que l'on ne désigne ici que par son diminutif Calavon. Mais c'est aussi un magnifique couloir de circulation. La voie Domitienne des Romains y cheminait à l'aise, venue d'Italie, partant vers de l'Espagne. Il en reste des vestiges toponymiques, comme La Bégude, à l'origine simple débit de boisson, ou plus palpables : le pont Julien, avec ses trois belles arches en dos d'âne, qui au pied de Roussillon franchit toujours la rivière, pour le compte d'une jolie départementale. Par la N 100 on rejoint Notre-Dame-des-Lumières, dont la Vierge noire attire les pèlerins depuis qu'on la découvrit, dit la légende, dans des broussailles voisines, où tourbillonnaient les feux follets. Sur la route on trouvera à Ponty, l'*Atelier de faïence Anthony Pitot*, qui propose des pièces traditionnelles à prix abordable.

En revenant vers Apt on rencontre encore le site préhistorique de Roquefure, des grottes curieusement jonchées de co-

quilles d'escargot, et de riches gisements paléontologiques où l'on découvrit entre autres une tortue géante de cent cinquante centimètres.

Cernée par tant de merveilles naturelles ou humaines, **Apt** en elle-même, traditionnelle et pateline cité provençale, n'offre rien de très remarquable. De vieilles maisons, des rues étroites menant à des places fraîches, d'anciennes tours, une écharpe de verts platanes... Ses curiosités ne s'affichent pas au grand jour. Ainsi la double crypte de l'église Sainte-Anne, et son trésor, contenant entre autres des ossements de ladite sainte et un voile censé lui avoir appartenu, qui est en réalité un étendard arabe (du XIe s. tout de même) dans lequel on enveloppait les reliques pour les processions. Le Musée archéologique occupe un hôtel particulier bâti sur les remblais d'un théâtre romain et en fait visiter les vestiges dans sa cave.

Ci-dessus: viticulteur goûtant le fruit de son travail. A droite : un des derniers bergers : métier en voie de disparition.

Quant à la **Maison des pays du Luberon**, elle a elle aussi logé dans ses caves son exposition de paléontologie locale.

Plus que tout, Apt est un marché fameux : de fruits, de légumes, et de poterie. Chaque samedi matin, l'été surtout, il draine des foules éclectiques d'agriculteurs et d'intellectuels venus de toutes les collines du Vaucluse et du Luberon.

LE LUBERON

Il y a deux, ou plutôt trois **Luberon** : le Grand Luberon aux arrondis massifs, le Petit Luberon, plus bas mais plus farouche, et un Luberon administratif, le **Parc naturel régional**. Des abords de Cavaillon jusqu'aux rives de la Durance à l'est et au sud, il déborde largement sur Manosque, le pays d'Apt, et les monts de Vaucluse. 120 000 hectares sur lesquels le parc a vocation de préserver tout à la fois des sites grandioses, un écosystème fragile et les conditions de vie des habitants. Ce qui en clair signifie favoriser l'agriculture (par l'irrigation), l'élevage, en réinstallant sur les cimes les moutons qui y transhumaient jadis, un tourisme écologique (randonnées en tous genres pourvu que ce soit sans moteur) et des manifestations culturelles. La zone de silence et de nature imposée sur les crêtes abrite les espèces menacées, grands-ducs, aigles de Bonnelli, vautour blanc d'Egypte ou papillons rares.

Le massif, coupé en deux par la combe de Lourmarin, gorge abrupte et étroite où se faufile l'unique route nord-sud d'Apt à Aix-en-Provence (Départementale 943), est surtout divisé entre ubac et adret. Au nord des pentes ravinées, fraîches et humides, hérissées de chênes blancs ; au sud les chênes verts, la garrigue, les cyprès qui grillent au soleil. De ce côté on est en pays d'Aigues.

Au centre, rien. Un désert authentique. A peine une route courant sur la crête comme sur un fil d'épée. Ce n'est que dans les basses vallées, à "la racine des

sources", que commence le règne de l'*oppidum*, ex-camp retranché, village sur la défensive.

Une fois de plus c'est Henri Bosco, natif d'Avignon mais Lourmarinois d'adoption, qu'il faut suivre à pas comptés vers l'*"énorme bête de pierre endormie depuis si longtemps sous son vieux nom dont personne d'ailleurs ne sait le sens"*.

Nul mieux que lui n'évoque l'air brûlant des hautes terres, son odeur douce-amère de genièvre, de buis, d'aspic et de thym ; les champs maigres perdus entre les éboulis de cailloux et les fouillis de ronces, de chênes noirs, de houx ; les bergeries oubliées *"deux pentes de tuiles au ras du sol"* ; le glissement d'une couleuvre, la fuite d'un lièvre, le passage brutal d'un sanglier sous un taillis... Et les hommes, invisibles mais si présents : *"Dans cette campagne déserte, on a beau musarder à longueur de journée on n'aperçoit jamais personne... Et cependant vous ne pouvez pas faire quatre pas à travers champs ou dans l'hermas sans qu'aussitôt, à une lieue de là, l'épicière, qui n'a pas bougé de sa chaise où elle dénoyaute des cerises, et la buraliste qui somnole sur son tricot ne sachent que vous êtes assis au Calèn di Viéi pour y manger les trois figues que vous aviez cueillies d'abord chez Gustin"*.

Les villages du Luberon

Depuis la dernière guerre, le Luberon a été rattrapé par la mode, mais les villages ont gardé un sourire mélancolique. Ils ont vu la mort de si près... Il faut encore lire Bosco (l'Habitant de Sivergues, 1933), pour mesurer devant les résidences secondaires aux pierres trop bien rejointoyées le chemin parcouru. *"J'aperçus Sivergues vers cinq heures, sur un petit mamelon un peu en contrebas (...) Pas une fumée dans l'air ; mais un grand silence (...) Des contrevents de bois arrachés de leurs gonds et, à chaque pas, des toits écroulés... sur lesquels pendaient de grandes poutres ; çà et là, un lambeau de tapisserie contre un débris de stuc, un*

placard qui avait gardé une ou deux étagères... et partout cette odeur de suie et de plâtre lavé qui dénonce l'abandon et la mort des maisons humaines (...) *Quelques maisons portaient un numéro, ce qui était bien la plus triste chose du monde"*.

Depuis longtemps à ce qu'il paraît on ne trouve plus dans tout le Luberon maison à vendre ou grange à retaper, fut-ce à prix d'or !

Les villages, Oppède, Ménerbes, Lacoste, Bonnieux, jusqu'au moindre hameau, rivalisent de pittoresque médiéval ou de charmes Renaissance. A l'ouest, surplombant le vide, les ruines d'**Oppède-le-Vieux,** l'*oppidum* par excellence, fenêtres à meneaux ou pignons ébréchés engloutis dans les broussailles, ont été repeuplées d'artistes et de poètes. Dans l'ancienne forteresse de **Ménerbes** (sur la D109), restaurée au XIXe s., les cent vingt Huguenots de Scipion de Valavoire soutinrent un an de siège contre les troupes d'Henri III. Les persécutions religieuses répétées et sanglantes ont laissé ici des marques profondes. Vaudois, puis protestants réfugiés sur ces terres ingrates, à force de travail acharné avaient le tort d'y trop bien réussir ; il fallait brûler ces sorciers.

L'épisode le plus barbare eut lieu en 1545 : six jours suffirent à l'armée du parlement de Provence, menée par son président, seigneur d'Oppède comme par hasard, pour pacifier le Luberon : vingt-deux villages furent mis à sac et rasés, et leurs habitants massacrés de toutes les manières. Ce sont des choses qui ne s'oublient pas. Un bleu à l'âme, un mystère de plus dans cet esprit trempé dc surnaturel qui souffle sur les collines.

Lacoste abrite l'ombre scandaleuse et le château fantomatique du marquis de Sade, et au cœur d'anciennes carrières quelques statues naïves d'un "facteur Cheval" local.

Bonnieux, cité catholique, n'a pas souffert. Couchée en rond comme un

Ci-dessus : le village de Lourmarin. A droite : portail triomphal du château de la Tour-d'Aigues.

gros chat sur sa colline, elle respire la paix (son musée est celui de la boulangerie, c'est un signe) et l'odeur épicée du grand bois de cèdres planté sur la crête il y a à peine plus d'un siècle. Venus de l'Atlas, ils ont si bien prospéré qu'ils ont servi à reboiser le Liban !

A l'est le **prieuré de Saint-Symphorien**, haut campanile roman piqué dans le maquis comme une tour de guet et **le fort de Buoux**, sur sa plate-forme cernée d'à-pics vertigineux, mélange de murailles écroulées et d'abris, de citernes, d'escaliers dérobés taillés à même le roc.

Au sud, Mérindol né à nouveau de ses cendres au XVIIe s., Cucuron où l'on célèbre toujours l'arbre de mai, **Lourmarin** (sur la D943)... Au pied de la montagne, sur deux buttes opposées se trouvent le village et son château Renaissance, aussi sévère et imposant du dehors que séduisant de l'intérieur. Celui-ci appartient aujourd'hui à l'académie d'Aix et accueille comme une villa Médicis locale artistes et lettrés .

Le pays d'Aigues

Sur le versant ensoleillé du massif, **le pays d'Aigues**, est pris en étau entre une montagne infréquentable et une Durance infranchissable, faute de ponts. Aussi vécut-il jusqu'au XIXe s. dans un splendide isolement. Heureusement il possédait l'eau, venue des montagnes ou des marécages assainis par les premiers cultivateurs des lieux.

Aux abords du fleuve ils installèrent leurs vergers, et d'opulents potagers où l'on retrouve les théories de cyprès et de peupliers dressés contre le vent. Et sur les coteaux de belles terrasses au soleil, pour la vigne. Aix-en-Provence, qui n'est qu'à quelques kilomètres de sa capitale **Pertuis** (sur la Départementale 973), adopta vite comme sa campagne de prédilection ce riche et beau jardin paysagé.

Gros *oppidum* gaulois, **Cadenet** a glissé vers la plaine, adossé à son rocher d'où

l'ancienne forteresse a pratiquement disparu. **Ansouis** monte encore à l'assaut du joli château Louis XIII, défendu par les buis taillés de ses jardins suspendus. Dans ses mémoires, la duchesse de Sabran, qui l'a restauré, a retracé l'histoire du château familial jusqu'aux ancêtres Elzéar et Delphine, canonisés au XIIIe siècle.

Le superbe **château** bâti à **La Tour-d'Aigues** par le baron de Cental a moins bien vieilli. Il en reste un portique d'entrée librement inspiré de l'arc d'Orange, une enfilade de caves où l'on a logé le Musée de l'Histoire du pays d'Aigues, et une belle histoire : celle de l'amour fou du baron pour la reine Margot, qui ne vit jamais ce palais élevé à son intention.

Il faut enfin parler de la Durance. Une Durance assagie, domestiquée, transfusée par canal vers les étendues desséchées de la Crau ; une Durance qui enfile comme un costume trop grand désormais son large lit de galets envahi de buissons. Bonne nouvelle : les castors y prolifèrent à nouveau.

Informations

Chambre départementale de tourisme, place Campana, 84000 Avignon, tél.: 90 86 43 42.

APT

Hôtels

PRIX MOYEN: **Auberge du Luberon**, 17, quai Léon-Sagy, tél.: 90 74 12 50.
PRIX MODERE: **Le Ventoux**, 67, avenue Victor-Hugo, tél.: 90 74 07 58.

Informations

Office de tourisme, place Bouquerie, 84400, tél.: 90 74 03 18.

AVIGNON

Hôtels

DE LUXE: **La Mirande**, 4, place de l'Amirande, tél.: 90 89 93 93. *PRIX MOYEN*: **Bristol Terminus**, 44, cours Jean-Jaurès, tél.: 90 82 21 21. *PRIX MODERE*: **L'Angleterre**, 29, boulevard Raspail, tél.: 90 86 34 31.

Restaurants

La Vieille Fontaine, 12, place Crillon, tél.: 90 82 66 92, haut-de-gamme. **Le Vernet**, 58, rue Joseph-Vernet, tél.: 90 86 64 53, prix moyen. **Le Petit Bedon**, 70, rue Joseph-Vernet, tél.: 90 82 33 98, prix modéré.

Monuments / Musées / Manifestation

Palais des Papes, place du Palais, tél.: 90 86 03 32. **Musée du Petit Palais**, place du Petit-Palais, tél.: 90 86 44 58. **Musée Calvet**, 65, rue Joseph-Vernet, tél.: 90 86 33 84. **Livrée Ceccano**, tél.: 90 85 15 59. **Chapelle des Pénitents Noirs**, tél.: 90 82 97 96.
Festival : début juillet à début août.

Informations

Office de tourisme, 41, cours Jean-Jaurès, 84000, tél.: 90 82 65 11.

BEDOIN

Restaurant

L'Oustau d'Anaïs, route de Carpentras, tél.: 90 65 67 43, prix moyen.

BONNIEUX

Hôtel / Restaurant

PRIX MOYEN : **Le Prieuré**, rue J.-B. Aurard, tél.: 90 75 80 78. **Le Fournil**, 5, place Carnot, tél.: 90 75 83 62, restaurant prix modéré.

Informations

Syndicat d'Initiative intercommunal du Canton, place Carnot, 84480, tél.: 90 75 91 90.

BUOUX

Hôtel / Restaurant

PRIX MOYEN: **Les Seguins**, tél.: 90 74 16 37. **Auberge de la Loube**, tél.: 90 74 19 58, restaurant prix moyen.

CARPENTRAS

Hôtels

PRIX MOYEN : **Le Blason de Provence**, route de Carpentras, Monteux, tél.: 90 66 31 34. **Hôtel Safari**, avenue J.-H.-Fabre, tél.: 90 63 35 35. *PRIX MODERE*: **Le Fiacre**, 153, rue Vigne, tél.: 90 63 63 15.

Restaurants

Le Saule Pleureur, le Pont-des-Vaches, quartier Beauregard, Monteux, tél.: 90 62 01 35, haut-de-gamme. **L'Orangerie**, 26, rue Duplessis, tél.: 90 67 27 23, prix modéré.

Monuments

Palais de justice, visite possible le lundi, s'adresser au concierge. **Synagogue**, réservée au culte les samedis, dimanches et fêtes juives. **Hôtel-Dieu**, visite de la pharmacie : les lundis, mercredis, jeudis matin.

Informations

Office de tourisme, 170, allée Jean-Jaurès, 84200, tél.: 90 63 00 78.

CAVAILLON

Hôtels / Restaurants

PRIX MOYEN: **Christel**, digue des Grands Jardins, tél.: 90 71 07 79. *PRIX MODERE:* **Le Parc**, place du Clos, tél.: 90 71 57 78.
Fin de Siècle, 46, place du Clos, tél.: 90 71 12 27, restaurant prix moyen. **Prévôt**, 353, avenue de Verdun, tél.: 90 71 32 43, restaurant prix moyen.

Monument / Musée

Synagogue et son **musée**, fermée les samedis et jours de fêtes juives.

Informations

Office de tourisme, 79, rue Saunerie, 83400, tél.: 90 71 32 01.

CHATEAUNEUF-DU-PAPE

Hôtel

PRIX MOYEN : **Logis d'Arnavel**, route de Roquemaure, tél.: 90 83 73 22.

Musée

Musée-cave du Père Anselme, tél.: 90 83 70 07.

Informations

Office de tourisme, place du Portail, 84230, tél.: 90 83 71 08.

FONTAINE-DE-VAUCLUSE

Hôtel

PRIX MODERE: **Hôtel du Parc**, tél.: 90 20 31 57.

Informations / Monument

Office de tourisme, place de l'Eglise, 84800, tél.: 90 20 32 22.
Abbaye de Sénanque, tél.: 90 72 02 05.

GORDES

Hôtels / Restaurant

DE LUXE : **Le Moulin Blanc**, route d'Apt, Les Beaumettes, tél.: 90 72 34 50. *PRIX MOYEN* : **La Mayanelle**, rue de la Combe, tél.: 90 72 00 28. **Mas de Tourteron**, chemin St-Blaise, Les Imberts, tél.: 90 72 00 16, restaurant prix moyen.

Monument / Musée

Château et musée, tél.: 90 72 02 89.

Informations

Office de tourisme, place du Château, 84220, tél.: 90 72 02 75.

L'ISLE-SUR-LA-SORGUE

Hôtel

PRIX MOYEN: **Araxe**, domaine de la Petite Isle, Les Sorguettes, route d'Apt, tél.: 90 38 40 00.

Informations

Office de tourisme, place de l'Eglise, 84800, tél.: 90 38 04 78.

LA TOUR D'AIGUES

Monument / Informations

Château, tél.: 90 77 50 33. **Office de tourisme**, au château, tél.: 90 77 50 29.

LOURMARIN

Hôtel

DE LUXE : **Le Moulin de Lourmarin**, rue du Temple, tél.: 90 68 06 69.

Informations / Monument

Office de tourisme, 17, avenue Philippe-de-Girard, 84120, tél.: 90 77 50 29.
Château, tél.: 90 68 15 23.

LUBERON

Parc naturel régional du Lubéron

Informations: Maison du Parc, 1, place Jean-Jaurès, 84400 Apt, tél.: 90 74 08 55. **Château de la Tour d'Aigues**, 84240, tél.: 90 77 50 29.

MALAUCENE

Informations

Office de tourisme, place de la Mairie, 84340, tél.: 90 65 22 59.

ORANGE

Hôtel

PRIX MOYEN : **Hôtel Arène**, place de Langes, tél.: 90 34 10 95.

Monument / Manifestation

Théâtre antique, ouvert toute l'année, sauf les jours fériés. *Chorégies* : en juillet et août.

Informations

Office de tourisme, cours Aristide-Briand, 84100, tél.: 90 34 70 88. (Annexe ouverte en été, face au Théâtre antique).

PERNES-LES-FONTAINES

Hôtel

PRIX MODERE: **L'Hermitage**, route de Carpentras, tél.: 90 61 31 72.

Informations

Office de tourisme, pont de la Nesque, 84210, tél.: 90 61 31 04.

PERTUIS

Informations

Office de tourisme, le Donjon, place Mirabeau, 84120, tél.: 90 79 15 56.

RASTEAU

Musée

Musée des vignerons, domaine de Beauregard, 84110, tél.: 90 46 11 75

ROUSSILLON

Hôtels

PRIX MOYEN : **Mas de Garrigon**, route de Saint-Saturnin, tél.: 90 05 63 22.
PRIX MODERE : **Résidence des Ocres**, route de Gordes, tél.: 90 05 60 50.

Manifestation

Festival de l'ocre et de la couleur : à l'Ascension.

Informations

Office de tourisme, place de la Poste, 84220, tél.: 90 05 60 25.

SAULT

Informations

Office de tourisme, avenue de la Promenade, 84390, tél.: 90 64 01 21 (en été).

SEGURET

Hôtel

PRIX MOYEN: **Domaine de Cabasse**, tél.: 90 46 91 12.

SERIGNAN-DU-COMTAT

Parc botanique / Musée

Parc botanique et musée Harmas J.-H. Fabre, tél.: 90 70 00 44.

VAISON-LA-ROMAINE

Hôtel

PRIX MOYEN : **Le Beffroi**, rue de l'Evêché, tél.: 90 36 04 71.

Monuments

Billet unique pour la visite du théâtre antique et des quartiers de Villasse et de Puymin. Toute l'année, sauf 25 décembre et 1er janvier.

Informations

Office de tourisme, place du Chanoine-Sautel, 84110, tél.: 90 36 02 11.

VALREAS

Hôtel / Restaurant

PRIX MODERE: **Le Grand Hôtel**, 28, avenue Charles-de-Gaulle, tél.: 90 35 00 26, avec restaurant.

Monument / Manifestation

Château de Simiane (hôtel de ville), fermé les samedis, dimanches et jours fériés.
Nuits théâtrales de l'Enclave : en juillet et août.

Informations

Office de tourisme, place Aristide-Briand, 84600, tél.: 90 35 04 71.

VILLENEUVE-LES-AVIGNON

Hôtels

DE LUXE : **Hostellerie du Prieuré**, 7, place du Chapitre, tél.: 90 25 18 20.
PRIX MOYEN : **Hostellerie du Vieux Moulin**, rue du Vieux-Moulin, tél.: 90 25 00 26.
PRIX MODERE : **L'Atelier**, 5, rue de la Foire, tél.: 90 25 01 84.

Informations

Office de tourisme, place Charles-David, 30400, tél.: 90 25 61 33.

LA HAUTE PROVENCE

MANOSQUE
SISTERON
DIGNE / LES PREALPES
LES GORGES DU VERDON

Les Alpes-de-Haute-Provence, moins les hauteurs qui sont le domaine du ski en hiver, moins les Alpes... reste la haute Provence. Sur le plateau de Valensole, la terre est si claire qu'elle paraîtrait près de s'envoler si elle n'était retenue par les coutures vives des lavandes. Au nord de Manosque les petites routes dérivent par de minuscules villages, d'où l'on embrasse à perte de vue l'altière Provence.

DE MANOSQUE A FORCALQUIER

Le voyage en haute Provence commencerait à **Manosque** (sur la N 96), une ville qui se feuillette comme un livre ; bien sûr un livre de Giono, car on s'y promène entre les titres de ses œuvres, on voit des restaurants *Jean le Bleu*, des boutiques *Regain*, l'inévitable avenue Jean-Giono ou la montée des Vraies-Richesses où se trouve la maison de Giono, *Le Paraïs*. En effet le grand écrivain non seulement est né à Manosque mais y a aussi vécu toute sa vie. La ville rayonne comme principal centre économique des Alpes-de-Haute-Provence, sur la vallée de la moyenne Durance, sur les pays de Forcalquier et de Lure, sur les plateaux de Valensole et de Puimoisson, sur la basse vallée du Verdon. Ici les saveurs provençales sont matinées d'un parfum d'altitude : pour s'en convaincre, il n'y a qu'à se rendre à *L'art de la fromagerie*, 10, boulevard de la Plaine, qui vend aussi des produits régionaux, où à *la coopérative oléicole* (tél.: 92 72 00 99). Et s'il est bien agréable de se promener dans la vieille ville entre maisons bourgeoises et hôtels particuliers construits au XVIIe s. et XVIIIe s., le véritable cœur de Manosque ne bat pas en son centre mais sur les collines qui l'entourent. Là l'air *"est le jus de cette vendange de résines"* comme l'écrit Giono dans les quelques pages consacrées à son pays natal. Là s'emmêlent pins, chênes et genêts, sous un ciel lumineux la plupart du temps.

Page précédente : champ de lavande sur le plateau de Valensole. A gauche : les Préalpes de Digne.

De Manosque à Forcalquier (par les D907 et N100) se suivent les villages : Montfuron avec son moulin restauré, Villemus et les ruines de son château qui hérissent la crête, le beau **Reillanne**, ses marchés et son étonnant clocher-muraille, **Saint-Michel-l'Observatoire** et son étincelante église du XIIe s., ses maisons couleur de terre aux reflets changeants. Un peu plus loin, on pourra visiter l'observatoire de haute Provence et la chapelle Saint-Jean. Très à l'ouest, **Simiane-la-Rotonde** mérite un détour par les D5 et D18. Un château fort et sa su-

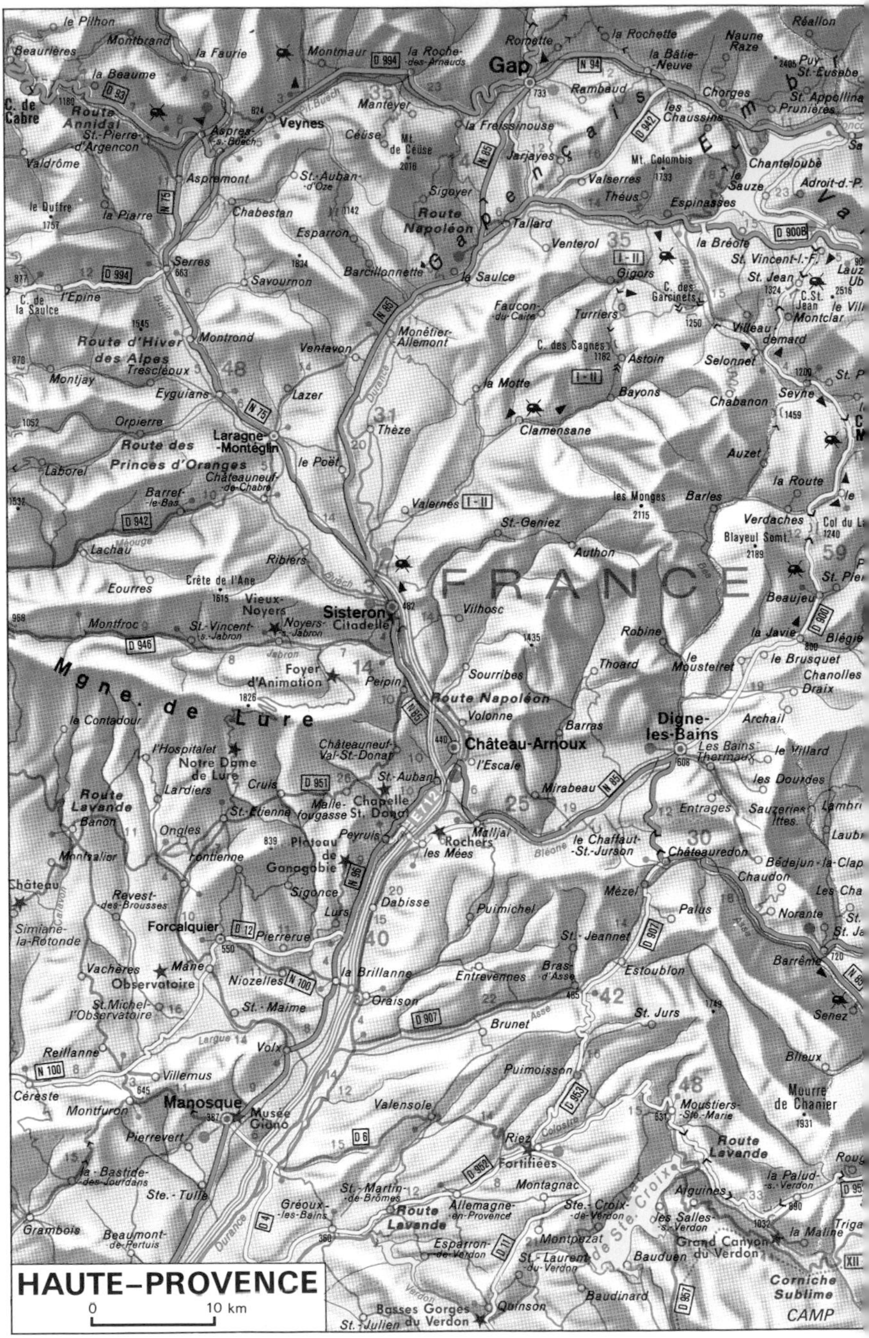
le Pilhon
Montbrand
Beaurières
la Faurie
Montmaur
la Roche-des-Arnauds
D 994
Gap
Romette
la Rochette
Naune
Raze
Réallon
N 94
la Bâtie-Neuve
Puy-St.-Eusèbe
la Baume
D 93
C. de Cabre
Route Annidal
St.-Pierre-d'Argencon
Aspres-s.-Buëch
Veynes
Manteyer
Rambaud
Chorges
St. Appollinaire
Prunières
les Chaussins
Céüse
Mt. de Céüse
2016
la Freissinouse
Jarjayes
D 942
Gapençais
Embrunais
Valdrôme
Aspremont
N 75
St.-Auban-d'Oze
Mt. Colombis
1733
Valserres
Chanteloube
le Sauze
Adroit-d.-P.
Théus
Espinasses
le Duffre
1757
la Piarre
Chabestan
Sigoyer
Route Napoléon
Tallard
1142
Esparron
Venterol
D 900B
la Bréole
Serres
663
Savournon
1834
Barcillonnette
la Saulce
I-II
Gigors
St. Vincent-l.-F.
St. Jean
C.St. Jean
Montclar
C. des Garcinets
D 994
877
C. de la Saulce
l'Epine
1545
Faucon-du-Caire
Turriers
1250
Villeau-demard
Route d'Hiver des Alpes
Montrond
Monêtier-Allemont
Ventavon
C. des Sagnes
1162
Astoin
Selonnet
870
Montjay
Trescléoux
la Motte
I-II
Seyne
Eyguians
N 75
Lazer
Bayons
Chabanon
1052
Orpierre
Laragne-Montéglin
Thèze
Clamensane
1459
Route des Princes d'Oranges
Laborel
le Poët
Auzet
Châteauneuf-de-Chabre
la Route
Barret-le-Bas
Valernes
I-II
les Monges
2115
Barles
Verdaches
Col du L.
1240
D 942
St.-Geniez
Blayeul Somt.
2189
Lachau
Authon
Ribiers
FRANCE
Eourres
Crête de l'Ane
1615
Vieux-Noyers
St. Pie.
Beaujeu
968
Montfroc
St.-Vincent-s.-Jabron
Noyers-s.-Jabron
Sisteron
Citadelle
482
Vilhosc
D 900
D 946
1435
Robine
la Javie
800
Blégie
Foyer d'Animation
Thoard
le Mousteiret
le Brusquet
Mgne. de Lure
1826
Peipin
Sourribes
Chanolles
Draix
le Contadour
Route Napoléon
N 85
Volonne
Archail
Digne-les-Bains
Barras
l'Hospitalet
Notre Dame de Lure
Châteauneuf-Val-St.-Donat
440
Château-Arnoux
l'Escale
Les Bains Thermaux
608
le Villard
Route Lavande
Lardiers
Cruis
D 951
St.-Auban
Mirabeau
N 85
les Dourdes
Banon
St.-Etienne
Malle-fougasse
Chapelle St. Donat
E 712
Entrages
Sauzeries Ittes
Ongles
839
Plateau de Ganagobie
Peyruis
Rochers les Mées
Mallijai
le Chaffaut-St.-Jurson
Châteauredon
Montsalier
Fontienne
N 96
Bléone
Bédejun-la-Clap
Chaudon
Château
Revest-des-Brousses
Sigonce
Dabisse
Mézel
Les Cha
Lurs
Puimichel
Palus
Norante
Simiane-la-Rotonde
Forcalquier
D 12
Pierrerue
St.-Jeannet
D 907
550
Vachères
Mane
Observatoire
Niozelles
N 100
la Brillanne
Entrevennes
Bras-d'Asse
Estoublon
Barrême
720
St.Michel-l'Observatoire
St.-Maime
Oraison
D 907
485
St. Jurs
Senez
Brunet
1749
Reillanne
Largue
Volx
N 100
Villemus
Puimoisson
Blieux
645
Céreste
Manosque
D 953
Montfuron
387
Musée Giono
Valensole
Moustiers-Ste.-Marie
631
Mourre de Chanier
1931
Pierrevert
D 6
Riez
Route Lavande
la Bastide-des-Jourdans
D 952
Fortifiées
Montagnac
la Palud-s.-Verdon
Rougon
Ste.-Tulle
St.-Martin-de-Brômes
Allemagne-en-Provence
Ste.-Croix-de-Verdon
Aiguines
890
1032
Gréoux-les-Bains
Route Lavande
les Salles-s.-Verdon
la Maline
Trigance
Grambois
Beaumont-de-Pertuis
D 4
360
Esparron-de-Verdon
D 11
Montpezat
Lac de Ste. Croix
Grand Canyon du Verdon
Durance
St.-Laurent-du-Verdon
Bauduen
XII
Corniche Sublime
HAUTE-PROVENCE
0
10 km
Verdon
Basses Gorges
Quinson
Baudinard
D 957
CAMP
St.-Julien du Verdon

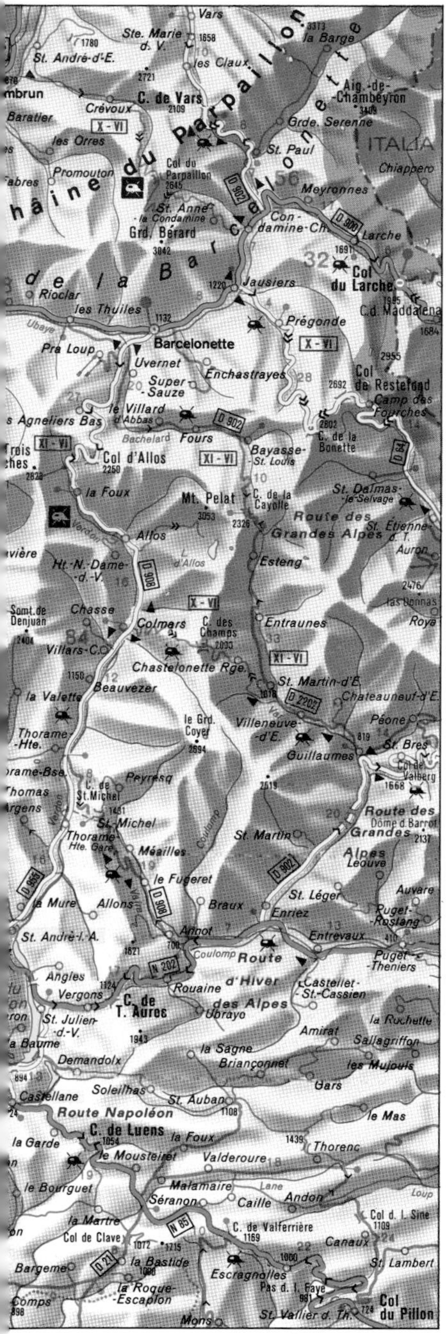

perbe rotonde du XIIe s. donne tout son panache à ce très beau village hélas quasi inhabité dix mois sur douze. Au nord de Saint-Michel-l'Observatoire, on rencontre **Mane** avec ses belles vieilles demeures ou sa ravissante voisine, l'**église Notre-Dame-de-Salagon**.

Forcalquier (sur la N100), petite ville de quelque 3 800 habitants, s'alanguit sur une butte. Elle était très brillante au moyen âge et dans ses rues baguenaudaient troubadours, diplomates et hommes d'affaires. A son apogée, Forcalquier comptait 4 paroisses et au XIe siècle, l'évêché de Sisteron eut ici un deuxième siège. Le couvent des Cordeliers construit au XIIIe siècle et XIVe s. ne manque pas d'intérêt ni les vestiges de la citadelle du XIIe siècle et les multiples églises et chapelles qui ponctuent la ville. Les marchés du lundi animent la vie de la cité, et davantage encore la foire du lundi de Pâques. Avenue Jean-Giono, on trouvera hydromel, miel et dérivés au *Miel d'Or*, et à *La Taste*, des produits d'épicerie fine.

Dans la campagne environnante on aperçoit de belles fermes, de non moins beaux pigeonniers couronnés de murs plus hauts que la toiture et des cabanons pointus qui sont d'anciennes cabanes de champs et de vergers.

DE LURS AUX MEES

Au creux d'un charmant vallon, Notre-Dame-des-Anges (7km à l'est de Forcalquier) est un lieu traditionnel de pèlerinages et abrite une belle chaire du XVIIIe siècle. Il faut ensuite "monter" à **Lurs** (sur la Départementale 12) qui s'étire entre le château des évêques et le séminaire. De là, on domine la vallée de la Durance et ses vagues douces d'oliviers.

Mais le plus étonnant est le chemin des Evêques qui prolonge au nord le village : quinze oratoires érigés sur un étroit éperon rocheux rythment une promenade de 300 mètres jusqu'à la petite chapelle de Notre-Dame-de-Vie.

Haut perché au-dessus de la Durance, le plateau de **Ganagobie** (par la N96) abrite, outre des grottes, des cabanes de pierres sèches et des chênes verts, un monastère bénédictin : une des plus belles œuvres de l'art roman. La façade occidentale de l'église est la plus remarquable, par son portail monumental et orné d'un linteau à bas-relief, et d'un tympan sculpté, probablement du XIIe s. Mais c'est la mosaïque qui orne l'abside centrale de l'église qui signe véritablement ce chef-d'œuvre. Exécutée entre 1135 et 1173, récemment restaurée, elle couvre une surface de 72 m^2. Elle est composée de trois couleurs : rouge (grès), blanc (marbre), noir (calcaire) et une variété infinie de formes font vivre une faune et une flore fabuleuses. L'ensemble évoque les tapis d'Orient, mais bien évidemment sa fonction n'est pas uniquement décorative car il reflète surtout le combat spirituel que devaient livrer les moines pour qui le monde était ambigu, menaçant voir fantastique : un chevalier s'attaque à trois chimères et dans le magnifique panneau du transept Sud, il remporte la victoire sur un dragon hideux. A part ces mosaïques au sol, l'église est d'une extrême sobriété. Les bénédictins s'y rassemblent sept fois par jour en chœur et font alterner chants grégoriens et psalmodies en français. Le cloître est également d'une grande austérité mais c'est un véritable puits de lumière. A gauche de l'église, l'allée des Moines, bordée de chênes verts, débouche sur une vue prodigieuse sur la Durance, le plateau de Valensole et les sommets des Alpes de Provence.

Ci-dessus : au pays du soleil, le chapeau de paille n'est pas un ornement superflu. A droite : la citadelle de Sisteron.

Au pied du plateau de Ganagobie, coule la Durance. En amont, apparaît une curieuse procession, aux abords du village des Mées. Silhouettes gigantesques dressées sur 2,5 km de la rive gauche de la Durance, les rochers des Mées, conglomérats de roches et de cailloux, évoquent à ce point des moines géants qu'on les a surnommés les **pénitents des Mées** ; certains atteignent 100 mètres de haut. La légende veut qu'ils soient des moines pétrifiés pour avoir jeté des regards concupiscents sur de jolies mauresques qu'un seigneur victorieux ramenait d'une bataille contre les Sarrasins. Ce prodige est attribué à saint Donat, prêtre d'Orléans, qui à la fin du V^{e}s., se serait retiré tout près de là, sur la rive droite de la Durance, pour y vivre en ermite.

MONTAGNE DE LURE ET VALLEE DU JABRON

Lieu de pèlerinage, l'**église de Saint-Donat** (sur la D101) qui date du XIe s., est un des rares témoignages du premier art roman provençal. Ce bâtiment ample et simple est encore un véritable hymne à la lumière qu'il accueille pendant toute la course du soleil. Les volumes extérieurs rivalisent de blancheur, de dépouillement et de robustesse.

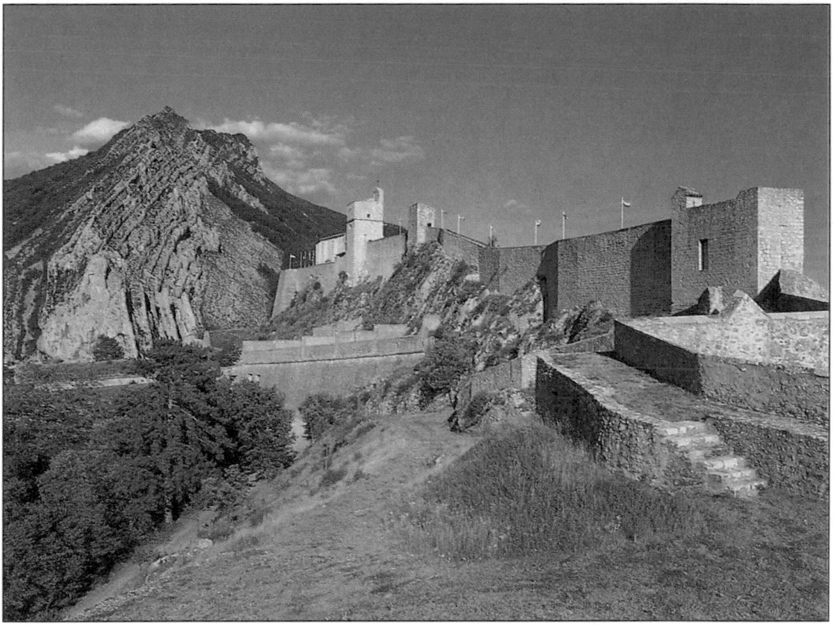

Au pied de la montagne, se suivent les petits villages (par la D951) de Mallefougasse, Cruis, Saint-Etienne et Ongles qui porte la plus haute oliveraie du pays. Toujours plus à l'ouest la route entraîne jusqu'à Banon, connu pour son délicieux fromage de lait de chèvre.

Depuis Saint-Etienne, la **montagne de Lure** nous tend les bras. Une petite route sinueuse (D113) rejoint son sommet, à 1 826 mètres, d'où la vue s'étend sur les Préalpes et toute la Provence, jusqu'à la mer par temps de mistral. Non loin du point culminant, la très austère abbaye de Lure est devenue un centre d'accueil et d'activités culturelles.

De l'autre côté s'étend la **vallée du Jabron**, que traverse la D946, enserrée entre la montagne de Lure et celles de l'Ubac et de Mare. Le village **Le Vieux-Noyers** qui s'ensauvage silencieusement est saisissant. L'érable de Montpellier et la végétation ont ici autant de présence que l'église romane, seul bâtiment intact, le château, l'auberge au joli toit à génoise, le grès ocre de la porte médiévale ou les rues qui charrient de plus en plus les pierres des maisons en ruine.

SISTERON ET SES ENVIRONS

A l'est, au bord de la Durance, on atteint **Sisteron**, petite ville d'environ 6 500 habitants et qui marque la frontière entre la Provence et le Dauphiné. Si un quart de la ville a été détruit par des bombardements en 1944, les édifices majeurs n'ont pas été touchés. La cathédrale Notre-Dame-des-Pommiers reconstruite à la fin du XIIe s. mêle à l'art roman provençal des influences lombardes. Le portail offre des chapiteaux sculptés d'un bestiaire fabuleux.

On aura plaisir à s'engouffrer dans la vieille ville assise au pied de l'étonnant rocher de Sisteron dont on peut admirer les envolées plissées et vertigineuses depuis la rive gauche de la Durance, bordée par le faubourg de la Baume. La vieille ville médiévale nous entraîne dans ses étroites rues en escalier enjambées de maisons et de voûtes de contrefort appe-

Près des gorges du Verdon, le vieux village d'Aiguines. A droite : la pétanque se joue à pié tanca, "les pieds plantés".

lées *andrônes*. Sur la place de la République, le *Canteperdrix*, est un confiseur vendant d'excellents nougats.

La citadelle qui surveillait autrefois le passage des montagnes, renferme encore des éléments du château du XIIIe s. et surtout de la belle chapelle Notre-Dame du XVe s. Entièrement revue et corrigée à la fin du XVI^e^s., elle accueille en été les Nuits de la citadelle, festival de musique, de théâtre et de danse.

Au nord-est du faubourg de la Baume, on atteint le défilé de Pierre-Ecrite, un étrange endroit où une inscription à même le rocher ne cesse d'intriguer curieux et archéologues : ce court texte parle en effet de ville et de murs d'enceinte, alors qu'aucun vestige archéologique important n'a été trouvé dans le voisinage. Un peu plus haut, la chapelle du Dromon, accessible à pied depuis Chabert, pousse entre d'énormes rochers. Cette tentative d'ordre au milieu du chaos semble bien improbable et d'ailleurs la rocaille prend sa revanche car la chapelle tombe en ruine. Des deux cryptes, la plus petite reste seule accessible et conserve du XIe siècle des colonnettes et des chapiteaux en albâtre.

Au sud de Sisteron, **Volonne** (par la D4) se tient au bord de la Durance. Son château fut construit au XVIIe s., et possède un superbe son escalier à volée, déployant un féerique décor de gypserie : soldats, fleurs, dieux et déesses s'y enchevêtrent voluptueusement. Puis **Châteaux-Arnoux** apparaît à la confluence de la Durance et de la Bléone qu'il domine fièrement ; depuis sa jolie chapelle Saint-Jean on voit le grand coude de la Durance, aménagé par E.D.F. Non loin, le lac de l'Escale est un site de voile.

DIGNE ET LES PREALPES

Suivant à cet endroit la rivière des Alpes, la N 85 est beaucoup plus connue sous le nom de **route Napoléon** : depuis

Golfe-Juan où Napoléon, ayant fui l'île d'Elbe, débarqua en mars 1815 pour reconquérir son trône et rejoindre par ce chemin détourné Paris et les Tuileries, 324 km sont balisés de souvenirs du passage de l'Empereur (bas-reliefs, stèles, plaques commémoratives, auberges...). De larges vues dégagées sur la Provence s'offrent sans cesse depuis cette route historique ponctuée de localités flanquées à l'entrée d'un panneau portant l'aigle impérial et un "N" couronné.

Il n'est pas étonnant qu'Alexandra David-Neel ait choisi **Digne** pour y fonder sa "forteresse de la méditation" (*samten dzong*). Elle partagea ses dernières années entre des voyages au Tibet et en Asie centrale et ce lieu où elle écrivit la majeure partie de ses ouvrages. Décédée en 1969, à l'âge de cent un ans, elle légua à la ville ses droits d'auteur et sa maison ; chercheurs et étudiants viennent consulter à la fondation l'œuvre de cette femme hors du commun ainsi que tous les documents qu'elle a récoltés lors de ses longues pérégrinations.

Digne semble flotter à 600 m d'altitude entre ciel et lavande dont elle est la capitale ; les fêtes du mois d'août sont dévolues à cette belle plante mauve. Ville parfumée mais aussi ville bénéfique : les eaux de Digne sont réputées depuis l'Antiquité pour leurs vertus curatives. Les thermes, à quelque 3 km de la ville, sont en pleine expansion. La vieille ville tranquille et paresseuse est bien agréable et le quartier du Bourg, érigé sur les premières fondations, recèle un vaste et clair édifice, la majestueuse cathédrale Notre-Dame du Bourg probablement édifiée entre les XIIe et XIIIe siècles. Sur la place du Général-de-Gaulle, le magasin *Provence et Gourmandise* propose outre des confiseries, des produits d'artisanat local, santons, faïences de Moustiers et tissus provençaux.

Digne enfin est au centre de l'importante réserve géologique de haute Provence. La région en effet possède un

passé géologique exceptionnel qui permet de suivre l'histoire de la Terre pendant trois cents millions d'années, imprimée dans les calcaires et les grès. Des stages sont organisés (surtout en été) par le **Centre géologique de Saint-Benoît** au cours desquels on peut découvrir les principaux sites protégés : dalles à ammonites, site portant les empreintes fossiles de pattes d'oiseaux, etc...

A 7 km au sud-est de Digne le village d'Entrages est dominé par le sommet du Cousson, solitude escarpée et difficilement accessible, que domine à son tour l'extraordinaire chapelle Michel-de-Cousson, bâtie sur un à-pic vertigineux. De petits villages se rencontrent dans des paysages désertiques et souvent saisissants jusqu'à Saint-André-les-Alpes (par la N85), station climatique et touristique à proximité du lac de Castillon, où l'on peut se baigner et pratiquer les sports nautiques. Ici passe le charmant **train des Pignes** (Digne-Nice) qui s'arrête également à **Annot** (par la N202) dont le caractère alpin très marqué rompt avec les

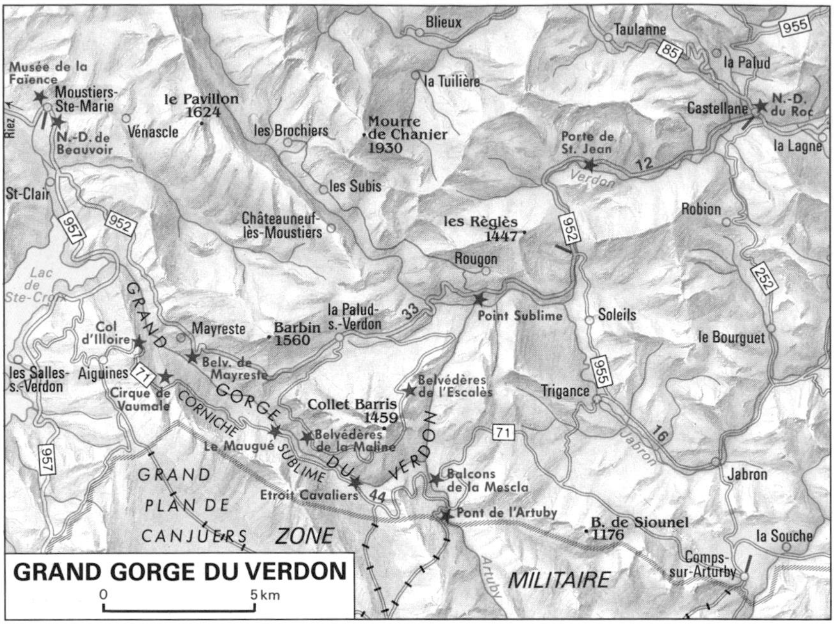

solitudes désertiques traversées. La petite ville, au bord de la vallée de la Vaïre très verdoyante, est dominée par une magnifique falaise de grès, d'énormes blocs aux formes étranges et impressionnantes où se développèrent habitats troglodytiques et abris sous roche. Au milieu des rochers, une église romane domine Annot et abrite un intéressant ex-voto avec six personnages en costumes Louis XVI.

Au nord d'Annot, à 40 km, c'est déjà la très haute Provence, et le petit bourg fortifié de **Colmars-les-Alpes** (D908) est encore plus empreint de l'influence alpine. Il est situé dans un vallon enceint de montagnes s'élevant de 2 000 à 2 500 m. Les fortifications de pierre grise et irrégulières qui enveloppent le village sont particulièrement remarquables ; d'une dizaine de mètres de hauteur, elles sont flanquées de tours et de bastions. Au sud de Saint-André-les-Alpes, s'étend le lac artificiel de Castillon aux allures bizarres de fjord, apparu avec la création d'un barrage élevé entre 1942 et 1948 pour alimenter une centrale électrique.

LES GORGES DU VERDON

Au croisement de la route Napoléon et de celle du Haut-Verdon, se dresse le rocher de **Castellane** haut de 170 mètres, au-dessus des maisons de sa petite ville et coiffé de la chapelle Notre-Dame-du-Roc qui offre une très belle vue. Au pays de la lavande et des abeilles, on trouve aussi des santons et des faïences : au *Miel Rucher*, à la *Boutique Napoléon* et à la *Douce Provence*. Pour pratiquer les sports d'eau vive, on se rendra à l'A.N. Rafting du moulin de la Salaou (téléphone : 92 83 73 83).

Castellane est également le point de départ pour les célèbres gorges du Verdon : défilés vertigineux, paysages fantastiques, rien ne manque pour vous donner le frisson. Les sportifs trouveront également à se satisfaire : les chemins de randonnées sont nombreux, le plan d'eau du barrage de Sainte-Croix lieu de baignade, offre aussi toutes les possibilités de plaisance et les parois des gorges se prêtent à l'alpinisme. Le canoë-kayak et la spéléologie sont bien sûr très pratiqués aussi. Pour le spéléologue Martel, qui le découvrit en 1905, le grand canyon du Verdon est une *"merveille sans seconde en Europe"*. Son relatif isolement, dans une région peu fréquentée de haute Provence, explique la découverte tardive de ce royaume naturel. Depuis, des difficultés énormes ont considérablement retardé l'aménagement du site, lui conservant ainsi son halo de mystère.

Le grand canyon

Au-dessus du Verdon, le circuit routier d'environ 77 km (D952, D957 et D71) est féerique. Les gorges sont orientées est-ouest. Sur la rive droite, commencent à Rougon les points de vue si enivrants : un petit sentier pédestre mène au **Point sublime**. On atteint ainsi un belvédère qui domine de 180 mètres le lit du Verdon à son confluent avec le Baou ; la vue plonge à l'intérieur du canyon cependant que tout au fond les eaux vertes (dont le Verdon tire d'ailleurs son nom) s'engagent dans cette folie naturelle que constituent les gorges. La Palud-sur-Verdon, dont l'entrée est marquée par une jolie église, ménage une pause avec ses fermes et ses champs cultivés. Mais le village est aussi le point de départ pour des belvédères tous plus impressionnants les uns que les autres et la route des crêtes replonge dans les gorges, comme coupées par une hache gigantesque.

A l'extrémité du grand canyon, le site de **Moustiers-Sainte-Marie** est tout à fait extraordinaire. L'agglomération est séparée par une large crevasse au fond de laquelle coule le Rioul et chacun des pans du village est dominé par un pic rocheux. Mais le plus incroyable est la chaîne dorée longue de 227 mètres qui relient leurs sommets et qui porte en son milieu une étoile à cinq branches. Ce fabuleux ex-voto aurait été placé là par un seigneur de Blacas qui, prisonnier des Sarrasins, fit vœu de relier les deux pics réputés inaccessibles par une chaîne, s'il recouvrait la liberté. Le dédale des ruelles du vieux village constitue une belle promenade et conduit au **musée de la Faïence** où l'on pourra saisir les secrets de fabrication de cet artisanat que l'on retrouve dans nombre de petits commerces du bourg.

Si depuis des temps très anciens le village possédait une argile de grande finesse et d'excellents potiers, c'est véritablement au XVIIe s., sous l'impulsion de la famille Clérissy, puis au XVIIIe s. que l'art de la faïence rend Moustiers célèbre. 700 fours ou "feux", 30 ateliers, 400 employés, 50 maîtres faïenciers : ces chiffres font rêver. Mais en 1874, la mode de la faïence est passée et le dernier four s'éteint. Les "feux" ne se sont rallumés qu'en 1927 et redonnent vie depuis au bourg : parmi d'autres ateliers citons les *Faïences Bondil*, place de l'Eglise, l'*Atelier Saint-Michel,* chemin de la Maladrerie et les *Faïences Achard*, place Couvert. A 100 m à l'est du village, Notre-Dame-de-Beauvoir, est aussi nommée Notre-Dame-d'Entre-Roches, ce qui donne une idée assez exacte de sa situation : du ravin où elle se cache on découvre un cadre grandiose.

La rive gauche des gorges du Verdon commence avec le très charmant bourg d'Aiguines, coiffé par son château aux toit de tuiles vernissées, qui offre une vue splendide sur le lac de Sainte-Croix et sur le plateau de Valensole. Le Verdon et ses eaux vertes ne réapparaissent qu'au col d'Illoire. Suit le cirque de Vaumale au cœur duquel la cascade du Signal de Margès dispense une fraîcheur si désirée en été. L'occasion aussi de reprendre son souffle avant d'affronter l'à-pic du formidable chaos de l'Imbut.

Après le Maugué (un passage large de huit mètres seulement), le Verdon disparaît dans la grotte du Styx. Il y a quelques années, la construction d'un barrage avait été décidée, qui devait noyer complètement le grand canyon et des tunnels avaient déjà été percés. Heureusement, ce

projet fut abandonné et les tunnels ne servent plus qu'aux promeneurs qui butent parfois sur des rails à demi enfouis ou sur des wagonnets rouillés abandonnés à quelques centaines de mètres de ce naturel tunnel à siphon que la terreur populaire a baptisé du nom de Styx...

Après le cirque de Vaumale, la route offre moins de spectaculaire et la nature se fait plus présente. Depuis la corniche Sublime, le Verdon apparaît minuscule comme un ruisseau mais la vue est féerique. C'est cependant le pont de l'Artuby, l'endroit le plus extraordinaire de la rive gauche. L'hallucinante profondeur au-dessus de laquelle se jette l'arche unique de ce pont, d'une portée de 110 mètres, tourne la tête cependant quc l'Artuby cavale au milieu des pierres avant d'aller se jeter dans le Verdon ; leurs eaux réunies créent alors la Mescla qui signifie mêlée en provençal.

Ci-dessus : Moustiers-Sainte-Marie entouré de pics rocheux. A droite : les superbes gorges du Verdon.

Les basses gorges

De Moustiers à Riez, il faut préférer à la route directe (D952) le détour par le lac artificiel de **Sainte-Croix** (par les D957 et D 49). Le barrage a été édifié en 1972 à l'entrée du défilé ouvert où est creusée une gorge très encaissée bordée de falaises de 200 à 300 mètres de haut. La construction du barrage a fait disparaître le village des Salles-sur-Verdon, noyant la cuvette de Sainte-Croix sur 2 500 hectares. La falaise dominant d'abord le lac est savamment érodée en de longues déchirures parallèles. Des petits villages, autrefois haut perchés, la vue est splendide ; à Sainte-Croix notamment, hameau quasi abandonné mais qui revit l'été grâce à sa plage et son club nautique.

Jusqu'à Gréoux-les-Bains, les plans d'eau se suivent offrant tous des possibilités de baignade, de navigation et de voile : après la retenue de Sainte-Croix, viennent, dans l'ordre, la retenue de Quinson, le lac d'Esparron-sur-Verdon et la retenue de Gréoux-les-Bains.

Baudinard recèle, outre un château, une église du XVIIe s. et, à un kilomètre au nord-est, la chapelle Notre-Dame de Baudinard, quoique transformée en ferme, conserve toujours une belle abside. Bauduen, qui faillit être englouti par le lac, est collé à la montagne et dominé par sa jolie église romane. Son ancien château occupé par la Maison commune ainsi que son beau lavoir complètent son charme certain.

Riez (par la D11) ne manque pas non plus d'attraits. Atelier de cuir, fabrication de santons, ateliers de faïence donnent vie, surtout l'été, à cette station climatique perchée sur sa colline à 520 m d'altitude. De ses remparts du XIVe s., subsistent des pans de murs et surtout deux portes fortifiées, celle de Saint-Sols et la porte Aiguières ; les fontaines qui leur font face sont remarquables notamment la fontaine dite du portail, étonnante par les dimensions importantes de son bassin octogonal qui mesure quatre mètres de diamètre. On retrouve d'ailleurs ce type de fontaine à bulbe dans les villages du plateau de Valensole. Il est agréable de prendre le frais sur la place ombragée du Quinquonce avant de s'engager dans la Grand Rue bordée de maisons (XVI^{e}s - XVIII^{e}s.) et de visiter la cathédrale.

Au-dessus de Riez, le **plateau de Valensole** s'étire magnifiquement à l'infini jusqu'aux hauteurs du Luberon, de la Sainte-Victoire, de Lure ou du Ventoux. Couvert de blé et de lavande, le plateau de Valensole est surtout gorgé de cette lumière unique de la haute Provence. C'est aussi le domaine du miel, parfois miel de lavande : Riez a sa *Maison de l'Abeille* (tél.: 92 74 57 15) et Valensole son *Musée de l'Abeille*, route de Valensole, qui propose également toute une gamme de produits au miel. Au nord, autour de Saint-Jurs,les paysages sont exaltants de sauvagerie. A l'ouest, entre la D 6 et la D11, tous les modestes villages, Valensole au cœur du plateau, puis Allemagne-en-Provence, Saint-Martin-de-Brômes, Esparron, Quinson ou Montpezat, chantent le soleil avec leurs très belles fontaines... dans ce pays qui manque d'eau.

Informations

Comité départemental du tourisme, 42, boulevard Victor-Hugo, 04004 Digne cedex, tél.: 09 31 57 29.

ANNOT

Informations

Office de tourisme, mairie, tél.: 92 83 22 09.

CASTELLANE

Informations

Office de tourisme, tél.: 92 83 61 14.

CHATEAU-ARNOUX

Hôtels / Restaurant

DE LUXE: **La Bonne Etape**, chemin du Lac, tél.: 92 64 00 09. *PRIX MODERE* : **Hôtel du Lac,** allée des Erables, tél.: 92 64 04 32.
Le Barrasson, Saint-Auban, route de Marseille, tél.: 92 64 17 12, restaurant prix modéré.

COLMARS-LES-ALPES

Informations

Office de tourisme, place Joseph-Girieud, 04370, tél.: 92 83 41 92.

DIGNE

Hôtels

PRIX MOYEN : **Le Grand Paris**, 19, bd. Thiers, tél.: 92 31 11 15. *PRIX MODERE* : **Hôtel Central,** 26, boulevard Gassendi, tél.: 92 31 31 91.

Musée / Parc / Manifestation

Fondation Alexandra David-Neel, 28, avenue du Maréchal-Juin, tél.: 92 31 32 38. **Réserve géologique** : Centre, tél.: 92 31 51 31.
*Corso de la lavand*e : 1er week-end d'août.

Informations

Office de tourisme, place Tampinet, 04000, tél.: 92 31 42 73.

Sport

GOLF: 18 trous à Saint-Pierre de Gaubert, Digne, tél.: 92 32 38 38.
SPORT NAUTIQUE: **Association départementale d'eau vive et de voile**, rue du Docteur-Romieu, tél.: 92 32 25 32.
RANDONNEE: **Centre d'information Montagne et Sentiers**, 42, boulevard Victor-Hugo, tél.: 92 31 07 01. *AUTRES SPORTS* : voir le Comité départemental du tourisme (en haut de la fiche).

ENTREVAUX

Informations

Office de tourisme, mairie, tél.: 93 05 40 04.

FORCALQUIER

Hôtel

PRIX MODERE : **Hostellerie des Deux Lions**, 11, place du Bourguet, tél.: 92 75 25 30, avec restaurant.

Informations

Office de tourisme, hôtel de ville, place Bourguet, 04300, tél.: 92 75 10 02.
Comité du tourisme du pays de Forcalquier, moulin de Sarret, tél.: 92 75 33 21.

GANAGOBIE

Monument

Prieuré, tous les jours, 9h30-12h et 14h30-17h.

MANOSQUE

Hôtels

PRIX MOYEN : **La Rose de Provence**, route de Sisteron, tél.: 92 72 02 69.
PRIX MODERE : Preyrache, place de l'Hôtel-de-Ville, tél.: 92 72 02 69.

Musées / Manifestations

Musée Giono, rue du Mont-d'Or, tél.: 92 87 52 45. **Maison de Giono**, montée des Vrais-Riches-ses, ouverte aux visiteurs le vendredi de 15h30 à 17h30.
Fêtes médiévales : en juin.
Foire des jeunes santonniers : en décembre.

Informations

Office de tourisme, place du Docteur-Joubert, 04100, tél.: 92 72 16 00.

MOUSTIERS-SAINTE-MARIE

Hôtel

PRIX MODERE : **Le Colombier**, quartier Saint-Michel, route des Gorges du Verdon, tél.: 92 74 66 02.

Musées

Musée de la faïence, place du Presbytère, tél.: 92 74 66 19. **Musée de la Nature**, tél.: 92 77 81 13.

Informations

Office de tourisme, 04360, tél.: 92 74 67 84.

RIEZ

Informations / Musée / Observatoire

Office de tourisme et **musée lapidaire**, place des Quinquonces, tél.: 92 74 51 81.
Observatoire de haute Provence, visites guidées tous les mercredis à 15h, et d'avril à septembre, le 1er dimanche du mois à 9h30.

SISTERON

Hôtels

PRIX MOYEN: **Grand Hôtel du Cours**, place de l'Eglise, tél.: 92 61 04 51. *PRIX MODERE* : **Tivoli**, place Tivoli, tél.: 92 61 12 27.

Monument / Musée / Manifestation

Citadelle, ouverte d'avril à octobre. **Musée du Vieux-Sisteron**, avenue des Arcades, tél.: 92 61 12 27. *Nuits de la Citadelle*: fin de juillet.

Informations

Office de tourisme, Hôtel de ville, 04200, tél.: 92 61 12 03.

VALENSOLE

Manifestation

Foire aux santons de Haute Provence : fin juillet à début août.

VERDON

Informations

Verdon Accueil, tél.: 92 83 61 14. **Verdon Activités Plus** (sports), le Cabanon du Verdon, La Palud-sur-Verdon, tél.: 92 77 38 38

TOULON
TOULON

LE VAR

LE PAYS D'AUPS
LA SAINTE-BEAUME
TOULON
HYERES / LES MAURES
SAINT-TROPEZ
L'ESTEREL

Le Var est un département on ne peut plus composite : rural, avec ses vignobles notamment, sauvage quand il est boisé, de forêts parfois impénétrables, très urbanisé sur le littoral et sauvage encore lorsque ses criques se lovent entre des rochers rouges.

DU PAYS D'AUPS A LA SAINTE-BAUME

Sur la frange Ouest du département, on découvre le pays d'Aups, couvert de pins, de chênes, d'oliviers et de vignes ; Barjols rafraîchi de sources et de cascades, et le massif de la Sainte-Baume, empreint de spiritualité.

Villages du pays d'Aups

Ici, les paysages sont paisibles et très verts car l'eau est généreusement dispensée par les cascades et les sources.

Entre Aups et Barjols, on découvre le très joli village de **Fox-Amphoux** ordonné autour de son église romane ; la cascade de Sillans, (H: 45 m), et ses jeux d'eaux qui ont creusé la pierre tendre. Au village d'**Aups** (par la D 60), les fontaines ne se lassent pas de murmurer à l'ombre des places ou de l'esplanade plantée de platanes. Très joyeux est l'hommage rendu à saint Pancrace, dont la fête dure 3 jours à la mi-mai. A Salernes (D31) une quinzaine de fabriques tentent de maintenir l'industrie de la céramique, une des grandes spécialités de la Provence. La tomette rouge qui est la plus originale de ses créations est, précisément, née à Salernes. Parmi ses entreprises artisanales, citons la *Poterie du Soleil*, 27, rue Victor-Hugo et au n°25 de l'avenue V-Hugo la *Poterie du Nai*, . Mais de tous les villages du pays d'Aups, **Cotignac** (D22) est peut être le plus étonnant, bâti au pied d'une falaise colorée et surplombée par les ruines d'un château médiéval. A 1 km de Cotignac, la chapelle Notre-Dame-des-Grâces est le lieu d'un important pèlerinage, le 8 sept. : Louis XIV et sa mère y laissèrent un ex-voto de marbre noir.

Pages précédentes : folklore à Roquebrune-sur- Argens . A gauche : le port de St-Tropez.

Barjols

Le bourg de **Barjols** et l'abondance de ses eaux sont très étonnants. Le village tout entier semble baigné, envahi de sources, de cascades, de lavoirs (au nombre de douze) et surtout de fontaines : 28 fontaines dont 7 sont arborescentes, mafflues et moussues comme d'énormes champignons. Marquantes aussi ses austères tanneries aujourd'hui abandonnées. Fondées en 1600 par Paul Vaillant, elles ont longtemps constitué l'essentiel de l'activité économique de Barjols. Quelques artisans tentent aujourd'hui de les réinvestir : tels l'*Atelier Cuir-Cuir* (tél.: 94 77 02 87) ou la *Tannerie Budket*, sur l'ancienne route de Brignoles.

Autre particularité, l'église de ce village qui est sans doute le seul édifice du genre où l'on danse : tous les quatre ans (1990, 1994, etc...), le 16 janvier, jour de la Saint-Marcel, on y exécute la danse des Tripettes dont l'origine est fort ancienne. La fête des Tripettes commence le matin par un défilé animé par les fifres et les tambourins. L'après-midi, un bœuf enrubanné, escorté par les bouchers et des gardians à cheval, est promené à travers les rues dans le vacarme des tromblons. Il est ensuite conduit devant l'église où le prêtre le bénit. Puis on l'immole et le place sur un char fleuri. La nuit tombée, les musiciens, groupés devant le maître-autel, se mettent à jouer, donnant aux fidèles le signal d'une danse sautillante et endiablée à laquelle, jadis, les curés se mêlaient volontiers. La fête s'achève le lendemain par la consommation du gigantesque bœuf rôti. Au sud-ouest de Barjols le pays est structuré par les cultures, la vigne notamment, et souvent très verdoyant, comme au vallon de Font-Taillade. Tout près, se dresse le pigeonnier de Brue-Auriac, très vaste, ce qui est rare en Provence.

Plus loin, un sentier mène à la fois à un beau panorama (sur le mont Aurélien, la Sainte-Baume et la plaine de l'Argens) et à la Source d'Argens qui est la rivière du département, le Var ne coulant pas dans ce territoire qui porte son nom.

La Sainte-Baume

Dans ces paysages sagement agencés, l'opulence de la basilique de **Saint - Maximin-la-Sainte-Baume** par la D 560 a de quoi surprendre.

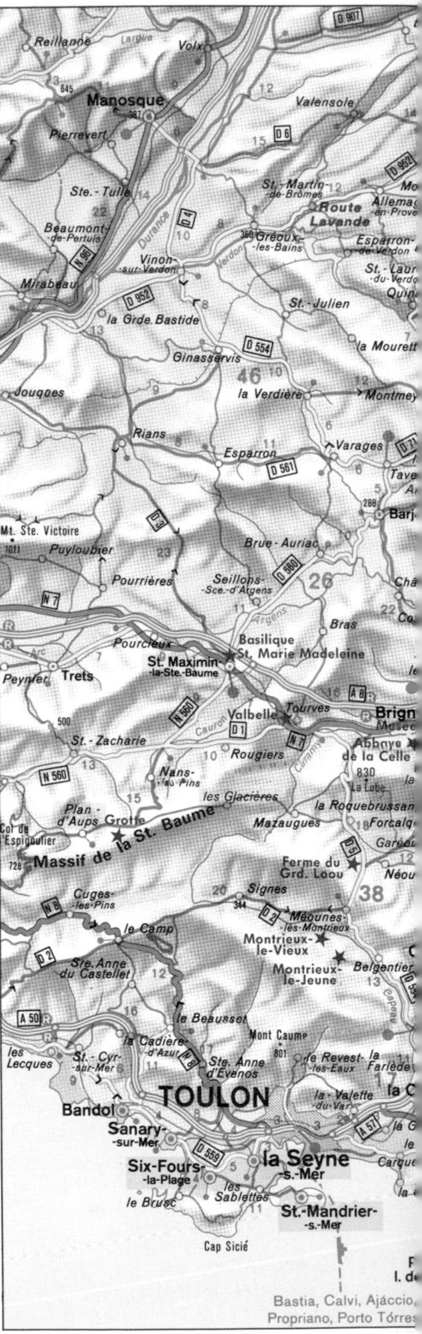

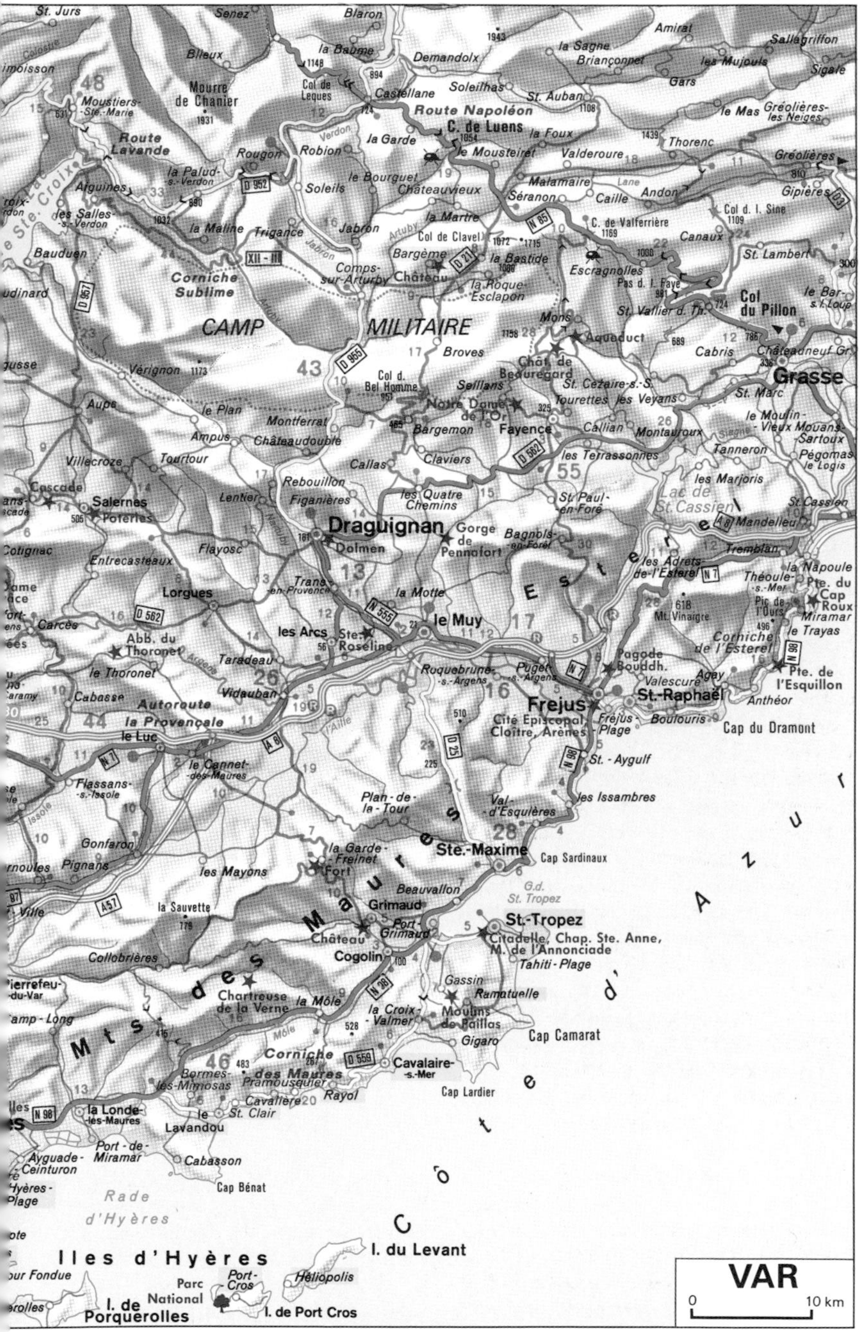
VAR
0
10 km
St. Jurs
Senez
Blaron
Bliéux
la Baume
Demandolx
Amiral
la Sagne
Brianconnet
les Mujouls
Sallagriffon
Sigale
Gars
Mourre
de Chanier
1931
Moustiers-
-Ste.-Marie
Col de
Leques
Castellane
Soleilhas
St. Auban
le Mas
Gréolières-
les Neiges
Route Napoléon
C. de Luens
la Foux
Thorenc
Route
Lavande
Rougon
Robion
la Garde
le Mousteiret
Valderoure
Gréolières
la Palud-
-s.-Verdon
D 952
Aiguines
Soleils
le Bourguet
Châteauvieux
Malamaire
Séranon
Caille
Andon
Gipières
les Salles-
-s.-Verdon
la Maline
Trigance
Jabron
la Martre
C. de Valferrière
Col d. l. Sine
Canaux
Bauduen
Col de Clavel
Bargème
la Bastide
Escragnolles
St. Lambert
Comps-
sur-Artuby
Château
la Roque-
Esclapon
Pas d. l. Faye
Corniche
Sublime
D 957
St. Vallier d. Th.
Col
du Pillon
le Bar-
s. l. Loup
CAMP
MILITAIRE
Mons
Aqueduct
Cabris
Châteauneuf Gr.
Broves
Grasse
Vérignon
D 955
Col d.
Bel Homme
Seillans
Chât. de
Beauregard
St. Cézaire-s.-S.
St. Marc
Aups
le Plan
Notre Dame
de l'Or
Tourettes
les Veyans
Montferrat
Bargemon
Fayence
Callian
le Moulin-
Vieux
Mouans-
-Sartoux
Ampus
Châteaudouble
Montauroux
Villecroze
Tourtour
Callas
Claviers
D 562
les Terrassonnes
Tanneron
Pégomas
le Logis
Rebouillon
les Marjoris
Cascade
Salernes
Poteries
Lentier
Figanières
les Quatre
Chemins
St. Paul-
en-Forêt
Lac de
St. Cassien
St. Cassien
Draguignan
Gorge
de
Pennafort
Bagnols-
-en-Forêt
Mandelieu
Cotignac
Flayosc
Dolmen
Tremblan
Entrecasteaux
Trans-
-en-Provence
les Adrets-
de-l'Esterel
N 7
la Napoule
Théoule-
-s.-Mer
Pte. du
Cap
Roux
Lorgues
la Motte
Esterel
Mt. Vinaigre
Pic de
l'Ours
Miramar
D 562
N 555
le Muy
le Trayas
Carcès
les Arcs
Ste.
Roseline
Abb. du
Thoronet
Corniche
de l'Esterel
Taradeau
Pagode
Boudh.
Pte. de
l'Esquillon
le Thoronet
Roquebrune-
-s.-Argens
Puget-
-s.-Argens
Valescure
Agay
Cabasse
Vidauban
Frejus
St.-Raphaël
Anthéor
Autoroute
la Provençale
Cité Episcopal,
Cloître, Arènes
Fréjus-
Plage
Boulouris
Cap du Dramont
le Luc
A 8
D 25
le Cannet-
-des-Maures
St. - Aygulf
Flassans-
-s.-Issole
Plan - de -
la - Tour
Val-
d'Esquières
les Issambres
Gonfaron
la Garde-
-Freinet
Fort
Ste.-Maxime
Cap Sardinaux
Pignans
les Mayons
Beauvallon
G.d.
St. Tropez
la Sauvette
A 57
Grimaud
St.-Tropez
Port-
Grimaud
Château
Citadelle, Chap. Ste. Anne,
M. de l'Annonciade
Collobrières
Cogolin
Tahiti - Plage
Pierrefeu-
-du-Var
Chartreuse
de la Verne
la Môle
Gassin
Ramatuelle
la Croix-
- Valmer
Moulins
de Paillas
Gigaro
Cap Camarat
Mts des Maures
Corniche
des Maures
D 559
Cavalaire-
-s.-Mer
Bormes-
les-Mimosas
Pramousquier
Rayol
Cap Lardier
N 98
la Londe-
-les-Maures
le
Lavandou
Cavalière
St. Clair
Port - de -
Miramar
Ayguade-
Ceinturon
Cabasson
Hyères -
Plage
Cap Bénat
Rade
d'Hyères
Côte d'Azur
Iles d'Hyères
I. du Levant
Héliopolis
Port-
Cros
Parc
National
I. de
Porquerolles
I. de Port Cros

Sainte-Marie-Madeleine est un très bel édifice gothique qui n'oublie pas la simplicité et la sobriété provençales. Charles II d'Anjou fit entreprendre sa construction par Jean Baudici, l'architecte du palais des comtes de Provence à Aix, à la fin du XIIIe siècle, sur le tombeau que la tradition vénère comme étant celui de Marie-Madeleine.

De nombreuses légendes sont attachées à ces lieux : des anges y aurait transporté la sainte lorsqu'elle rendit l'âme après avoir passé trente années en pénitence dans sa grotte de la Sainte-Baume ; son tombeau aurait été reconnu au parfum délicieux qui s'en dégageait...

La construction de la basilique dura jusqu'au XVIe s. mais ne fut pas achevée ; faute d'argent on n'a pu terminer la façade ni édifier le clocher. L'intérieur est très majestueux, pur et lumineux. Il ne possède ni déambulatoire ni transept mais une cohorte de grandes fenêtres et une verrière qui baigne le chœur de lumière. L'orgue monumental, juché au-dessus de l'entrée, est impressionnant. Construit à la fin du XVIIIe s. par le dominicain Jean-Esprit Isnard, il comporte 2 981 tuyaux et nous est parvenu sans aucune altération.

Ci-dessus: terrasse à l'heure du café. A droite : collectionneur de baguettes de pain.

Accolé à la basilique, le couvent royal, ancienne école de théologie, est aujourd'hui le Collège d'échanges contemporains où se déroulent colloques, concerts, expositions d'art contemporain.

Le **massif de la Sainte-Baume**, que traversent les routes N560 et D80, offre de nombreuses occasions de belles promenades. Depuis le carrefour des Trois Chênes on peut rejoindre à pied la célèbre **grotte** située au pied d'un terrible escarpement, à 886 mètres d'altitude, d'où la vue est magnifique. Au XIIIe siècle, les dominicains établirent un couvent sur ce lieu de pèlerinage. La Révolution les chassa mais au XIXe siècle., ces religieux, s'éloignant un peu, se réinstallèrent dans un nouveau couvent, l'actuelle Hôtellerie, construite au milieu du plateau du Plan d'Aups et qui est aujourd'hui un centre international de culture et de spiritualité ouvert à tous.

Si la Sainte-Baume est un haut lieu spirituel, elle est aussi un miracle botanique. Sur le plateau du Plan d'Aups, sa forêt de cent trente-huit hectares est composées d'essences insolites sous cette latitude. Cette église végétale, dont la voûte est parfois impénétrable aux rayons du soleil, abrite érables, tilleuls, peupliers et quantité d'autres arbres comme une grande variété de fleurs du Nord et du Midi. C'est bien sûr à pieds que l'on pourra découvrir le plus intimement cet étonnant massif.

La plus belle des promenades est peut-être celle qui permet de rejoindre, en cinq heures aller-retour, les glacières de Fontfrège depuis le col de Saint-Pilon : depuis la crête de la falaise, on embrasse du regard les Alpes, le Ventoux, la Sainte-Victoire et la mer, si bien qu'on a parfois le sentiment de flotter dans les airs.

LES VALLEES DU CENTRE-VAR

Autour de Brignoles, carrefour des vins, et jusqu'à Toulon, les nombreux cours d'eau dessinent de petites vallées.

Brignoles et ses environs

De Saint-Maximin à Brignoles, la Nationale 7 traverse la **vallée de Caramy**. A Valbelle, le château témoigne par ses colonnes monolithiques du goût du XVIIIe s. pour l'Antiquité gréco-romaine. Tout près, le village de Tourves, ancienne station romaine, vit actuellement de la viticulture comme nombre de communes de cette région. **Brignoles** en constitue le carrefour commercial et chaque année l'Exposition des vins de Provence y attire, au mois d'avril, quelque 40 000 visiteurs. Lieu idéal pour découvrir ces vins, toute l'année, le Syndicat des coteaux varois, 15, avenue Foch.

Le musée de Brignoles possède le plus ancien sarcophage chrétien et gaulois, dit de la Gayole. Oeuvre d'un sculpteur grec de la fin du IIe siècle, il provient de la chapelle de la Gayole (la Celle) et représente saint Pierre en pêcheur. L'église Saint-Sauveur renferme de surprenants bâtons de pénitents surmontés de têtes de morts et surtout une Vierge noire, Notre-Dame-la-Mouro.

Au nord de Brignoles, la cité médiévale de **Montfort-sur-Argens** domine la **vallée de l'Argens**. Cette farouche forteresse a conservé ses murailles, son château féodal et sa herse du XIIIe siècle. C'est en 1207 que Montfort est accordé aux templiers qui y créent leur plus importante maison forte de Provence. A moins d'un kilomètre de cette citadelle mystique et militaire se trouve la chapelle de Notre-Dame de Spéluque : un sanctuaire souterrain bâti sous les vestiges d'un ancien prieuré.

Non loin, le lac artificiel de Carcès, très fréquenté par les pêcheurs, offre, le temps d'une halte, la fraîcheur de ses berges. A deux kilomètres, Vins-sur-Caramy domine fièrement la vallée de son château (en cours de restauration).

Au sud, près de la montagne de la Loube, l'**abbaye de la Celle** est aujourd'hui un relais touristique. Ce monastère de femmes fut édifié au VIe s. ; d'abord prieuré, la fondation de la Celle deviendra abbaye jusqu'en 1770. Mais au cours des XVI^e^s. et au XVIIe s., elle acquiert une très mauvaise réputation : parmi la centaine de nonnes, issues pour la plupart de grandes familles provençales, beaucoup d'entre elles ont une foi vacillante... Selon un chroniqueur, on les reconnaissait surtout au nombre de leurs galants. Après enquête, les religieuses furent transférées par Mazarin à Aix, et le couvent périclita. L'église du village de la Celle renferme un extraordinaire crucifix du IXes., provenant d'Italie.

Camps-la-source doit sa fondation à une source d'eau minérale appréciée des Romains. C'est pourtant l'industrie des chapeaux de feutre de laine qui fera sa fortune. Au XIXe s. quinze fabriques exportaient dans le monde entier ces chapeaux. Quelques-unes des cheminées de ses usines subsistent et témoignent de cette intense activité révolue.

Entre Brignoles et Toulon

Forcalqueiret (plus au sud, sur la D554) est dominé par les ruines formidables de son château qui évoque toujours la forteresse militaire qu'il fut au XVIe siècle. La ville est en outre animée par de nombreuses foires : foire aux chèvres le 1er mai, foire aux chevaux en juin, fête des chasseurs le 5 septembre, sans oublier la grande fête de la Blaque, début juillet. A quelques kilomètres, Garéout s'étend au milieu des vignes.

Le bourg de **Roquebrussanne** (par la D64) qui porte un si beau nom, recèle aussi une tour de l'Horloge au délicat campanile et d'élégantes maisons Renaissance en son centre. A Roquebrussanne la fontaine des Fées est ainsi nommée parce qu'elle a l'habitude de couler quand bon lui semble et de disparaître en

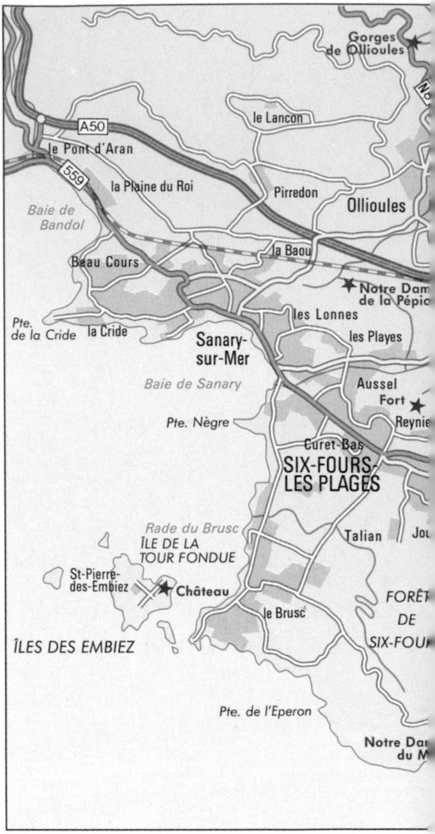

été. Elle jaillit au pied du vallon de Fortune, qui doit son nom aux nombreuses monnaies romaines qu'on y a découvert.

Dans la **vallée du Gapeau**, **Méounes - les-Montrieux** (par la D 5) séduit avec ses belles fontaines et son église gothique. Juste après le village, la ferme du Grand-Loou, ancienne résidence des Templiers, sert aujourd'hui de musée lapidaire et conserve quelques vestiges des occupations néolithiques et romaines.

Mais la véritable histoire de ces lieux retirés s'exprime autour des ruines de Montrieux-le-Vieux, qui dut s'implanter ici dès les premiers siècles de la chrétienté, et du couvent moderne des chartreux de Montrieux-le-Jeune dont les moines, jaloux de leur indépendance et de leur

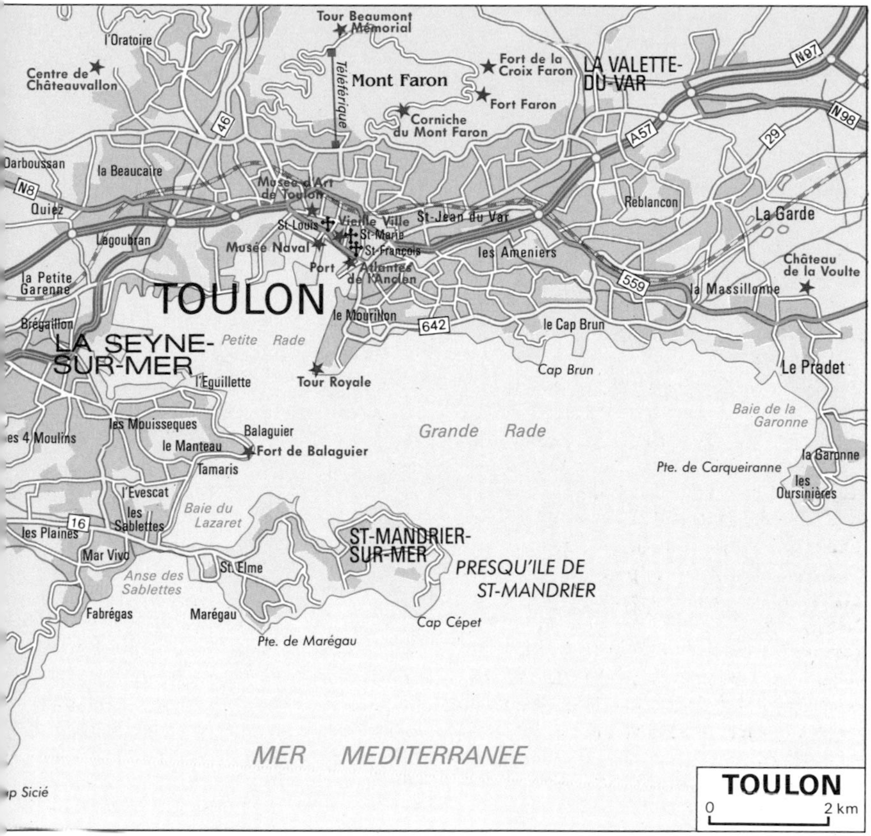

calme, ont fermé leur porte aux visiteurs. Non loin, les lacs du petit et du grand Loou ont une étonnante forme de cratères et un niveau très variable.

Au sud de Méounes, se dresse le massif des Morières qui, aussi boisé qu'impénétrable, est un véritable repaire du légendaire et de l'insolite. De merveilleuses histoires de dragons et de fées se cachent derrière les chênes et les ifs. Là se dressent de fantastiques dolomites, émergeant comme des crocs et évoquant les formes les plus étranges.

A l'ouest, un autre beau village, Signes (par la D2), se tapit entre les vignes agrémenté lui aussi de fontaines. C'est une véritable farandole de fêtes, qui y est organisée, en l'honneur de saint Eloi et de saint Jean : aubades et cavalcades, danses et festins, se suivent du 20 au 24 juin.

TOULON ET SES ENVIRONS

Que la ville de **Toulon** soit tant tournée vers la mer, explique peut-être qu'elle ait été soumise à tant de fluctuations : elle a été une importante places romaines, puis assoupie pendant des siècles ; elle a été le premier port de la marine en Méditerranée sous Louis XIV et son l'arsenal a présidé à tous les armements entrepris sous son règne... Si depuis la Seconde Guerre mondiale, la vocation du port de guerre s'est atténuée, l'arsenal est toujours là sur 7 km de rivage. Véritable ville dans la ville, il fait figure de point de repère. Tou-

lon est pourtant aujourd'hui surtout un port de plaisance (le 1er de France) et les paquebots qui s'y arrêtent sont des bâtiments de croisière.

Si on ne connaît de Toulon que l'imagerie traditionnelle de la vieille ville, avec son linge aux fenêtres, ses odeurs mélangées de cuisine, ses rues louches et ses myriades de petites places et de fontaines (place à L'Huile, place de la Poissonnerie...), il sera nécessaire de réajuster ses rêves. Certains quartiers de Toulon n'ont conservé des temps anciens que leurs noms. Depuis 1985, la vieille ville est en chantier : des rues disparaissent, d'autres sont éventrées, de vieux immeubles insalubres sont abattus. On peut regretter cependant le choix de rue piétonnes qui décidément uniformisent toutes les villes, les plus méditerranéennes soient-elles. Il reste agréable, cependant, de baguenauder dans le vieux Toulon qui conserve beaucoup de charme.

Ci-dessus : vue générale de Toulon, entre le mont Faron et la grande bleue.

Depuis la place Puget, toujours très animée et dont la fontaine des Trois-Dauphins est envahie de végétation, on peut descendre vers le port par les petites rues. Le cours Lafayette, à l'ombre des platanes, est le théâtre d'un des plus célèbres marchés de Provence. La cathédrale Sainte-Marie-de-la-Seds est métissée, l'église romane ayant été remaniée au XVIIe siècle. L'église Saint-François-de-Paule possède une façade en courbe et contre-courbe, typique des églises baroques du XVIIIe siècle en Provence orientale. Les abords du port sont défigurés par des immeubles très laids construits en toute hâte après les bombardements de la Seconde Guerre mondiale. Seuls des atlantes ont échappé à la destruction et ont été bizarrement plaqués sur les murs sans style de l'actuelle mairie. Œuvre de Pierre Puget, ces sculptures sont étonnamment symboliques et réalistes.

Au Musée naval est évoquée l'histoire de Toulon depuis la fin du XVe s. jusqu'à nos jours. L'arsenal qui englobe toute la partie Ouest du port, ne se visite pas. Près des bassins se trouvait le bagne tristement célèbre que visita Victor Hugo (il comptait alors 4 230 forçats). En face de l'entrée principale de l'arsenal, la place d'Armes est de belles proportions et l'**église Saint-Louis** un intéressant édifice néo-classique. Aux alentours de l'église, s'étendent les petites rues du quartier chaud de la ville. Enfin le **musée de Toulon** possède une belle collection d'art provençal de plus de 300 pièces auxquelles s'ajoutent depuis 1978, des œuvres contemporaines qui rendent compte de la production artistique des années 60 à nos jours.

Autour de Toulon, le littoral est d'autant plus beau qu'il est parfois abrupt. La baie de la Garonne offre des plages et des criques rocheuses. Après le Pradet, la route atteint la pointe des Oursinières et son petit port de pêche et de plaisance. A l'Ouest de Toulon, près d'Ollioules, au **centre de rencontres de Châteauvallon** se déroule chaque année un excellent festival international de danse, dans un très beau site offrant la ville et la rade en fond de tableau. La **corniche du Mourillon** est la zone résidentielle de Toulon ainsi que la zone de loisirs et de tourisme. Longeant la corniche, le sentier piétonnier des Douaniers part du nouveau port de plaisance et rejoint le **cap Brun**.

La rade de Toulon est la plus grande rade d'Europe et aussi une des plus belles et une des plus sûres de la Méditerranée. Il faut absolument en faire le tour, soit en bateau (à partir du quai Stalingrad), soit en voiture jusqu'à Saint-Mandrier en passant par la Seyne-sur-Mer, par le **fort de Balaguier** (XVIIe s.) dont le donjon offre une vue splendide et par les agréables petites stations balnéaires que sont Tamaris ou Les Sablettes.

A Six-Fours-les-Plages, les fouilles de la très belle chapelle Notre-Dame de la Pépiole ont été l'occasion de surprenantes découvertes. Outre de nombreuses et intéressantes sépultures, on y a trouvé en effet une abondante moisson de débris de céramiques (VIIIe- XVIIe siècle). L'un de ces fragments pourrait même témoigner d'une occupation grecque. L'origine des autres vestiges est arabe ou espagnole. Du **mont Faron** recouvert par la pinède, une des plus belles promenades aux alentours de Toulon, on dominera toute la rade.

HYERES ET LES MAURES

Forêts encore sur le massif des Maures et fleurs parfumées de Hyères à Bormes-les-Mimosas ; on approche de la Côte d'Azur par la sublime route des crêtes.

Hyères et les îles

La ville d'**Hyères** fut, dès le début du XIXe s., une station hivernale prestigieuse où palaces et luxueuses villas fleurissaient autant que les palmiers qui bordent ses avenues et les orangers qui embaument ses jardins. Dominant la vieille ville, le parc Saint-Bernard abrite tout au long de l'année une exposition florale à l'ombre de ses terrasses. Dans la partie haute du parc, la **villa de Noailles**, d'inspiration cubiste, continue de témoigner de l'avant-garde architecturale de l'entre-deux-guerres. Villa résolument moderne que l'architecte Mallet-Stevens construisit en 1924 pour le vicomte et la vicomtesse de Noailles et qui préfère au pittoresque et à la richesse des matières, une harmonie de proportions et une simplicité magnifiques.

Cette villa a été le lieu de séjour des plus grands artistes : Man Ray, Giacometti, Bunuel ou Poulenc. Exemple de sa structure savante, dans une des plus vastes pièces, la piscine fait écho à la mer dont séparent de grandes baies qui peuvent disparaître dans le sol et ramener ainsi les baigneurs à l'air libre. La luxueuse villa possède aussi une quarantaine de chambres dont une en plein air, et des meubles dessinés entre autres aux ateliers du Bauhaus. Elle a beaucoup

souffert d'avoir été laissée à l'abandon pendant plus de dix ans, mais la ville de Hyères, à qui elle appartient désormais, tente de la restaurer.

Tout près d'Hyères-Plage (par la D97), à l'**Almanarre**, les archéologues ont dégagé les vestiges de la colonie massaliote d'Olbia dont on peut voir l'enceinte quadrangulaire, d'un périmètre de six cents mètres, mise au jour progressivement depuis la fin de la dernière guerre. A cette Olbia grecque, succéda une colonie romaine du nom de *Pomponiana* dont les thermes ont été en partie retrouvés et dont le port, aujourd'hui englouti, fait l'objet d'explorations sous-marines. Ce nom d'Almanarre est arabe, souvenir de l'occupation par les Sarrasins.

Au sud du golfe de Giens, a été découvert une des plus belles trouvailles de l'archéologie sous-marine : un gros "cargo" de la fin de la République romaine, long de quarante mètres, large de douze et d'une capacité de 450 tonnes. Il pouvait transporter quelque 8 000 amphores dont 3 000 ont été retrouvées. Certaines, encore scellées de leur bouchon, contenaient un liquide incolore au fond duquel reposait un magma rougeâtre, identifié comme étant du vin rouge. Le navire possédait en outre une curieuse étrave concave dont la base était plus étrange encore : elle était en forme de bulbe, un appendice qui orne aujourd'hui l'avant des grands pétroliers, leur assurant un meilleur hydrodynamisme.

Ci-dessus : petit s pêcheurs en Méditerranée. A droite : la navigation de plaisance, un des premiers loisirsde la Côte d'Azur.

La presqu'île de Giens offre des plages agréables et de belles vues sur les îles d'Hyères que l'on pourra rejoindre depuis la presqu'île par bateau (embarquement à Hyères-plage).

Ces îles sont de véritables havres de paix et ressemblent fort à nos rêves de côte méditerranéenne que l'agitation et les constructions les plus anarchiques défigurent trop souvent. **Porquerolles, Port-Cros** et l'île du Levant offrent une nature encore sauvage de forêts, falaises

abruptes et plages dorées. Porquerolles est la plus grande des trois îles avec ses 7 km de long et ses trois kimomètres de large. Il faut se laisser emporter sur ses sentiers odorants parmi les pins, jusqu'aux délicieuses plages de sable fin de la Courtade ou de Notre-Dame.

Le circuit des falaises traverse l'île du nord au sud et longe les belles falaises de schistes colorés jusqu'à la somptueuse calanque du Brégançonnet d'où la vue est superbe. Port-Cros est un parc national (il est donc interdit de camper, de chasser ou de cueillir des fleurs) : 694 hectares de zone terrestre et une zone maritime de six cents mètres de large autour du rivage le constituent. C'est le seul parc insulaire en Europe et en Méditerranée.

Le petit hameau qui s'arrondit autour de l'anse aux eaux claires est charmant mais il faut prendre le temps de suivre les chemins qui jalonnent l'île pour la goûter vraiment. L'île du Levant a des allures de forteresse avec ses falaises inaccessibles. Un village naturiste, Héliopolis, y a été fondé en 1931.

Les Maures

A l'est d'Hyères commence le **massif des Maures** (que traverse la N 98), et bordant le littoral, la **corniche des Maures** (que suit la D 559). Le nom de la petite ville de **Bormes-les-Mimosas** augure des parfums qui s'exhalent des jardins en février lorsque les mimosas sont en fleurs. Mais aussi profusion de fleurs et d'arbres, des eucalyptus notamment, qui malgré les hivers rigoureux de 1984 et 1985 continuent d'embaumer la ville.

Depuis Bormes-les-Mimosas on pourra rayonner à l'intérieur du massif des Maures, ce massif sombre qui constitue le prolongement des îles d'Hyères et s'étend sur 60 kilomètres entre Fréjus et la presqu'île de Giens.

On ne saurait trop recommander de prendre beaucoup de précautions dans la **forêt des Maures** car les incendies continuent inlassablement chaque été de la ravager malgré les tranchées pare-feu, les pistes forestières, les nombreux points d'eau et le débroussaillement. A cause de

ces catastrophes écologiques à répétition, à cause de terribles maladies qui minent le pin maritime et le condamnent à mort, à cause des parasites qui atteignent aussi les châtaigneraies, la forêt des Maures est de plus en plus remplacée par le maquis où abondent arbousiers, genêts et bruyères. Il reste néanmoins beaucoup de chênes qui forment de magnifiques sous-bois. Le chêne-liège reste très présent et l'on reprend son exploitation depuis qu'on lui a trouvé de nouveaux usages, d'isolation notamment. L'intérieur du massif est peu peuplé. Le village de **la Garde-Freinet** se découvre au bord d'un col après une ascension entre les châtaigniers. Le **fort Freinet** que l'on rejoint à pied depuis le sud du village offre une très belle vue sur la vallée de l'Aille et jusqu'au golfe de Saint-Tropez ; vue d'autant plus saisissante qu'on l'admire depuis les ruines du village médiéval et de ses fortifications détruites à la fin des guerres de Religion au XVIe s. La chapelle du XIIIe s. et son clocher subsistent tant bien que mal et autour d'elle les vestiges des fondations d'une cinquantaine de cabanes.

Ci-dessus : terrasses de cafés et superbes voiliers au port de Saint-Tropez.

Au centre du massif, la **chartreuse de la Verne** qui troue la forêt de châtaigniers semble une forteresse et sans doute se défend-elle d'être envahie par la végétation. Elle a été fondée au début du XIIe s. mais il ne subsiste que peu de choses de l'époque romane. Ses bâtiments remontent essentiellement au XVIIe s. et au XVIIIe s. Actuellement le couvent est occupé par une communauté de religieux de l'ordre de Bethléem.

La chartreuse, ample bâtisse rectangulaire, a beaucoup d'allure, du haut de l'éperon sur lequel elle est plantée et d'où la vue embrasse tout le golfe. Sont particulièrement remarquables les décors sculptés de ses portails, frontons et arcatures en serpentine (pierre verte des Maures) se mariant aux murs de schiste. De l'Ermitage, que l'on rejoint à pied, la vue s'étend jusqu'aux îles d'Hyères.

La route des Crêtes (D559), sur plus de 35 km, côtoie les plus hauts sommets du massif et découvre de somptueux panoramas sur la mer et les Alpes.

Empruntant la **corniche des Maures** qui plonge dans la mer, il est délicieux d'aller de plage de sable en plage de sable : au Lavandou, à Saint-Clair aux rochers rouges (dont le sentier botanique dévoile toute la côte d'entre les arbousiers, cistes et lavande), à Cavalière, à Pramousquier, au Rayol frangé par un littoral beau et tourmenté, ou à Cavalaire-sur-Mer au fond de la baie.

SAINT-TROPEZ ET SA PRESQU'ILE

"*Pour l'avoir vu aérien, lilas à la nuit tombante, puis d'acier neuf au clair de lune, j'ai voulu savoir quel fard l'aurore mettait sur les façades plates de ses maisons anciennes... Ici, s'effeuillent de vieux soucis. Ici règne une couleur bleue qui ailleurs est celle du songe, mais qui sur le rivage provençal baigne toutes les réalités*", écrivait Colette à propos de **Saint-Tropez** dont elle disait ne plus vouloir partir. Car bien avant les stars du *showbiz* et du cinéma, les écrivains et les peintres comme Matisse, Bonnard ou Signac ont aimé ces lieux. Sans doute étaient-ils plus enchanteurs au début du siècle et surtout plus tranquilles car, de nos jours, l'atmosphère en été est souvent irrespirable.

On préférera si possible d'autres saisons pour flâner sur le port ou sur la place des Lices, où les platanes centenaires ont vu plus d'une partie de boules ; pour goûter le panorama splendide sur la terrasse de la citadelle ou depuis le cimetière qui flotte entre le ciel et la mer. A la citadelle, le Musée naval recèle des vestiges archéologique trouvés notamment dans les épaves au fond des eaux du golfe.

La plus vieille épave y a été repérée en 1971 : un navire probablement étrusque dont la coque avait été cousue avec des cordes et non pas cloutée ou chevillée comme c'était l'usage. La chapelle Sainte-Anne, au-dessus de la ville, est dédiée à la protectrice des gens de la mer. Les nombreux ex-voto qui y sont rassemblés forment un véritable musée de la marine où se côtoient des reproductions de navires et des maquettes du port. On y voit également les fers et les carcans d'un ancien prisonnier du bagne d'Alger. Le **musée de l'Annonciade** rappelle le rôle qu'à joué Saint-Tropez pour nombre de peintres au début du siècle : il recèle une vingtaine de toiles de premier plan, de Matisse, Bonnard, Vuillard ou Braque et quelques sculptures d'Aristide Maillol.

Au registre des fêtes, la bravade de Saint-Tropez est la plus célèbre dans le genre, ne devant rien à l'industrie touristique puisqu'elle a lieu depuis quelque 400 ans. Dédiée à saint Tropez, elle rappelle le passé guerrier de la cité qui assura de tout temps la défense du golfe contre l'envahisseur. La fête commence le 16 mai lorsque le maire remet solennellement au capitaine de la ville, élu pour un an, une pique traditionnelle, symbole de son autorité éphémère.

Des salves de fusil sont tirées puis les bravadaires se rendent à l'église où le curé vêtu de rouge bénit la pique. On promène alors le buste de saint Tropez dans toute la ville pavoisée de rouge et de blanc ; fait rare, ce saint porte la moustache et est réputé être beau comme un dieu. Dans un vacarme de coups de feu et de cris, le cortège passe devant la poissonnerie pour gagner enfin le port où l'on vient saluer la mer.

Autour de Saint-Tropez de jolies plages s'offrent aux amateurs de sable fin. Le sentier du littoral permet de faire à pied le tour de la presqu'île (20 km) jusqu'aux plages de la baie de Cavalaire. A l'intérieur de la presqu'île, **Ramatuelle**, village toujours plein de charme, allie les rues tortueuses et les vieilles pierres aux troncs noueux des figuiers. D'anciens moulins à vent, les moulins de Paillas do-

minent la presqu'île à 325 m et offrent la plus belle vue. Si La Croix-Valmer est désormais couverte de lotissements, il fait encore bon flâner dans **Gassin** et sur sa place des Barry, à l'ombre des micocouliers. Dans le golfe de Saint-Tropez, Port-Grimaud a surgi des dunes et des marais à partir de 1966 : son architecte, François Spoerry, rêvait d'en faire un vrai village où les canaux auraient remplacé les routes et les bateaux, les voitures. Mais si les deux mille "maisons de pêcheurs" colorées forment bien une cité lacustre, ce sont surtout des estivants qui l'habitent en été. Le vieux village de **Grimaud**, à 6 km, est plus authentique. Ses petites places et fontaines, ses maisons fleuries sont très agréables. L'église Saint-Michel est une belle construction romane du XIe s., ainsi que le château en ruines et la chapelle des Pénitents-blancs plusieurs fois remaniée cependant.

Ci-dessus : Que diriez-vous d'une balade en mer ? A droite : l'abbaye du Thoronet, chef-d'œuvre d'art cistercien.

DE DRAGUIGNAN A BARGEME

Depuis la plaine vallonnée du sud de Draguignan, ponctuée de champs de vignes et d'oliviers, on remonte au nord, de gorges en cols jusqu'aux petits villages du haut Var.

Autour de Draguignan

Le sud dracénois est une importante aire de production de vins. La route traverse des grandes propriétés viticoles souvent très renommées tel le domaine d'Ott. De gros villages viticoles comme Trans-en-Provence (sur la N555) ou Les Arcs-sur-Argens seront l'occasion de haltes ainsi que la chapelle romane **Sainte-Roseline**. Elle est ornée d'œuvres contemporaines dont une belle mosaïque de Chagall, le *Repas servi par les anges*, des vitraux d'Ubac et de Bazaine et un lutrin en forme d'arbre ainsi qu'un bas-relief en bronze de Giacometti. Elle s'insère dans une abbaye transformée en château au XVIIIe siècle avec en son centre un beau parc à la française arrosé par une source que l'on atteint par une allée d'immenses platanes.

La petite ville de **Draguignan** paraît bien tranquille en regard de l'agitation des villes de la côte. A 1 km, sur la route de Castellane, se trouve un remarquable dolmen d'époque néolithique, composé de trois pierres levées de 2,25 m, recouvertes d'une dalle de 6 m de long sur 4,70 de large et mince d'à peine cinquante centimètres. Il va sans dire que de nombreuses légendes s'y attachent.

Pour se fournir en huile d'olive du pays, on peut faire un crochet par Flayosc (sur la D557), au *Moulin Rovera*, dans le quartier de Foncabrette, ou au *Moulin Doleatto*, au Flayosquet.

La D562 mène à Lorgues, une petite ville rustique avec son cours planté de magnifiques platanes. La chapelle Notre-Dame des Sablettes, connue aussi sous le nom de Notre-dame de Ben Va est construite dans un joli site et est en partie bâtie sur le roc ; ses lignes sont très simples et son intérêt réside surtout dans les peintures qui la recouvrent presque entièrement à l'intérieur.

Une dizaine de kilomètres plus à l'ouest, se trouve l'**abbaye du Thoronet**, véritable joyau de la région. L'architecture de cette abbaye cistercienne, peut-être la plus belle, est totalement inspirée mais sans aucune emphase. Le dépouillement voulu par l'ordre instauré par saint Bernard est ici porté à son comble, exalté par l'harmonie des volumes et par la lumière. L'acoustique exceptionnelle de l'église, rappelle l'importance essentielle du chant pour les cisterciens. Son architecture semble ne pas peser, prête à s'envoler à la faveur d'une prière, mais comme le chant elle n'en possède pas moins une puissance à vous couper le souffle. Le cloître est saisissant de paix, bercé par l'écoulement de l'eau de la fontaine : le lavabo, où les moines depuis le XIIe s. venaient se laver et se purifier. Les religieux ont quitté les lieux depuis le

XVIIIe s. mais l'abbaye du Thoronet continue de vibrer dans ces solitudes.

Le hameau de **Cabasse** se trouve à deux pas. La Maison des Fées y est une curieuse grotte-refuge au milieu d'un habitat néolithique. En ce lieu fort riche en préhistoire et en protohistoire, où l'on a déjà dénombré trois dolmens et un menhir, les légendes ont eu à leur disposition un terreau particulièrement fertile. Près du hameau, a été mise à jour une étrange nécropole : 34 tombes fouillées ont révélé que les morts avaient été incinérés sous un épais tapis de branchages ; chacune contenait une lampe de type romain destiné à éclairer le voyage posthume. Mais l'originalité de cette nécropole réside dans la présence, à l'intérieur des tombes, d'un nombre considérable de clous, très ordinaires, souvent des clous de chaussure, peut-être pour fixer l'esprit du défunt à sa dernière demeure.

La chapelle Notre-Dame-du-Glaive de Cabasse, d'allure très simple, date du XVIIe s. et possède de nombreux ex-voto dont certains très anciens et un superbe

retable en bois doré qui orne son autel. Du plateau où elle est plantée, la vue s'étend sur de magnifiques paysages jusqu'à la crête des Maures.

A l'est de Draguignan, les **gorges de Pennafort**, particulièrement colorées avec leurs désordres de diverses roches emmêlées conduisent aux cascades de Pennafort (par la D25). On les découvre au débouché d'un agréable sentier (30 mn aller-retour, à pied), belles chutes d'eau encastrées entre deux falaises de porphyre. Un peu plus loin la rivière Nartuby plonge dans un gouffre à 35 m, pour réapparaître une centaine de mètres plus loin : c'est le Saut-du-Capelan. La légende raconte qu'un chanoine tombé dans la rivière et entraîné dans le gouffre fut retrouvé cependant plus loin, sain ct sauf, assis sur un banc de sable et lisant son bréviaire. Le village de Bagnols-en-forêt (par la D47), justement nommé, est le

Ci-dessus : maisons paysannes, l'une flanquée du typique pigeonnier. A droite : faïences et sachets de lavande.

point de départ de promenades vers les **gorges du Blavet**. La rustique Notre-Dame-de-Selves construite au XIXe siècle ne manque pas de charme ni la chapelle Saint-Auxile et son petit prieuré en ruine qui dominent le village de Callas.

Au nord par la D25, **Callas** possède des maisons étonnamment hautes et étroites et dans son église Notre-Dame, un grand retable en bois doré du XVIIe siècle. **Bargemon**, quant à elle, conserve une grande partie de son enceinte et ses portes fortifiées encadrant la vieille ville dominée par la chapelle Notre-Dame-de-Montaigu célèbre pour la statue de la Vierge qu'elle renferme et qui aurait accompli de nombreux miracles. La route monte au col du Bel-Homme d'où la vue, fabuleuse, s'étend jusqu'au littoral.

Pays de Fayence et vallée de l'Artuby

Les galets polis par la mer pavent les ruelles de **Seillans** (sur la D19) cependant que ses maisons ocre rose paraissent palpiter de lumière. Eglise, château, remparts, rien ne manque à ce beau village, pas même les délicieuses places ombragées comme la place du Thoron avec grands arbres et fontaine. A 500 m du village, Notre-Dame-de-l'Ormeau nous baigne à nouveau dans la pureté de l'art roman cistercien. Les ermites remplacèrent les moines au XVe s. et c'est peut-être l'un d'eux qui sculpta dans le bois le splendide retable de la chapelle.

Fayence est un bourg rural qui vit aujourd'hui surtout du tourisme. Sa chapelle romane, Notre-Dame-du-Cyprès, est toujours entourée de ces arbres si sombres et si méditerranéens qui lui valent son nom. Ce bel exemple de construction romane du XIe s. surprend par ses proportions inattendues et son aspect imposant, encore accru par l'adjonction, il y a deux ou trois siècles, d'un auvent monumental à trois baies. Cette chapelle a, de tous temps, été l'objet de la grande vénération des Fayençais qui venaient surtout y prier lorsque la sécheresse désolait la région.

Non loin, Tourrettes est surtout connu pour son centre de vol à voile, qui grâce aux excellentes conditions aérologiques de la région, est devenu le plus important d'Europe. A **Callian**, autrefois surtout réputé pour son huile d'olive (servie même sur la table du roi à Versailles), le climat est si favorable qu'on cultive bananes et avocats. Le village, sans doute construit au XIIe s., est dominé par un joli château Renaissance. La chapelle romane des Pénitents-blancs est aujourd'hui un centre culturel en été. A une dizaine de kilomètres par la D37, le lac artificiel de Saint-Cassien, immense plan d'eau de 430 ha, est bordé de plages auxquelles on accède par des sentiers.

Au nord, la D563 qui conduit à Mons est ornée de beaux châteaux qui ne se visitent pas, un mas du XVIIe s., le château de Borigaille et le magnifique château de Beauregard, de style Renaissance. On croise ensuite l'aqueduc romain de la Roche Taillée, une fantastique construc-

tion à même le roc et qui s'étend sur plus de 5 km, le long de la rive droite de la Siagnole. Les marques des coups de barres de fer sont encore visibles sur une roche surplombant le ravin que les romains ont ouverte sur 50 m de long, 3,60 m de large et 10 m de haut. Cet aqueduc servait et sert toujours à drainer des sources très abondantes et à alimenter ainsi la ville de Fréjus en eau potable.

Au débouché des gorges de la Siagnole, apparait le village de **Mons** qui ne peut laisser personne indifférent. Ses abords très sauvages le ceignent admirablement. Une vie organisée se dresse ainsi au-dessus des arbres depuis les temps les plus reculés, comme l'attestent les dolmens et les vestiges romains alentours. Il fut sans doute construit au XIe siècle. Sa population fut décimée par la peste en 1348 et Mons resta abandonné jusqu'en 1468, date à laquelle une colonie d'immigrés génois vint lui redonner vie. Doués d'une grande ardeur, ils construisirent des kilomètres de murets en pierres sèches, toujours visibles, pour soutenir les *restanques* qu'on appelle aussi "planches" dans le Midi. Les Monsois ont aussi conservé un langage particulier, le *figoun*, hérité de leurs origines italiennes. La place Saint-Sébastien plonge sur les vallées de la Siagne et de la Siagnole et, par temps clair, les Alpes, ou même les îles de Lérins et la frontière italienne sont visibles.

Traversant le vallon du Fil que domine la montagne du Malay (1426 m), la montagne de Lachens et le col de Clavel, on pénètre dans la **vallée de l'Artuby**. Elle recèle d'émouvants et vieux villages comme La Martre, Châteauvieux et son église du XIIe s. ou La Bastide-d'Esclapon. A 1 km de ce dernier, la Roque-Esclapon fut construit par les templiers au XIIe s. De La Bastide-d'Esclapon, on peut aussi rejoindre à pied les vestiges de l'ancien village abandonné au XIVe s., les ruines de l'église étant particulièrement impressionnantes.

Le magnifique village de **Bargème** (par la D21) est le plus haut village du Var à 1 097 m, et son château en ruine offre une belle vue sur les Préalpes de Grasse et les Maures. Comps-sur-Artuby est aussi de ces bourgs qui ont abandonné le vieux village initial sur les hauteurs pour s'édifier plus bas. Le vieux Comps possède une jolie église, l'église Saint-André, construite au XIIe siècle.

LA CORNICHE DE L'ESTEREL

Depuis Fréjus, la route du bord de mer suit la corniche de l'Esterel, entre pics et pointes de rochers, d'une station balnéaire à l'autre.

Fréjus

Naissant 40 km au nord, à Mons, un aqueduc romain pénètre dans **Fréjus** et ses arches jalonnent l'avenue du XVe-Corps. La ville est d'ailleurs hérissée de vestiges de l'époque romaine, pendant laquelle elle connut une grande prospérité, assurant, sur terre comme sur mer, un rôle de pacification. Jules César fit de *Forum Julii*, l'un des points d'appui de la future voie Aurélienne, puis Octave la transforma en colonie navale qu'il dota d'un port militaire. Ses arènes accueillent encore aujourd'hui concerts et bien sûr courses de taureaux.

Au nord de la ville, l'ancienne enceinte reste visible ; elle fut longue de 3 700 m et était jalonnée de tours dont il reste quelques traces. Du théâtre romain il ne subsiste plus que quelques piles soutenant autrefois le plancher de la scène. Du port antique il ne reste presque rien mais, du haut de la butte Saint-Antoine qui l'enserrait et le dominait, on distingue encore le tracé de son ensemble, sous les terres de culture. D'une superficie de 22 hectares, il était relié à la mer par un canal d'environ 500 mètres. Au début de la rue Jean-Carrara, s'élève un petit exèdre funéraire, monument très rare en France, dans lequel on conservait les cendres d'un personnage important. On a également trouvé dans la ville et alentour de petites amphores, les amphorettes de Fréjus, qui servaient à la conservation du vin et de l'huile. La découverte de nombreux fours atteste l'importance de cet artisanat de poterie.

La vieille ville de Fréjus a conservé quant à elle son tracé médiéval. Le cloître est surtout remarquable pour son curieux plafond orné de panneaux en bois peint représentant des personnages et des animaux. Le portail, qui s'ouvre sur la **cathédrale**, est richement composé de deux vantaux en bois d'époque Renaissance ; des scènes de la vie de la Vierge et des portraits y sont sculptés. La cathédrale en grès rose, impressionnante de robustesse avec ses hauts murs et ses forts piliers, semble assise là pour l'éternité.

Un très beau rite s'y déroule chaque début du mois d'août : on presse sur l'au

A droite : carapace de terre cuite, les toits de Roquebrune-sur-Argens.

tel des raisins dont on mélange le jus au vin de messe. Au sortir de la cérémonie a lieu la danse de la Souche, autour d'un feu béni dans lequel un cep de vigne est jeté. Cette fête du raisin aux accents dionysiaques est tout à fait unique dans le monde chrétien.

A l'ouest de la cathédrale, le **baptistère** est un édifice octogonal édifié au Ve s. et qui comporte encore des chapiteaux antiques. Des fouilles ont permis de retrouver le sol primitif dallé en marbre blanc, les mosaïques des niches (dont l'une ornée d'un léopard, se trouve au Musée archéologique) et la piscine baptismale. L'étage du baptistère, également octogonal, est magnifiquement ajouré de huit fenêtres.

Autour de Fréjus

A l'ouest de Fréjus, la N98 longe le bord de mer et la N7 traverse le massif de l'Esterel. En remontant la vallée de l'Argens, on accède à Roquebrune-sur-Argens qui domine les vergers et les cultures florales de la vallée. A 1 km environ, on jouira d'une très large vue depuis la chapelle Notre-Dame-de-Pitié entre pins et eucalyptus. Mais les **rochers de Roquebrune** sont plus spectaculaires avec leur grès rouge torturé et déchiqueté.

A l'est, en suivant l'aqueduc, se trouve un fort étonnant édifice : une pagode dont l'entrée est gardée par deux bouddhas, l'un couché et l'autre debout. Construite en 1918 pour les Indochinois cantonnés à Fréjus, elle est aujourd'hui la propriété de la Société bouddhique de France et des cérémonies s'y déroulent chaque année.

De ce côté, le bord de mer n'est pas très beau, d'autant plus qu'il s'ouvre désormais par le nouveau Port-Fréjus dont l'architecture n'est pas très heureuse. Du côté de **Saint-Raphaël** qui jouxte Fréjus, ce n'est guère plus brillant : un non moins nouveau palais des Congrès, pompeux et laid, défigure le littoral. Fort heureusement quelques villas Belle Epoque ont échappé par miracle au déferlement anarchique de l'urbanisme. Si l'occupation de la région de Saint-Raphaël à l'époque

Ci-dessus : une des plages de St-Raphaël. A droite : la Côte-d'Azur sauvage, le cap Roux de l'Esterel.

préhistorique est attestée par les mégalithes de la vallée de l'Argens, la ville est restée en sommeil jusqu'à la fin du XIX^e^s., époque du chemin de fer : en moins de 20 ans on a construit une gare, un casino, de grands hôtels et plus de 200 villas. Ascension fulgurante de la ville qui retomba bientôt dans l'oubli.

La vieille ville s'ordonne autour de l'église Saint-Pierre. C'est un joli édifice roman provençal dont la construction a débuté vers 1150. Les fouilles y ont révélé l'existence de trois églises superposées. Les pierres romaines ont été réemployées, ce qui explique la présence d'un singulier phallus ailé à la voûte du chœur. Sur les hauteurs de la ville, le plateau Notre-Dame découvre une très belle vue sur Saint-Raphaël et Fréjus ainsi que sur le massif des Maures. Toujours sur les hauteurs, le **quartier de Valescure** fut longtemps, avant d'être hérissé de tours, le quartier élégant de Saint-Raphaël, orné de fabuleux jardins. Celui d'Alfonse Karr a disparu pendant la Seconde Guerre mondiale mais existe toujours le jardin flamboyant de Carvalho, le directeur de l'Opéra de Paris qui y transposa d'importants fragments du palais des Tuilerie.

La corniche d'Or

La route du bord de mer pénètre la corniche de l'Esterel, surnommée la **corniche d'Or** dont l'or est rouge et sort des eaux bleues de la Méditerranée ; on retrouve d'ailleurs ces dentelles de grandes roches rouges de l'autre côté de la mer, à l'île Rousse en Corse. La sauvagerie de ces porphyres et grès torturés par les vagues, de ces multitudes d'îlots et d'écueils contraste avec la côte urbanisée de Fréjus ou Saint-Raphaël.

On accède ici aux plages en empruntant de petits sentiers qui dévalent jusqu'à la mer, mais quelle récompense lorsqu'on se retrouve parfois seul (même en été) dans une de ces calanques qui rythment la

Corniche. **Boulouris**, le premier hameau sur la route, possède le charme un peu nostalgique des stations de villégiature qui connurent leur apogée au début du siècle. Des villas cossues s'y alanguissent au bord de mer entre mimosas et pins maritimes. La route longe les anciennes carrières de porphyre bleu qui ne fonctionnent plus depuis vingt ans.

Agay possède une belle plage de gravillons bien abritée au fond d'une rade. Le long de la corniche, un sentier a été aménagé dans les calanques pour que l'on puisse découvrir le parc forestier. On trouve dans les parages plusieurs monuments mégalithiques. Le menhir d'Ayre-Peyronne qui domine la rade et tire son nom du mot provençal *peiroun* (pierre taillée) porte sur son flanc 200 cupules. Les menhirs de Veyssière sont en granit grossièrement équarri. L'un d'eux, long de plus de deux mètres, porte sur une face en léger relief une tête humaine de forme ovale, vers laquelle semble se diriger un serpent onduleux à la tête large et aplatie. Depuis Théoule-sur-Mer, de nombreux chemins permettent de rejoindre des lieux aussi enchanteurs que **la pointe de l'Esquillon**, **le pic du Cap-Roux** (le bien nommé !) ou **le pic de l'Ours** qui plongent sur de magnifiques paysages dont la mer n'est pas le moindre ornement.

La corniche d'Or est le somptueux ourlet du **massif de l'Esterel** qui s'étend jusqu'à la plaine de la Siagne. La forêt primitive est si dégradée que l'Esterel est presque entièrement recouvert de maquis. Là encore les incendies ont terriblement sévis et s'acharnent encore sur la végétation qui subsiste. Des zones dont l'accès est interdit ont été créées et l'Office national des forêts tente d'y réimplanter des chênes, chênes verts et chênes-liège, châtaigniers, micocouliers. Le mont Vinaigre qui est le point culminant de l'Esterel (618 m) est sillonné de sentiers destinés à la surveillance du site mais mis à la disposition du public et équipés de parkings et d'aires de pique-nique. On y embrasse des panoramas grandioses sur la côte italienne, la Sainte-Baume et la montagne Sainte-Victoire.

Informations

Comité départemental du tourisme, 1, boulevard Foch, 83007 Draguignan, tél.: 94 68 58 33.

AUPS

Informations

Office de tourisme, place de la Mairie, 83630, tél.: 94 70 00 80.

BARJOLS

Informations / Manifestation

Office de tourisme, boulevard Grisolle, 83670, tél.: 94 77 20 01.

Fête de Tripettes: à la Saint-Marcel, mi-janvier.

BORMES-LES-MIMOSAS

Hôtels

PRIX MOYEN : **Le Palma**, le Pré-aux-Bœufs, sur la D559, tél.: 94 71 17 86. *PRIX MODERE*: **Le Paradis**, le mont des Roses, quartier du Pin, tél.: 94 71 06 85.

Manifestations / Informations

Fête du Mimosa: en fevrier. *Festival de musique*: juillet et août.

Office de tourisme, 1, rue J.-Alcard, 83230, tél.: 94 71 15 17.

BRIGNOLES

Hôtels

PRIX MOYEN : **Mas de la Cascade**, route de Toulon, La Celle, tél.: 96 69 01 49.

PRIX MODERE: **Château de Brignoles**, avenue Dreo, quartier Tivoli, tél.: 94 69 06 88.

Monument / Musée

Palais des comtes de Provence et **musée**, tél.: 94 69 45 18.

Informations

Office de tourisme, place Saint-Louis, 83170, tél.: 94 69 01 78.

CAVALAIRE

Manifestations

Corso du Mimosa: en fevrier. *Festival du théâtre méditerranéen*: en mai et juin.

COLLOBRIERES

Monument

Chartreuse de la Verne, tél.: 94 54 86 23.

COGOLIN

Informations

Office de tourisme, place de la République, 83310, tél.: 94 54 63 18.

COTIGNAC

Hôtel

PRIX MOYEN: **Hostellerie Lou Calen**, cours Gambetta, tél.: 94 04 60 40.

Informations

Office de tourisme, cours Gambetta, 83850, tél.: 94 04 61 87.

DRAGUIGNAN

Informations

Office de tourisme, avenue Georges-Clémenceau, 83300, tél.: 94 68 63 30.

FAYENCE

Informations

Office de tourisme, place Léon-Roux, 83440, tél.: 94 76 20 08.

FREJUS

Hôtels

PRIX MOYEN: **Résidences du Colombier**, route de Bagnols-en-Forêt, tél.: 94 51 45 92.

PRIX MODERE: **Les Palmiers**, boulevard de la Libération, tél.: 94 51 18 72.

Monuments / Musée / Manifestations

Cité épiscopale, tél.: 94 51 26 30. **Musée archéologique**, cloître de la cathédrale, rue de Fleury, tél.: 94 51 26 30. **Pagode bouddhique**, tél.: 94 81 03 77.

Forum de la Musique et des Arts: en juillet. *Grande Féria*: en août.

Informations

Office de tourisme, 325, rue Jean-Jaurès, 83600, tél.: 94 51 54 14.

GASSIN

Hôtel

PRIX MOYEN: **Mas de Chastelas**, quartier Bertaud-Gassin, tél.: 94 56 09 11.

GRIMAUD

Hôtels / Restaurant

PRIX MOYEN : **La Boulangerie**, route de Collobrières, tél.: 94 43 23 16. **Les Arcades**, quartier "Les Vignaux", tél.: 94 43 24 84.

La Bretonnière, place des Pénitents, tél.: 94 43 25 26, restaurant haut-de-gamme.

Monument / Manifestations

Château, en cours de restauration, mais accès libre et permanent.

Festival de danse: en mai.

Nuits musicales: juillet et août.

Informations

Office de tourisme, place des Ecoles, 83360, tél.: 94 43 26 98.

HYERES

Hôtels

PRIX MOYEN: **Pins d'Argent**, plage d'Hyères, tél.: 94 57 63 60.

PRIX MODERE: **Centurion**, 12, boulevard Front-de-Mer, tél.: 94 66 33 63.

Manifestations

Festival de jazz: en juillet. *Festival de la Bande dessinée*: en septembre.

Informations / Liaison Maritime

Office de tourisme, rotonde Jean-Salusse, 83400, tél.: 94 65 18 55.

Accès aux îles d'Hyères : embarquement à la Tour Fondue, presqu'île de Giens.

LA GARDE-FREINET

Informations

Office de tourisme, chapelle Saint Eloi, 83310, tél.: 94 43 67 41.

LES ISSAMBRES

Hôtels

PRIX MOYEN: **Le Provençal**, San-Peïre-sur-Mer, tél.: 94 96 90 49.

PRIX MODERE: **La Quiétude**, corniche des Issambres, tél.: 94 96 94 34.

LE LAVANDOU

Hôtels

DE LUXE : **Club de Cavalière**, Plage de Cavalière, tél.: 94 05 80 14.

PRIX MOYEN: **Auberge de la Calanque**, 62, avenue du Général-de-Gaulle, tél.: 94 71 05 96.

PRIX MODERE: **L'Escapade**,1, chemin du Vannier, tél.: 94 71 11 52.

PORQUEROLLES

Restaurant

Le Mas du Langoustier, baie du Langoustier, tél.: 94 58 30 09, haut-de-gamme.

Informations

Bureau d'information, tél.: 94 58 33 76.

RAMATUELLE

Hôtels

PRIX MOYEN : **Le Baou**, avenue Georges-Clémenceau, tél.: 94 79 20 48.

PRIX MODERE : **Auberge des Vieux-Moulins**, quai de Pampelonne, tél.: 94 97 17 22.

Informations

Office de tourisme, 1, avenue Clémenceau, 83350, tél.: 94 79 26 04.

SAINT-MAXIMIN-LA-SAINTE-BAUME

Monuments

Basilique Sainte-Marie-Madeleine, visite tous les jours, 7h-12h et 14h-19h. **Couvent royal**, visite tous les jours d'avril à octobre, les samedis et dimanches de novembre à mars.

Informations

Office de tourisme, Hôtel de ville, 83470, tél.: 94 78 00 09.

SAINT-RAPHAEL

Hôtels

PRIX MOYEN: **San Pedro**, avenue Colonel-Brooke, tél.: 94 95 21 43. *PRIX MODERE* : **Le France**, place Galliéni, tél.: 94 95 17 03.

Informations

Office de tourisme, Le Stanislas, rue Barbier, 83700, tél.: 94 95 16 87.

SAINT-TROPEZ

Hôtels

DE LUXE: **La Mandarine**, route de Tahiti, tél.: 94 97 21 00. *PRIX MOYEN*: **Le Provençal,** chemin Saint-Bonaventure, tél.: 94 97 00 83.

PRIX MODERE: **Les Lauriers**, rue du Temple, tél.: 94 97 04 88.

Restaurants

La Bastide de Saint-Tropez, route des Carles, tél.: 94 97 58 16, haut-de-gamme. **La Ponche**, place Révelin, tél.: 94 97 02 53, prix moyen.

Musées / Manifestation

Musée de l'Annonciade, quai Saint-Raphaël, tél.: 94 97 04 01. **Musée naval**, Citadelle, tél.: 94 97 06 53. *Grande Bravade*: mi-mai.

Informations

Office de tourisme, quai Jean-Jaurès, 83990, tél.: 94 97 45 21.

SEILLANS

Hôtels

PRIX MOYEN: **Hôtel de France**, place du Thouron, tél.: 94 76 96 10. *PRIX MODERE*: **Les Deux Rocs**, place Fort-d'Amont, tél.: 94 76 87 32.

Informations

Office de tourisme, mairie, tél.: 94 76 85 91.

LE THORONET

Restaurant / Monument

Relais de l'Abbaye, domaine des Bruns, tél.: 94 73 87 59, restaurant prix moyen.

Abbaye du Thoronet, tél.: 94 73 87 13.

TOULON

Hôtels / Restaurant

PRIX MOYEN: **La Corniche**, au Mourillon, littoral Frédéric-Mistral, tél.: 94 41 35 12. *PRIX MODERE*: **La Résidence**, 18, rue Ginelli, tél.: 94 92 92 81.

Le Dauphin, 21 bis, rue Jean-Jaurès, tél.: 94 93 12 07, restaurant prix moyen..

Monument / Musées

Musée d'art de Toulon, 113, boulevard du Maréchal-Leclerc, tél.: 94 93 15 54. **Musée naval**, place Monsenergue, tél.: 94 02 02 01. **Fort de Balaguier**, 83504 La Seyne-sur-Mer, tél.: 94 94 84 72.

Excursions / Manifestations

Mont Faron, accès par téléphérique depuis le boulevard Amiral-de-Vence, sauf le lundi. **Tour de la rade**, excursions en bateau depuis le quai Stalingrad.

Festival de musique et *Festival de danse de Châteauvallon*: juillet et août.

Informations

Office de tourisme, 8, avenue Colbert, 83000, tél.: 94 22 08 22.

VINS-SUR-CARAMY

Monuments / Informations

Château, tél.: 94 72 50 40. **Abbaye de la Celle**: relais touristique de l'Abbaye, tél.: 94 69 08 44.

SPORTS ET LOISIRS

RANDONNEE : **Comité départemental de Randonnée équestre**, Les Aludes, 83310 La Garde-Freinet, tél.: 94 43 62 85. *VOILE*: **Comité départemental de Voile**, 59, rue Romulus, 83000 Toulon, tél.: 94 92 81 02. **Comité départemental de Planche à voile**, Base nautique du Port Saint-Pierre, 83400 Hyères, tél.: 94 38 61 67. Pour plus de renseignements, s'adresser au Comité départemental du tourisme.

CARLTON
INTER• CONTINENTAL
Carlton Casino Club

LES ALPES MARITIMES

CANNES / GRASSE
VALLAURIS / ANTIBES
CAGNES / VENCE
ALPES D'AZUR
NICE / MONACO / MENTON

Les Alpes-Maritimes sont aussi contrastées que leur nom l'indique. La douceur de ses splendides rivages, se confond avec la Côte d'Azur proprement dite, fortement transformée par l'architecture fin de siècle ou par les abus d'un urbanisme parfois trop présent. Non moins séducteurs, ses territoires écartées, sauvages et rudes, ancrent l'originalité de l'arrière-pays. Ciel de mer ou ciel de montagne, l'azur domine.

CANNES ET LA REGION DE GRASSE

La Côte d'Azur commence dès Mandelieu et **La Napoule** (sur la N98) qui expose sur le rivage l'extravagance d'un vieux fort militaire transformé au début du siècle par le sculpteur américain, Henry Clews, en château baroque, très *kitsch*. Du golfe, on aperçoit déjà les îles de Lérins et les premières plages de Cannes ; Cannes d'où la N85, dite route Napoléon, conduit à Grasse.

Cannes et les îles de Lérins

Les premières fastueuses villas entre le béton des immeubles annonce la ville de **Cannes**. Comme dans toutes les villes du littoral, on a ici aussi beaucoup détruit et la ville "inventée" par l'aristocrate anglais, Lord Brougham, n'a guère gardé intact que son site fabuleux avec le beau massif de l'Esterel en toile de fond, derrière lequel se couche le soleil. "Découverte" en 1834, elle passe de 3 944 habitants à 20 000 en 1896. Le tourisme est dès lors et pour longtemps au centre des activités des Cannois. Si l'aristocratie européenne, la grande bourgeoisie et les artistes fréquentaient Cannes en hiver, ce sont les Américains qui lancèrent dans les années 30 la mode de la Riviera en été. A la même époque l'hôtelier allemand Ruhl ouvre à Cannes un casino, le *Palm Beach*, que vont hanter Harpo Marx ou les excentriques Fitzgerald qui effraient le personnel par leurs folies. Le tourisme à Cannes est de nos jours encore un tourisme de luxe avec palaces et boutiques, bateaux de plaisance. Cannes possède quatre ports, tous destinés à ce type de navigation. Mais la ville est surtout connue dans le monde entier pour être la ville du cinéma avec le Festival international du film qui s'y déroule depuis 1946 et pendant 15 jours en mai.

La Croisette qui abrite le palais des Festivals ressemble d'ailleurs fort et toute l'année à un décor de cinéma : indispensables palmiers, plages de sable artificiel-

Page précédente : les corniches de la Riviera. A gauche : l'hôtel Carlt on (Cannes).

les, cohorte de palaces blancs dont le célèbre *Carlton*, rien ne manque à cette superproduction. L'ancien palais des Festivals connu pour ses hautes baies vitrées n'est plus que le nostalgique Palais-Croisette. On ne peut guère vanter l'esthétique du nouveau palais, plusieurs fois remanié, à l'extérieur pour tenter de l'alléger et à l'intérieur pour le rendre fonctionnel, il fait toutefois, bon gré mal gré, partie du décor. Parallèlement au boulevard de la Croisette, la rue d'Antibes est toujours dans la note avec ses boutiques de luxe. Plus à l'ouest et en se dirigeant vers le vieux port, la rue Meynadier est plus populaire et le marché Forville, le plus important de Cannes, attire les chefs cuisiniers de la côte. Le marché aux fleurs se tient lui au jardin des Allées, tous les jours, excepté le samedi.

Juste au-dessus, les ruelles de la vieille ville, **le Suquet**, grimpent jusqu'à l'église Notre-Dame d'Espérance (XVIe s.) avec, en face, les vestiges des remparts de l'ancien château. Depuis le sommet de la tour du Suquet qui fut la tour de guet, on a une très belle vue. Au musée de la Castre qui s'est également ouvert depuis peu à l'art contemporain, se trouvent les collections archéologiques et ethnographiques, léguées à la fin du siècle dernier, par le baron Lycklama. Des villas de tous styles et parfois des plus fous, continuent de témoigner de l'architecture débridée du début du siècle. La bibliothèque municipale se cache, avenue Jean-de-Noailles, au cœur d'un beau parc, dans l'ancienne villa Rothschild, un élégant édifice néoclassique. Au-dessus, la route du parc de la Croix-des-Gardes conduit à une nouvelle vue magnifique. Les quartiers de Super-Cannes et de la Californie recèle peut-être les plus somptueuses villas même si beaucoup ont été remplacées par des constructions modernes et leurs jardins détruits. Depuis le vieux port, il ne faut pas manquer de prendre un bateau pour les **îles de Lérins**, toutes proches et cependant étrangement préservées.

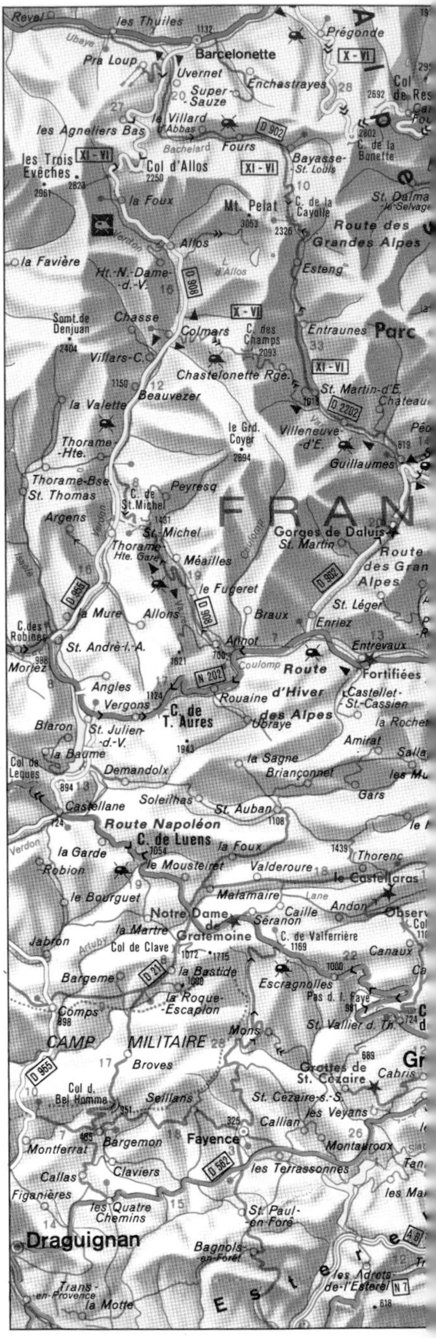

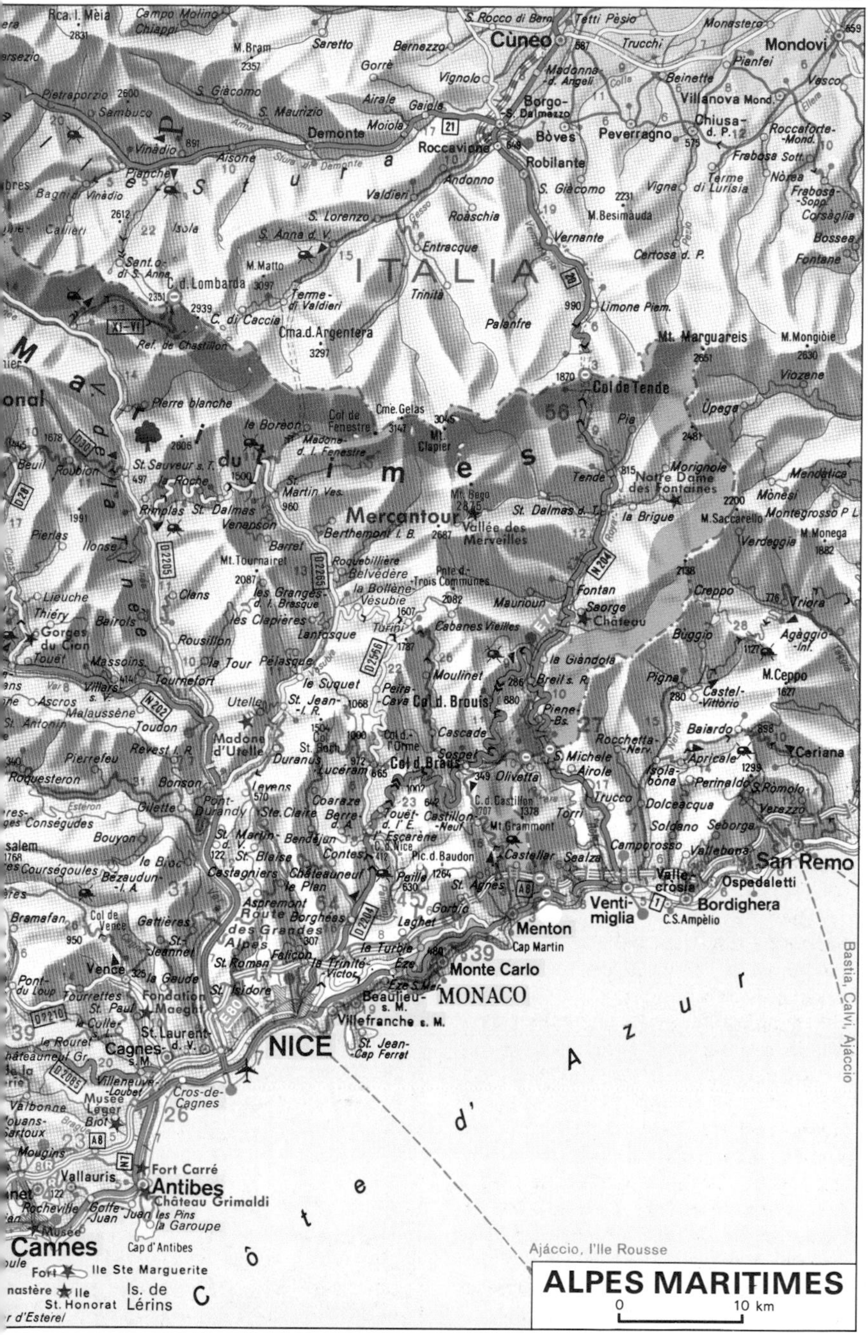

Rca. l. Mèia
Campo Molino
Chiappi
2831
M.Bram
2357
Saretto
Bernezzo
S. Rocco di Bern.
Cùneo
Tetti Pèsio
Trucchi
Monastero
Mondovì
Pianfei
Gorrè
Vignolo
Madonna -d. Angeli
Beinette
Villanova Mond.
Vasco
Pietraporzio
2600
S. Giàcomo
Sambuco
S. Maurìzio
Airale
Gaiola
Borgo-S. Dalmazzo
Moiola
Demonte
Chiusa-d. P.
Roccaforte-Mond.
21
Vinàdio
891
Aisone
Roccavione
Bòves
Peverragno
575
Frabosa Sott.
Stura di Demonte
Robilante
Nòrea
Pianche
Terme di Lurisia
Bagni di Vinàdio
Andonno
Valdieri
S. Giàcomo
2231
Vigna
Frabosa-Soprana
Corsàglia
2612
Roàschia
M.Besimàuda
S. Lorenzo
Isola
Callieri
S. Anna d. V.
Vernante
Bossea
Entracque
Certosa d. P.
Fontane
Sant. o di S. Anna
M.Matto
3097
ITALIA
C. d. Lombarda
Terme di Valdieri
Trinità
20
2351
2939
C. di Caccia
990
Limone Piem.
XI–VI
Palanfre
Cma.d.Argentera
3297
Ref. de Chastillon
Mt. Marguareis
2651
M.Mongiòie
2630
Viozene
1870
Col de Tende
Pierre blanche
Cme.Gelas
3143
Col de Fenestre
3045
Mt. Clapier
le Boréon
Madone-d. l. Fenestre
Pia
Upega
2481
1678
D30
2606
Beuil
St. Sauveur s. T.
Roubion
497
1500
la Roche
Tende
815
Morignole
Notre Dame des Fontaines
Mendatica
Mònesi
St. Martin Ves.
960
Mt. Bego
2872
Mercantour
Vallée des Merveilles
St. Dalmas d. T.
la Brigue
2200
M.Saccarello
Montegrosso P. L.
D28
1991
Rimplas
St. Dalmas
Venanson
Berthemont l. B.
2687
Pierlas
Ilonse
Barret
M.Monega
1882
Verdeggia
D2205
Mt.Tournairet
D2565
Roquebillière
N204
Belvédère
Pnte d.-Trois Communes
2138
2087
la Bollène-Vésubie
Fontan
Lieuche
Clans
les Granges-d. l. Brasque
Creppo
776
Triora
2082
Mauriouns
Saorge
Château
Thiéry
Gorges du Cian
Beirols
Rousillon
les Clapières
1607
Turini
Cabanes Vieilles
E74
Bùggio
Agàggio-Inf.
Touët
Massoins
Lantosque
1787
la Giàndola
1127
Villars-s. V.
la Tour
Pélasque
D2566
Moulinet
Breil s. R.
Pigna
M.Ceppo
1627
Ascros
Tournefort
le Suquet
Peïra-Cava
Col d. Brouis
880
280
Castel-Vittòrio
Malaussène
N202
Utelle
St. Jean-l. R.
1068
Piene-Bs.
St. Antonin
Toudon
Madone d'Utelle
Cascade
Rocchetta-Nerv.
Baiardo
898
Revest l. R.
Col d. l'Orme
Sospel
Ceriana
Pierrefeu
Duranus
St. Roch
Col d. Braus
S. Michele
Apricale
Isola-bòna
1299
Roquesteron
Bonson
Lucéram
Airole
Perinaldo
S. Ròmolo
Levens
349 Olivetta
C. d. Castillon
Trucco
Dolceacqua
Pont-Durandy
570
Coaraze
Torri
Verezzo
Gilette
Ste. Claire
Berre-d. A.
Touët-d. l'E.
Castillon-Neuf
Mt.Grammont
Soldano
Seborga
Conségudes
Bouyon
St. Martin-d. V.
Bendejun
l'Escarène
C. d. Nice
Camporosso
Vallebona
Jérusalem
le Broc
St. Blaise
Contes
Pic.d.Baudon
Castellar
Sealza
San Remo
Courségoules
Bézaudun-l. A.
Castagniers
Châteauneuf
le Plan
Peille
Ste. Agnès
A8
Valle-crosia
Ospedaletti
Aspremont
Route Borghées des Grandes Alpes
Gorbio
Venti-miglia
Bordighera
Bramafan
Col de Vence
Gattières
Laghet
Menton
C.S.Ampèlio
950
St-Jeannet
307
la Turbie
Cap Martin
Vence
St. Roman
Falicon
la Trinité-Victor
Eze
Monte Carlo
Pont-du Loup
la Gaude
Eze S. Mer
MONACO
Tourrettes
Fondation Maeght
St. Isidore
Beaulieu-s. M.
St. Paul
E80
Villefranche s. M.
la Colle-s. L.
St. Laurent-d. V.
le Rouret
Cagnes-s. M.
NICE
St. Jean-Cap Ferrat
Villeneuve-Loubet
Cros-de-Cagnes
Valbonne
Musée Léger
Biot
A8
Mougins
N7
Fort Carré
Vallauris
Antibes
Château Grimaldi
Golfe-Juan
Juan les Pins
la Garoupe
Cannes
Cap d'Antibes
Fort
Ile Ste Marguerite
Ile St. Honorat
Is. de Lérins
d'Esterel
Côte d'Azur
Bastia, Calvi, Ajàccio
Ajàccio, l'Ile Rousse
ALPES MARITIMES
0
10 km

L'île Saint-Honorat est la plus petite des deux. A l'inverse de sa consœur, l'île Sainte-Marguerite dont le fort restauré par Vauban (où aurait séjourné l'Homme au masque de fer), les restaurants et les hôtels regardent Cannes, Saint-Honorat s'étire vers le large avec à la proue son monastère fortifié (XIe s.), comme prêt à se détacher à force de haler l'île depuis son bec rocheux.

Depuis plus de quinze siècles, chaque arpent de sa terre est travaillé et pétri de prières par les moines de son monastère. Ce n'est qu'au siècle dernier que l'abbaye s'est soumise à la règle des cisterciens : aujourd'hui vivent et méditent sur l'île 38 moines et depuis quelques années, dans une bâtisse séparée, une douzaine de sœurs, les sœurs de Beethléem, sans compter les laïcs, familiers de la communauté ou hôtes de quelques jours (il faut réserver 2 ou 3 mois à l'avance).

Ci-dessus : marché aux fleurs de la place aux Aires. A droite : essences de fleurs pour parfumerie.

Outre les travaux des champs et l'entretien des bâtiments, les moines ne faillissent pas à la tradition de la distillerie et produisent une liqueur, la *Lérina*.

A la sortie de Cannes, se tient sur une petite colline, dans un écrin de cyprès, la jolie chapelle du XIIe s., Notre-Dame-de-Vie, près de laquelle Picasso passa les dernières années de sa vie. Non loin, Mougins est un village très huppé mais dont le calme est appréciable.

Grasse et ses environs

Grasse paraît un gros bourg un peu alangui, accroché doucement à la colline. La ville est connue dans le monde entier pour ses parfums, ou plutôt était connue, car elle s'est désormais tournée vers les arômes artificiels et les plus grosses industries de France (comme Elf-Sanofi) s'y sont installées. C'est pourtant la culture du jasmin, de la rose, de la tubéreuse ou de l'oranger dans un climat exceptionnel qui y a décidé de l'implantation de l'industrie du parfum. Dès le XVIe s., grâce aux Médicis, Grasse distillait les fleurs cueillies sur ses terres. Elle s'est aussi tournée vers le cuir au XVIIIe s. Cuir et parfum vont alors faire un heureux mariage : parmi les tanneurs, apparaissent les gantiers, car la mode est aux gants parfumés. Au XIXe s., talonnée par Paris, Grasse abandonne le parfum proprement dit pour se tourner vers la production de matières premières naturelles. L'absolu (ou extrait) de jasmin fait entre autres sa réputation mais lorsqu'on sait qu'un kilo d'absolu coûtait quelque cent mille francs, on comprend qu'on préfère à présent l'importer (celui d'Egypte ne coûte que dix mille francs) ou le remplacer par un produit de synthèse. Aujourd'hui l'industrie grassoise des arômes de synthèse est une des toutes premières activités du département, utilisant les dernières techniques de pointe.

Les parfumeries *Galimard* (73, route de Cannes), *Molinard* (60, boulevard

Victor-Hugo) et *Fragonard* (20, boulevard Fragonard) témoignent des activités passées et vivent d'ailleurs maintenant du tourisme. La maison Fragonard possède également une *fabrique de fleurs*, aux Quatre-Chemins, route de Cannes. Le **musée international de la Parfumerie** construit dans l'ancienne parfumerie Second Empire, Hugues Aîné, donne un très passionnant aperçu de la parfumerie, de la savonnerie, des cosmétiques et de la toilette de l'Antiquité à nos jours.

Grasse fut très active au moyen âge et elle garde la structure urbaine de cette époque. **La place aux Aires**, qui est aussi le marché aux fleurs, date du XVe siècle est élégamment bordée d'arcades des XVIIe et XVIIIe siècle. L'horloge et la fontaine qui l'ornent datent quant à elles du XIXe siècle. Au numéro 13, la maison du XVIIIe siècle de Maximin Isnard exhibe un magnifique balcon en fer forgé.

Place du Petit-Puy, la pierre du pays, le calcaire blanc, exalte la sobriété extrême de la cathédrale romane, Notre-Dame du Puy. Elle renferme quelques très beaux tableaux dont le *Couronnement d'épines* et le *Crucifiement de Notre Seigneur* par Rubens. L'ancien palais épiscopal est devenu l'hôtel de ville et a conservé, grâce aux Médicis, quelques éléments médiévaux, dont la tour carrée est le plus ancien. Depuis la place du cours Honoré-Cresp, on aura une vue splendide sur la campagne et la côte.

Certaines des très belles maisons de cette ville ont été transformées en musée. Ainsi le **musée d'Art et d'Histoire de Provence**, avec ses façades rouges à l'italienne. Il reconstitue l'ameublement notamment d'une cuisine provençale, de chambres XVIIe et XVIIIe s., et présente une belle collection de faïences de Moustiers. La villa-musée Fragonard (XVIIe s.) où le peintre résida quelques mois, a également beaucoup de charme. Elle expose quelques-uns de ses tableaux, ainsi que des toiles de ses fils et petit-fils.

Les alentours de la ville possèdent eux aussi de belles villas et quelques jardins dont beaucoup ont été saccagés. Sur la route de Châteauneuf (D2085), on croise

le moulin à huile d'Opio. Plus loin, on atteint le petit village de Gourdon (par la D3), planté au sommet d'une falaise, d'où l'on découvre une incroyable vue sur la région. Une embardée sur le **plateau de Caussols**, aride et chaotique, permet une visite à l'observatoire du CERGA (sur la D12) dont l'architecture étrange achève de donner à ce plateau un air lunaire. On trouve encore sur ce même plateau, les cabanes en pierre sèche que sont les *bories* et qui servaient d'abris aux paysans et aux bergers : remarquables par leur forme ronde, ce sont comme les igloos du pays du soleil.

La route pour **Coursegoules** (D3 puis D2) est très agréable et la campagne qu'elle traverse, pleine de douceur. Dans le village, le pavement gris des rues répond aux façades des maisons. Du col de Coursegoules, la vue plonge à nouveau jusqu'à la mer. Plus bas, la **vallée du Loup** est peuplée de villages d'une grande sérénité. L'église Saint-Jacques de Bar-sur-Loup recèle une formidable peinture sur bois du XVe s., une *Danse macabre* où les personnages, couronnés d'un diablotin, dansent par couples et finissent par tomber sous les flèches de la Mort. Tourrettes-sur-Loup (sur la D2210) témoigne fièrement de son passé médiéval. Son front de maisons suit le tracé du rempart et deux portes qui subsistent du moyen âge, donnent accès à la place de l'Eglise. Le village est aussi le premier producteur de France de violettes, cultivées d'octobre à mars sur les "planches" à l'ombre des oliviers.

A l'ouest de Grasse, Cabris (par la D11) est bâti sur un éperon rocheux. Non loin, les grottes de St-Cézaire s'enfoncent à 50 m sous terre. Cet aven découvert au siècle dernier déploie une abondance de concrétions de formes et de couleurs variées. Le beau village médiéval de **Saint-Cézaire** (D13) cache une émouvante chapelle du XIIIe s., la chapelle du cimetière, baptisée Notre-Dame-de-Sardaigne, pure et blanche. Au nord de la route Napoléon, un sentier mène au Castellar de Thorenc et aux vestiges de son église et de son château du XIIe siècle. Les lieux furent détruits après qu'une troupe de bandits en eut fait son repaire. Sur la route Napoléon (N85), juste avant Séranon, la chapelle Notre-Dame-de-Gratemoine est toute seulette sur sa butte dénudée. D'origine romane, elle était en réalité beaucoup plus longue et devait compter trois travées. Elle n'en compte plus qu'une et l'intérieur est orné de sept arcades aveugles au cintre arrondi d'un gracieux effet.

Ci-dessus : poterie de Vallauris. A droite : terrasse pittoresque d'un café au nom évocateur.

VALLAURIS, ANTIBES, CAGNES ET VENCE

D'illustres musées, une technopole futuriste, des petits ports de pêche et de longues plages : sur quelques kilomètres se concentre un succédané de la Côte d'Azur d'aujourd'hui.

Antibes et ses environs

A 5 km d'Antibes, **Vallauris** forme avec Golfe-Juan une seule commune. Son industrie traditionnelle de céramique a été relancée en 1950, sous l'impulsion de Madoura et de Picasso, faisant de Vallauris l'un des principaux centres français de céramique d'art. Malheureusement, aujourd'hui beaucoup d'objets très médiocres remplissent les boutiques. On pourra néanmoins s'adresser au *Syndicat des potiers de Vallauris*, Espace Grandjean, avenue du Stade. La chapelle romane de la place de la Libération abrite désormais le musée Picasso. Offerte par le peintre, *La guerre et la paix*, une grande peinture sur carton de 125 m^2 couvre les trois côtés de la crypte. Le château lui aussi a été transformé en musée. Il recèle quelque 15 toiles, des collages et des gouaches ainsi qu'un grand panneau mural du peintre italien Magnelli qui passa la plus grande partie de sa vie en France et y mourut en 1971 ; trois salles sont réservées aux céramiques du XXe s. dont celles de Picasso. La place Paul-Isnard est ornée par l'église Saint-Martin au clocher roman et à la façade Renaissance et par *L'homme au mouton*, une sculpture en bronze de Picasso.

Les plages de sable de **Juan-les-Pins** sont un rendez-vous très couru l'été au cours duquel la petite ville devient proprement infernale jusqu'à la nuit car la vie nocturne y est alors intense. Le Festival de jazz qui a lieu chaque année, en juillet dans la pinède, est de loin ce que ces nuits réservent de meilleur. La Départementale 2559 mène au **cap d'Antibes**, au contraire singulièrement paisible. De très luxueuses propriétés y sont enchâssées dans la verdure et sous les pins parasols. Le jardin Thuret renferme de magnifiques arbres, de nombreuses espèces d'eucalyptus et des araucarias notamment, mais qui commencent à souffrir de leur grand âge et de problèmes parasitaires. La **colline de la Garoupe** dispense une vue généreuse et le phare qui y est planté est un des plus puissants de la côte. Chaque année, le premier jeudi du mois

de juillet, les marins se rendent, pieds nus, à la colline de la Garoupe où se tient la chapelle de Notre-Dame-du-Bon-Port. Ils descendent la statue en bois de Notre-Dame jusqu'à la cathédrale d'Antibes où des cérémonies sont données en son honneur, clôturées par le chant traditionnel des marins. Le dimanche, un cortège ramène la statue à son sanctuaire. Il fera bon aller boire un verre à la terrasse du bar de l'hôtel *Eden-Roc*, léché par la mer, un des hôtels les plus chics de la côte qui accueille stars et hommes politiques.

Seuls les remparts empêchent **Antibes** de se jeter à la mer. Grande est pourtant la tentation car la mer arrive au pied de la ville et les maisons des vieux quartiers semblent se disputer pour la voir. Près d'elles, le **château Grimaldi** abrita en 1946 l'atelier de Picasso qui décida d'offrir à la ville la majorité des œuvres qu'il y avait exécutées. Le château Grimaldi,

Musée Picasso, château Grimaldi, Antibes Ci-dessus: peintures murales. A droite : détail d'une mosaïque.

désormais **musée Picasso**, recèle toiles, dessins, peinture murale et sculptures en ciment qu'il offrit au musée dans les années 50, ainsi que 25 céramiques réalisées à Vallauris. Vingt artistes contemporains, d'Adami à Viallat, ont rendu hommage au maître et la collection *Bonjour Monsieur Picasso* est complétée par un beau panorama d'art moderne où Léger, Calder et Picabia côtoient Hartung, Magnelli et Nicolas de Staël. La terrasse offre un étonnant jardin, de sculptures et de parfums mêlés, fait aussi pour les non-voyants. On peut voir et toucher, des sculptures en pierre et bronze de Germaine Richier, Miro et Bernard Pagès.

Il est aussi bien agréable de se promener dans la vieille ville, dans les ruelles aux noms évocateurs, sur la place du Safranier ou sur le cours Masséna dont le marché couvert retentit tous les matins de la gouaille des marchands. Le *marché des artisans et brocanteurs*, s'y tient également, les mardis et vendredis après-midi.

Le port Vauban a été aménagé en 1970 en port de plaisance et peut accueillir

1500 bateaux. A l'extrémité de la ville, le fort Carré défendait Antibes depuis le XVIe s. Non seulement on le visite aujourd'hui mais on peut y assister à des manifestations sportives et culturelles.

A quelques kilomètres d'Antibes, sur la route de Biot, se trouve le **musée Fernand Léger**, cet homme résolument moderne qui a su "*tenir tête à son époque*", selon le mot de Reverdy.

Le musée a été construit sur le terrain de la villa que Léger avait achetée peu de temps avant sa mort en 1955. Les quatre cents mètres de la façade sont couverts d'une mosaïque polychrome. D'après une maquette de Léger, des maîtres verriers ont exécuté le vitrail du hall d'entrée de neuf mètres de haut sur cinq mètres de large. Le musée renferme près de 300 œuvres dont 70 gouaches, 100 dessins, une centaine de lithographies originales, près de 330 céramiques et mosaïques, des bronzes et des tapisseries.

A droite du musée, le chemin des Combes conduit à la verrerie de Biot, créée en 1956 par un ingénieur céramiste de l'Ecole de Sèvres, Eloi Monod, et qui produit un matériau original, le verre bullé. La visite de la verrerie permet de se voir les étapes de fabrication du verre qui de, rouge et brûlant, aboutit aux pièces colorées et de formes provençales que nous reconnaîtrons dans les boutiques de la région et notamment au village de **Biot**, juste au-dessus. Le magasin-galerie *Le Patrimoine*, place des Arcades y présente, comme son nom l'indique, cet artisanat traditionnel. Mais Biot est aussi tournée vers la poterie, une activité y est attestée depuis le XIVe s. et qui est certainement plus ancienne encore. Biot, le pays des jarres, est aussi une pépinière de chapelles urbaines ou rurales aussi attirantes les unes que les autres. Saint-Julien, entre autres, sur le bord de la route, est un modèle typique de chapelle rurale. L'auvent ouvert est remarquable avec ses trois baies à piliers curieusement reliés par des piliers de bois.

Par les collines de maquis on atteint le joli et paisible village de Valbonne (par la D4). Il est surtout connu pour son plateau où se développe le parc d'activités Valbonne-Sophia-Antipolis qui s'étend sur 4 300 ha la plus vaste technopole d'Europe. La première entreprise s'y est ouverte en 1974 mais aujourd'hui **Sophia Antipolis** emploie près de 6 000 personnes dans près de 200 organismes ou sociétés versés dans l'électronique, l'informatique, la médecine, la pharmacie, le génie biologique, l'énergie, l'enseignement et la formation. Les deux tiers du parc sont réservés aux espaces verts, et l'architecture tente de s'intégrer au site et de favoriser les échanges et la communication, mot-clé du parc. Colloques et séminaires rythment l'année sans compter les Soirées, et notamment leurs concerts de grande qualité (juillet-août).

En suivant la route du bord de mer jusqu'à Cagnes-sur-Mer, on ne peut manquer, juste après les longues plages de galets à la sortie d'Antibes, les vagues de béton blanc des immeubles pour le moins imposants, commencés en 1970 et toujours inachevés, qui constituent Marina-Baie des Anges. **Villeneuve-Loubet** se signale surtout par son musée culinaire installé dans la maison natale d'Auguste Escoffier, célèbre cuisinier et premier de sa profession à recevoir, en 1928, la Légion d'honneur. Il est surtout l'inventeur, entre autres, de la *pêche Melba* qu'il imagina pour la cantatrice australienne Nellie Melba.

De Cagnes à Vence

L'hippodrome du bord de mer annonce la station balnéaire de **Cagnes-sur-Mer** couronnéE par son château construit au XIVe s. et où se tiennent désormais expositions et festivals. Au Cros-de-Cagnes, près de la mer, on trouve de très bons restaurants de poissons. Il reste encore quelques "pointus" (les petites barques d'ici) et quelques pêcheurs qui sont les seuls dans la région à être autorisés à certains moments de l'année à pêcher au *lamparo*, c'est-à-dire de nuit et avec des lampes qui attirent le poisson. La ville moderne sépare le Cros du Haut-de-Cagnes entouré de remparts du XIIIe s. et dont les rues étroites montent jusqu'au château.

A droite : la petite ville de Vence dominée par une tour médiévale.

A 1 km environ de la vieille ville, le domaine des Collettes abrite la villa où Renoir vécut à la fin de sa vie, de 1908 à 1919, et qui est devenue un musée où l'on peut voir quelques unes de ses œuvres, dont des sculptures dans le grand jardin planté de magnifiques oliviers.

Au nord de Cagnes par la D36, on découvre les célébrissimes petites villes de Saint-Paul et de Vence dont la campagne environnante est truffée de villas et de lotissements. **Saint-Paul** a été longtemps le rendez-vous des peintres, des écrivains et des acteurs. Aujourd'hui, il est désormais de bon ton de se montrer jouant à la pétanque sur la place ou déjeunant à la *Colombe d'Or* qui recèle des toiles de Braque, Matisse ou Vlaminck, entre autres. La petite ville est jolie, enchâssée dans son enceinte médiévale mais ses ruelles sont véritablement trop encombrées de magasins de souvenirs et autres galeries d'art dont la plupart fort médiocres. Le grand moment de Saint-Paul est la **Fondation Maeght** un peu à l'extérieur. Le bâtiment est une grande réussite architecturale, qui sert remarquablement les œuvres d'arts moderne et contemporain. L'influence du cubisme sera décisive chez l'artisan de cette réussite, l'architecte espagnol Sert. Il bénéficie d'un site exceptionnel, une colline située en face de la petite ville de Saint-Paul, qui permet d'apprécier le paysage jusqu'au golfe d'Antibes.

Des sculptures, de Miro et Giacometti notamment, rythment terrasses et jardins. La collection permanente de peinture est très importante et offre un superbe parcours depuis Braque ou Léger jusqu'à nos contemporains comme Adami ou Viallat. L'été, de grandes expositions

temporaires contribuent à animer la fondation qui possède en outre cinémathèque et bibliothèque et organise rencontres et conférences.

La petite ville de **Vence** semble moins momifiée que Saint-Paul. Son climat, réputé salubre, est très doux, et loin des touffeurs des villes du littoral, Vence est une station estivale et hivernale très recherchée. Les flâneries dans les ruelles et les placettes ombragées font découvrir de belles maisons moyenâgeuses et des vestiges de l'Antiquité romaine encastrés dans les murs des monuments et notamment de la cathédrale de la Nativité, d'origine très ancienne mais bien sûr plusieurs fois remaniée. De très nombreuses chapelles ponctuent la ville et ses environs ; en contrebas de la route de St-Jeannet, la **chapelle du Rosaire**, fut conçue par Matisse entre 1948 et 1951, de l'architecture aux ornements liturgiques ; considérée par l'artiste comme l'un de ses chefs-d'œuvre. Tout y exalte la lumière aussi bien les vitraux que les grands dessins sur céramique blanche.

Dans le quartier de l'Ara, les **chapelles du Calvaire** forment un ensemble étonnant. Elles étaient au nombre de quatorze à leur fondation vers 1700 ; il en subsiste une demi-douzaine dont certaines sont décorées de peintures murales. Mais les quelques 50 sculptures en bois polychrome, regroupées dans la chapelle majeure, sont les plus remarquables.

Depuis Vence, on peut aller se mesurer au célèbre **Baou** (rocher, en provençal) au pied duquel est planté le joli village de Saint-Jeannet : il tente nombre d'adeptes de l'escalade mais on peut aussi y monter par des sentiers balisés.

Plus au nord par la D2, le **col de Vence** semble un lieu magique. Au détour d'une carrière abandonnée, tout à coup la terre se dénude et le silence règne. L'air ici paraît d'une autre qualité et pas seulement parce qu'on se trouve entre 600 et 900 m d'altitude. Le paysage est très rude, sauvage, avec juste quelques bosquets de chênes et de châtaigniers. Il ne faut cependant pas s'en tenir à la fascination des abords mais aller jusqu'au hameau de

Saint-Barnabé au bout d'une route en cul-de-sac. Et là suivre à pied le chemin de terre. On découvrira alors "le village nègre", un cirque de pierres dressées dont l'origine reste mystérieuse.

LES ALPES D'AZUR

L'écart entre haut pays niçois et littoral est saisissant. Il faut dire que, jusqu'au siècle dernier, les vallées étaient des mondes clos, à peine reliées entre elles par des sentiers difficiles franchissant les cols. L'opulence du front de mer fait oublier combien les villages de l'arrière-pays ont été pauvres et isolés ; leur particularisme en garde la trace.

S'ouvrant à partir du Pont-Durandy, la **vallée de la Vésubie** (que traverse la D2565) est peut-être la seule qui rompt relativement avec cet isolement. Le col de Fenestre, en effet, lui a ouvert depuis longtemps un accès vers les riches plaines du Piémont et elle était reliée à la mer par la route du sel qui, provenant des salines provençales, était exporté par le Piémont et engendrait tout un courant commercial. Cette route suit d'abord le torrent qui se fraie un passage étroit et essentiellement minéral, puis elle est ponctuée de villages tous singuliers. **Utelle**, aujourd'hui un peu dépeuplé, fut à un carrefour de voies muletières et de belles maisons des XVIe et XVIIe siècles et les linteaux de leurs portes sculptées ornent les ruelles. A quelques kilomètres, la Madone d'Utelle est une grande chapelle de pèlerinage comme l'attestent ses nombreux ex-voto. Depuis le plateau sur lequel elle est plantée, la vue est fantastique. A partir de **Lantosque**, la pierre cède le pas à la verdure et la vallée se fait plus riche et plus aimable. Les villages de la Bollène-Vésubie, Belvédère, Roquebillère, Saint-Martin-Vésubie, Venanson ou la très ancienne station thermale de Berthemont-les-Bains sont le point de départ de splendides excursions. La route s'arrête, à 1 909 m d'altitude, à la Madone de Fenestre qui est aussi un lieu de pèlerinage fréquenté.

A droite : entrée de l'enceinte de la ville d'Entrevaux, par la porte Nationale.

Le long du Var et de sa vallée, les beaux villages perchés accompagnent la route (N 202) : **Malaussène** et ses chapelles, Villars-sur-Var au centre d'un beau vignoble, le seul dans les Alpes-Maritimes, à bénéficier de l'appellation contrôlée Côtes-de-Provence ou encore Touët-sur-Var avec ses hautes maisons-remparts, ses portes fortifiées et ses ruelles couvertes. Après Touët, commencent les **gorges** de roches rouges **du Cians** que suit la D 28.

Lieuche, le premier village que l'on y rencontre, mériterait à lui seul, que l'on traverse ces gorges. Entouré d'un beau cirque montagneux et boisé, perché sur un promontoire à 880 mètres d'altitude, ce petit village qui ne possède pas plus d'une quinzaine d'habitants permanents, abrite dans sa petite église baroque et rustique du XVIIe s., un chef-d'œuvre daté de 1499, de Louis Bréa, le plus illustre des peintres niçois de retables.

A Rigaud et Beuil, certaines des vieilles maisons ont conservé leurs décors en trompe-l'œil, chers au pays niçois. Beuil est aussi une station de ski comme Valberg, station créée en 1935. La route devient alors très étroite et tortueuse avant de rejoindre Péone qui domine le torrent fantasque du Tuebi, souvent à sec ou pouvant charrier, lors des crues, de formidables quantités de galets et rochers. Avec l'ancien bourg défensif de Guillaumes, qui fut pendant quatre siècles une ville française encerclée de territoires savoyards, on rejoint les **gorges de Daluis** non moins rouges que les gorges du Cians et offrant des vues saisissantes sur les eaux du Var. A 500 mètres de Guillaumes, Notre-Dame-du-Bueyi renferme une toile singulière, *l'Incendie de Guillaumes en 1682*, par Jean Ardisson, qui nous offre une vision étonnante de la

ville fortifiée. Depuis Guillaumes, on s'enfonce à l'ouest par la D2202 dans la vallée la plus lointaine des Alpes-Maritime. Toits de bardeaux, forêts dominées par les hauts sommets et les alpages, le **val d'Entraunes**, semble nous entraîner hors du temps. A partir d'Entraunes, on pourra faire de magnifiques randonnées dans le **parc national du Mercantour**, créé en 1979 pour protéger la faune, la flore, les paysages et pour préserver la montagne qui constitue le château d'eau de la Côte d'Azur. En traversant le parc par le col de la Cayolle en début de journée, on aura de bonnes chances de voir des marmottes peu farouches dans ces contrées. Peut-être pourra-t-on voir aussi au printemps chamois, bouquetins ou mouflons qui viennent chercher de l'herbe tendre sous les mélèzes. Nombre d'espèces plus discrètes peuplent le parc sans parler des oiseaux dont la jolie perdrix des neiges qui, l'hiver, se couvre de plumes blanches. La couleur des papillons est plus vive qu'à basse altitude et on y découvre des espèces fort rares.

De retour au sud sur la N202, voici **Puget-Théniers**, sur le bord des gorges de la Roudoule et du Var. Son église paroissiale, en partie romane, Notre-Dame-de-l'Assomption recèle un magnifique retable sculpté du XVIe s., le *retable de la Passion* et au chevet, un polyptyque de Notre-Dame-de-Secours où l'on croit deviner la pâte d'Antoine Bréa, le frère de Louis Bréa. Dans le jardin public de ce gros bourg, on sera étonné par le monument qu'érigea Aristide Maillol en 1908 et qui symbolise *l'Action enchaînée.*

A deux pas mais de l'autre côté de la limite du département, **Entrevaux** continue d'opposer aux montagnes austères qui l'assaillent, son architecture militaire, intacte depuis le XVIIIe s. : appareillage de remparts, portes à pont-levis, pont fortifié et surplombant le tout, l'étonnante citadelle haut perchée. Au XVIIe et XVIIIe s., Entrevaux était en effet l'une des principales places fortes de la frontière des Alpes au sud de Briançon et le bourg conservera son rôle stratégique jusqu'au début du siècle.

Au sud du Var, la D17 traverse les paysages paisibles de la **vallée de l'Estéron**. On rencontre dans les villages qui la jalonnent de petites églises romanes de modestes dimensions, souvent émouvantes dans leur sobriété et leur pureté de lignes. La Penne est d'une grande sérénité avec le vallon verdoyant qui s'étend à ses pieds. Après la clue du Riolan, le village de Sigale domine les vallées.

Au bord de la route, 3 km plus bas, la chapelle, joliment nommée Notre-Dame-d'Entrevignes, est toujours un lieu de pèlerinage. A l'intérieur, les peintures murales, exécutées par des artistes anonymes et qui représentent notamment la vie de la Vierge, font preuve d'un réalisme pittoresque. **Roquesteron** est le village le plus important de la vallée, il se compose de deux communes distinctes de part et d'autre de l'Estéron, Roquesteron-Grasse avec l'église fortifiée du XIIe s., Sainte-Pétronille, et, de l'autre côté du pont, Roquesteron-Puget. A 6 km à l'est du beau village de Pierrefeu, le pont de la Cerise enjambe l'Estéron où il fera bon se baigner en été. Après le dernier village, Gilette qui domine la vallée, le pont Charles-Albert franchit de nouveau le Var.

Ci-dessus : Nice - palais du début du siècle, l'hôtel Negresco. A droite : la célèbre promenade des Anglais.

NICE ET SES COLLINES

En 1860, au moment où **Nice** devient française, Théodore de Banville écrit dans *La mer de Nice* : "*On vient passer l'hiver à Cannes et on s'en retourne, mais on vient à Nice pour une semaine et on y reste toute sa vie. (...) Nice restera sans rivale parmi les séjours d'oubli* " .

Nice, qui ne semble attachée ni à la mer (on ne pêche pas beaucoup ici, le port est minuscule) et encore moins à la terre, si rude et aride alentour. Ni tout à fait française, ni tout à fait italienne, ville blanche avec ses palaces du début du siècle comme le *Négresco* sur la **promenade des Anglais**, ville rouge avec ses places à la turinoise, la place Masséna ou, près du port, la place Ile-de-Beauté, ville bleue, enfin, avec la mer qui la baigne. Car si Nice n'est pas attachée à la mer, la mer l'est à elle : l'arrivée sur Nice et sur la célèbre et pourtant toujours saisissante **baie des Anges** le dit assez.

La vieille ville regorge d'étals de fleurs, fruits, légumes, poissons et de bâtiments colorés où il faut traquer les fameux trompe-l'œil. L'architecture de l'ancien comté de Nice, longtemps replié sur lui-même par son relief cloisonné, ne doit rien à l'architecture provençale.

La seule véritable richesse de ce peuple de petits paysans besogneux fut la maison modeste, simple dans son volume et ses proportions mais qui se distingue par l'emplois d'enduits colorés et de peintures en trompe-l'œil. Ce palliatif cache en effet la pauvreté du sous-œuvre, procurant l'illusion de la qualité voire de la richesse, alors même que les moyens tant techniques que financiers font défaut.

Dans la rue Droite, le beau palais génois du XVIIe s., le palais Lascaris se signale par sa couleur safran. On rencontre de nombreuses églises baroques dont la cathédrale Sainte-Réparate sur la place Rossetti ou, toujours dans la vieille ville, l'église du Gesù, la plus ancienne de ce style dans la région. Son intérieur austère a été enrichi d'une somptueuse décoration faite de gypseries polychromes et de stucs ; à gauche du chœur, le tabernacle, exécuté en 1535 est un des plus ancien du département.

La chapelle de la Miséricorde des Pénitents noirs, sur le cours Saleya, est sans doute un des chefs-d'œuvre de l'art baroque, remarquable par la forme elliptique de sa nef et la beauté de ses décors ainsi que par les très beaux retables (XVe siècle) de Louis Bréa et Jean Miralheti dans la sacristie.

Le cours Saleya est aussi chaque matin le temple de la fleur et du légume (tous les jours sauf le lundi). Débordement des précieuses roses ou énormes bouquets d'oeillets, marché de merveilleux fruits et légumes qui semblent emprunter un peu de la beauté de la mer, qu'on voit toute proche entre les maisons basses, anciennes maisons des pêcheurs ; comme s'ils empruntaient de la couleur aux bâtisses alentour, et plus encore peut-être au parler vigoureux des marchands, à leurs mots débonnaires et rustiques de patois. Sur le marché du cours Saleya, on vend toujours la *socca*, l'immense crêpe de farine de pois chiche, la *pissaladière*, une sorte de tarte aux oignons, et parfois la *poutine*, très menu fretin dont la pêche est autorisée seulement à Nice. Le *marché d'Art et d'Antiquités*, se tient, quant à lui, dans les rues Ségurane et E.-Philibert, de 10h à 12h et de 15h à 18h30, sauf le dimanchc. Autrc institution locale, la *Confiserie du Vieux Nice*, plantée quai Papacino.

Du château qui domine ces quartiers, il ne reste que quelques maigres ruines, le roi Soleil, jaloux sans doute de celui des niçois, l'ayant fait détruire. Mais la vue depuis **la colline du Château** est inouïe : Nice tout entière et la mer qui la dévore

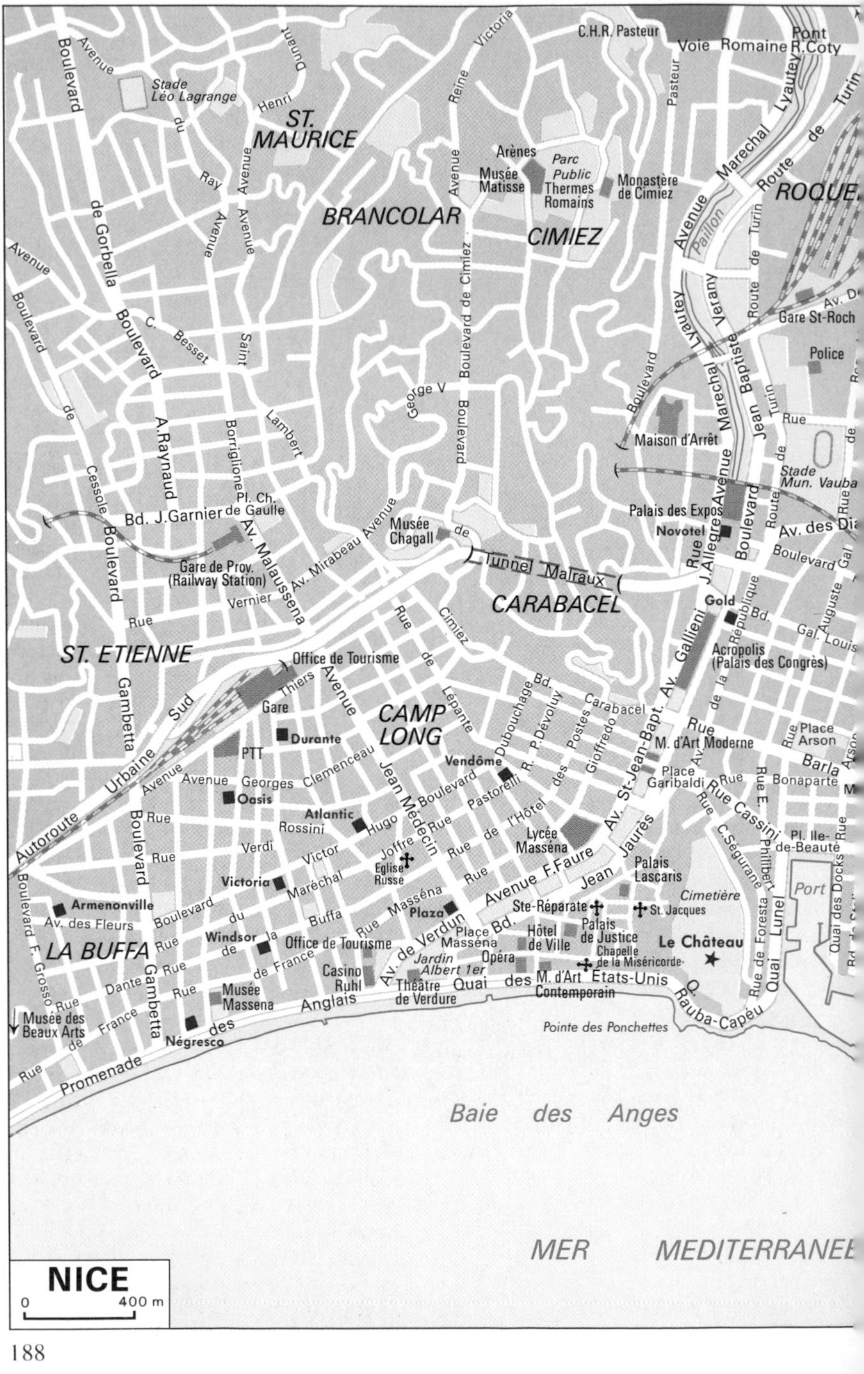
NICE
0 400 m
ST. MAURICE
BRANCOLAR
CIMIEZ
ROQUE
CARABACEL
ST. ETIENNE
CAMP LONG
LA BUFFA
Stade Léo Lagrange
Avenue Henri Dunant
Avenue du Ray
Avenue Reine Victoria
C.H.R. Pasteur
Voie Romaine
Pont R.Coty
Pasteur
Avenue Marechal Lyautey
Route de Turin
Arènes
Musée Matisse
Parc Public
Thermes Romains
Monastère de Cimiez
Paillon
Boulevard de Gorbella
Boulevard de Cessole
Boulevard de Cimiez
Avenue Saint Lambert
Avenue Borriglione
C. Besset
Boulevard A.Raynaud
George V
Gare St-Roch
Police
Avenue Marechal Lyautey
Avenue Verany
Boulevard Jean Baptiste Verany
Maison d'Arrêt
Rue
Stade Mun. Vauban
Palais des Expos
Novotel
Rue J.Allegre
Av. des Diables Bleus
Boulevard Gal Louis Delfino
Pl. Ch. de Gaulle
Bd. J.Garnier
Av. Malaussena
Avenue
Musée Chagall
Tunnel Malraux
Gare de Prov. (Railway Station)
Vernier
Av. Mirabeau
Gold
Bd. de la République
Bd. Gal. Louis
Auguste
Acropolis (Palais des Congrès)
Rue Gambetta
Office de Tourisme
Avenue Thiers
Gare
Rue de Cimiez
Rue de Lépante
Av. Gallieni
Autoroute Urbaine Sud
PTT
Durante
Bd. Dubouchage
R. P.Dévoluy
Rue des Postes
Gioffredo
Carabacel
Rue M. d'Art Moderne
Place Arson
Barla
Avenue Georges Clemenceau
Avenue Jean Médecin
Vendôme
Av. St-Jean-Bapt.
Place Garibaldi
Rue Bonaparte
Rue Cassini
Oasis
Atlantic
Rue Rossini
Rue Hugo
Boulevard Victor Hugo
Rue Pastorelli
Rue de l'Hôtel des Postes
Rue Verdi
Boulevard Gambetta
Rue Joffre
Eglise Russe
Lycée Masséna
Avenue F.Faure
Bd. Jean Jaurès
C.Ségurane
Rue E. Philibert
Pl. Ile-de-Beauté
Victoria
Boulevard du Maréchal Joffre
Rue
Palais Lascaris
Cimetière
Port
Quai des Docks
Armenonville
Av. des Fleurs
Boulevard F. Grosso
Rue Buffa
Rue Masséna
Plaza
Av. de Verdun
Ste-Réparate
St. Jacques
Windsor
Rue de la Buffa
Rue de France
Office de Tourisme
Place Masséna
Hôtel de Ville
Palais de Justice
Le Château
Rue de Foresta
Quai Lunel
Casino Ruhl
Jardin Albert 1er
Opéra
Chapelle de la Miséricorde
Rue Dante
Musée Massena
Théâtre de Verdure
Quai des Etats-Unis
M. d'Art Contemporain
Q. Rauba-Capéu
Musée des Beaux Arts
Négresco
Promenade des Anglais
Pointe des Ponchettes
Baie des Anges
MER MEDITERRANEE

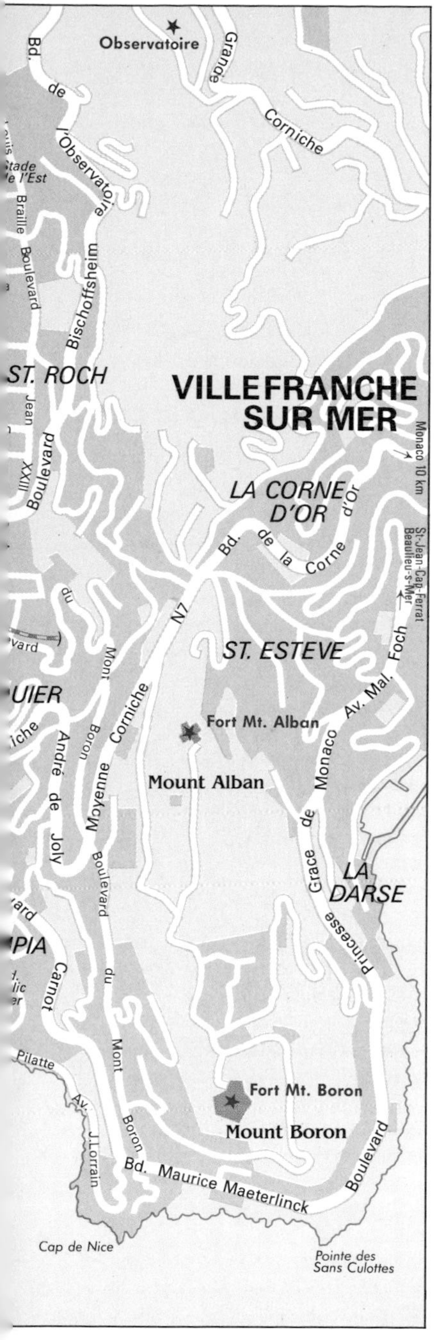

nous y sont données, et les tuiles rouges de la vicille ville avec ses terrasses fragiles se mêlent ici à la blancheur altière des palaces. De cette hauteur on aperçoit aussi les coupoles vertes et dorées de l'église russe, la plus belle église orthodoxe, paraît-il, en dehors d'URSS.

Ici, on ne peut que se rappeler que les peintres ont été et sont toujours amoureux de Nice et de la côte. Matisse y est d'abord accablé par la chaleur, mais le sentiment que le voisinage de la mer détruit la petitesse l'emporte sur l'accablement ; il s'installe à Nice et notamment au *Régina*, l'ancien palace de Cimiez. Aucun peintre niçois notable, ne se révélera alors, excepté Alexis Mossa et ses délirantes toiles symbolistes. Il fut aussi l'inventeur de Sa Majesté Carnaval Ier, renouvelant ainsi cette fête qui a lieu chaque années à Nice depuis le XIIIe siècle.

Il faudra attendre les années 60 pour que des Niçois se lancent dans l'aventure. Les nouveaux réalistes, Klein, Arman, Raysse et César donnent le mouvement. Dès 1961, ce qui est en train de devenir la célèbre école de Nice s'invente autour de Ben, de Malaval, de Venet... Un peu plus tard, le groupe Supports/Surfaces et des peintres comme Viallat, Dolla, Cane ou Saytour tentent la déconstruction du tableau cependant que Bernard Pagès et Toni Grand élargissent le champ de la sculpture.

On pourra découvrir plus avant ces démarches en visitant le **musée Matisse** à Cimiez, le **musée Chagall** un peu plus bas, le musée d'Art moderne et d'Art contemporain près du palais des congrès, l'Acropolis (ensemble de bâtiments, musée et palais, construits sur le Paillon, et dont on peut regretter l'indigence architecturale), le **musée Masséna**, le musée des Beaux-Arts ou encore les galeries des Ponchettes dévolues à Dufy et Mossa.

Une des plus belles places de Nice est la **place Garibaldi**, une place ronde construite au XVIIIe s. par des architectes niçois et turinois. La rue Catherine Ségurane la jouxte. Issue du culte de l'idéal féminin exalté par l'épopée de Jeanne d'Arc et l'art courtois du XVe s., la figure Catherine Ségurane reste le symbole du courage des Niçoises lors du siège de la ville par les Turcs en août 1543.

Sur les collines de **Cimiez**, les admirables palaces de la Belle Epoque niçoise, sont aujourd'hui transformés en immeubles d'habitation : le *Majestic*, le *Winter Palace*, *l'Alhambra* avec ses minarets et même le *Regina Palace*. Construit par l'architecte Biasini et séjour d'hiver de la reine Victoria, il est le plus prestigieux de tous, planté en face des arènes de Cimiez où se tient chaque année au mois de juillet, la Grande parade du jazz. L'ensemble thermal romain qui les jouxte est très bien conservé.

Le monastère de Cimiez a beaucoup de charme. Depuis son beau jardin en terrasse et sa roseraie on a une belle vue sur la ville ; les deux retables de la Pietà et de la Crucifixion, placés à l'intérieur de l'église font partie des plus belles œuvres de Louis Bréa.

C'est sur l'une des collines de Nice, à l'ouest de la ville, qu'on cultive la vigne qui produit le fameux vin de Bellet, très recherché des connaisseurs. Le vignoble aurait été constitué par les Phocéens dès le IIIe s. av. J.-C. et occupe une trentaine d'hectares. Le domaine viticole du *Château de Bellet*, à Saint-Roman-de-Bellet, est accessible à la visite, sur rendez-vous (On peut se renseigner en téléphonant au 93 37 81 57).

En allant vers la colline du mont Boron, on rencontre des constructions qui sont peut être les plus folles du début du siècle, dont le château de l'Anglais ou *Folie Smith* du nom du colonel anglais qui s'est souvenu là, très librement et en rose bonbon, de ses voyages aux Indes. Un peu plus haut, **le fort du mont Alban** est un des rares témoignages de l'architecture militaire de la seconde moitié du XVIe s. en France.

PAILLON, CORNICHES DE LA RIVIERA ET MONACO

Le véritable arrière-pays niçois est la **vallée du Paillon,** beaucoup moins huppée que la campagne vençoise, mais aussi plus rustique et attachante. Sur la côte, les corniches à trois étages de la Riviera, nous conduisent de Nice à la principauté de Monaco.

Arrière-pays et corniches de la Riviera

Les villages de la vallée du **Paillon** ont beaucoup de caractère. De Berre-des-Alpes (par la D2204), on aura une très belle vue sur les sommets environnants. Coaraze, accroché à un piton rocheux, bénéficie d'un ensoleillement privilégié. Depuis le village, à une heure de marche, on rejoint le saisissant village ruiné de Roccasparvière dont la population, faute d'eau, est descendue au XVIIe siècle et a fondé Duranus. La route traverse alors des paysages désertiques jusqu'au col Saint-Roch en passant par le village austère de L'Engarvin. A partir du col, la route (D2566) monte vers Peïra-Cava et **Turini** où se déploie l'une des plus vastes forêts du département, constituée essentiellement de splendides conifères. **Lucéram**, surélevé au-dessus d'une boucle du Paillon, possède un très bel ensemble de retables dans son église romano-gothique du XVe siècle. Le retable de sainte Marguerite en dix compartiments de Louis Bréa est particulièrement remarquable. Au col de Braus, la vue sur le littoral est splendide, d'autant plus si l'on emprunte la route de terre qui rejoint le village de Sainte-Agnès et qui découvre de merveilleuses échappées sur la mer. Plus bas viennent les superbes villages perchés de Peille et Peillon.

Trente kilomètres de balcon au-dessus de la mer relient Nice à Menton, balcons dont on peut choisir la hauteur : **les trois corniches** qui s'étagent au-dessus du lit-

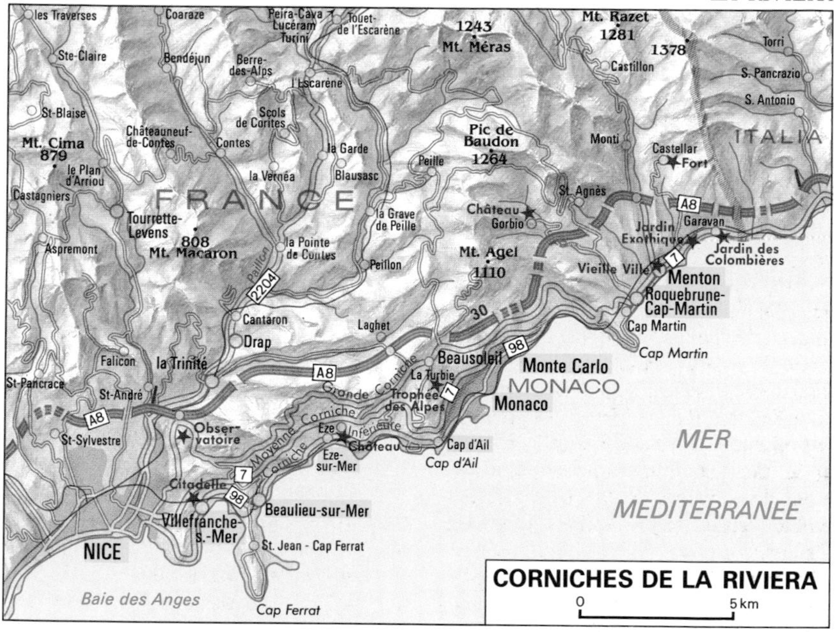

CORNICHES DE LA RIVIERA

toral sont aussi belles les unes que les autres et reliées par quantité de petites routes. La basse corniche (N98) est la plus fréquentée car elle dessert toutes les villes côtières.

Tout de suite après *Nissa la bella*, on plonge dans la plus belle rade du monde, aux dires de beaucoup, la rade de **Villefranche-sur-Mer** qui abrite la vieille ville et son port qui n'ont guère changé depuis le XVIIIe siècle. Ses ruelles des cendent avec toujours autant d'allant vers le port et la rue Obscure ; sombre comme l'indique son nom et voûtée, elle est restée fidèle à elle-même depuis le XIIIe siècle.

Le port, agréable lieu de promenade, s'ouvre sur la chapelle Saint-Pierre décorée par Jean Cocteau et se prolonge par des plages de galets. Plus à l'ouest, la citadelle Saint-Elme, édifiée au XVIe s. par Provana de Leyni, offre un très bel exemple de fortification bastionnée. Elle a abrité jusqu'en 1965 des unités militaires mais sert aujourd'hui de centre administratif et culturel. La promenade peut se poursuivre jusqu'à la darse où sont réparés les bateaux.

Juste en face, le **cap Ferrat** cache de luxueuses villas dont l'ancienne villa Ile de France devenue le musée Ephrussi de Rothschild qui abrite un ensemble d'œuvres d'art d'une grande diversité et axé surtout sur le XVIIIe siècle. La meilleure façon de découvrir le cap Ferrat est d'en faire le tour à pied. A partir de la résidence du Lido, un sentier longe la mer jusqu'à la pointe Saint-Hospice où une chapelle jouxte une tour haute de 13 mètres et une étrange et assez laide statue de la Vierge en plaques de bronze, avoisinant les douze mètres

La basse corniche passe par **Beaulieu** et l'ensemble formé par le casino et la Rotonde, tous deux en blanc contre la mer, a beaucoup de charme. A la pointe des Fourmis, la villa Kérylos reconstitue une villa grecque d'autrefois mais très mâtinée d'art nouveau. A Eze-sur-Mer, le célèbre chemin de Nietzsche monte gaillardement vers **Eze-village**. En 1883, lorsque le philosophe décide de faire l'expérience de la côte, il s'arrête à Villefranche avant d'aller à Nice qui l'enchantera (il y passera six hivers consécutifs) et il découvre aux alentours le chemin qui mène de la gare d'Eze au vieux village perché dont la singularité le tente : il y composera *les Vieilles tables et tables nouvelles.*

La moyenne corniche (N7) permet elle aussi de rejoindre Eze-village, l'ancienne forteresse médiévale qui surplombe la mer ; il ne faut pas manquer d'aller l'admirer depuis les ruines du château après une promenade dans le jardin exotique d'une grande richesse.

La grande corniche (D2564), la plus élevée (entre 300 et 541 mètres d'altitude) est celle qui offre le panorama le plus incroyable. Elle mène à l'observatoire de Nice, un centre important de recherches astronomiques, construit par Charles Garnier et conduit à la table d'orientation du plateau Saint-Michel, au belvédère d'Eze, au point Capitaine où la route atteint son altitude maximum et enfin au village de la **Turbie**. Là s'élève le trophée des Alpes d'une hauteur de 50 mètres, élevé par le Sénat et le peuple romain, selon la dédicace en l'an 7 av. J.-C., pour rappeler aux populations de la région leur soumission à Rome.

Par la basse corniche, on atteint **Cap-d'Ail** où fleurissent encore de somptueuses villas et hôtels de la Belle Epoque. Depuis la plage Marquet, récemment aménagée, on longe à pied le bord de mer jusqu'à la Mala, une petite plage lovée au fond d'un golfe. Au-delà de Cap- d'Ail on aperçoit déjà les extravagances de l'architecture monégasque.

Monaco

On ne peut guère imaginer plus de contrastes que ceux réunis sur les 190 hectares qui constituent **la principauté de Monaco** (par la N98 ou la N7).

On saisit mieux l'indépendance de cet Etat souverain lorsqu'on le découvre enclavé dans son amphithéâtre montagneux. Paradis climatique, paradis fiscal, la principauté fait rêver et nul n'ignore le nom du prince Rainier auprès de qui la princesse Grace, a tenu un rôle éminent : brillante actrice américaine, Grace Kelly avait épousé le prince en 1956. Si les nouveaux quartiers se signalent par des buildings et des tours, la vieille ville située sur le Rocher est étonnamment préservée. Arrimée par de puissants remparts, elle domine la mer et bruisse de couleurs italiennes, le jaune et l'ocre surtout. Elle abrite le gouvernement, le palais princier, la mairie et la cathédrale.

Le **musée océanographique** et son superbe aquarium, fondé au début du siècle par le savant prince Albert, est l'un des plus anciens et des plus riches du monde. Avec ses 27 000 habitants, ce grand centre d'activité économique qu'est Monaco s'agrandit, en hauteur mais aussi sur la mer : on a ainsi conquis 22 hectares et créé le quartier de Fontvieille. Son célèbre **jardin exotique** est le plus riche centre d'acclimatation européen de plantes grasses en plein air.

Le **quartier de Monte-Carlo** est celui de la vie mondaine, avec la place du Casino, surnommée le "camembert". Autour de la place, le célébrissime Hôtel de Paris et son non moins célèbre Café de Paris, construits à la fin du siècle dernier, ont été fréquentés par des générations de clients illustres.

Le casino de la même époque en est le point d'orgue. Il est incontestablement le plus grand casino de la côte et François Blanc lui a donné tout son lustre à la fin du siècle dernier. La Belle Otero, Liane de Pougy et Cléo de Mérode qui l'ont hanté comme nombre de cocottes, ornent toujours un des salons, immortalisées en *Grâces florentines* par Gervais. Sa salle de théâtre, édifiée par Charles Garnier, est la plus somptueuse et la plus représentative du style Belle Epoque. Le fin du fin serait d'y assister à un opéra, presque toujours excellent.

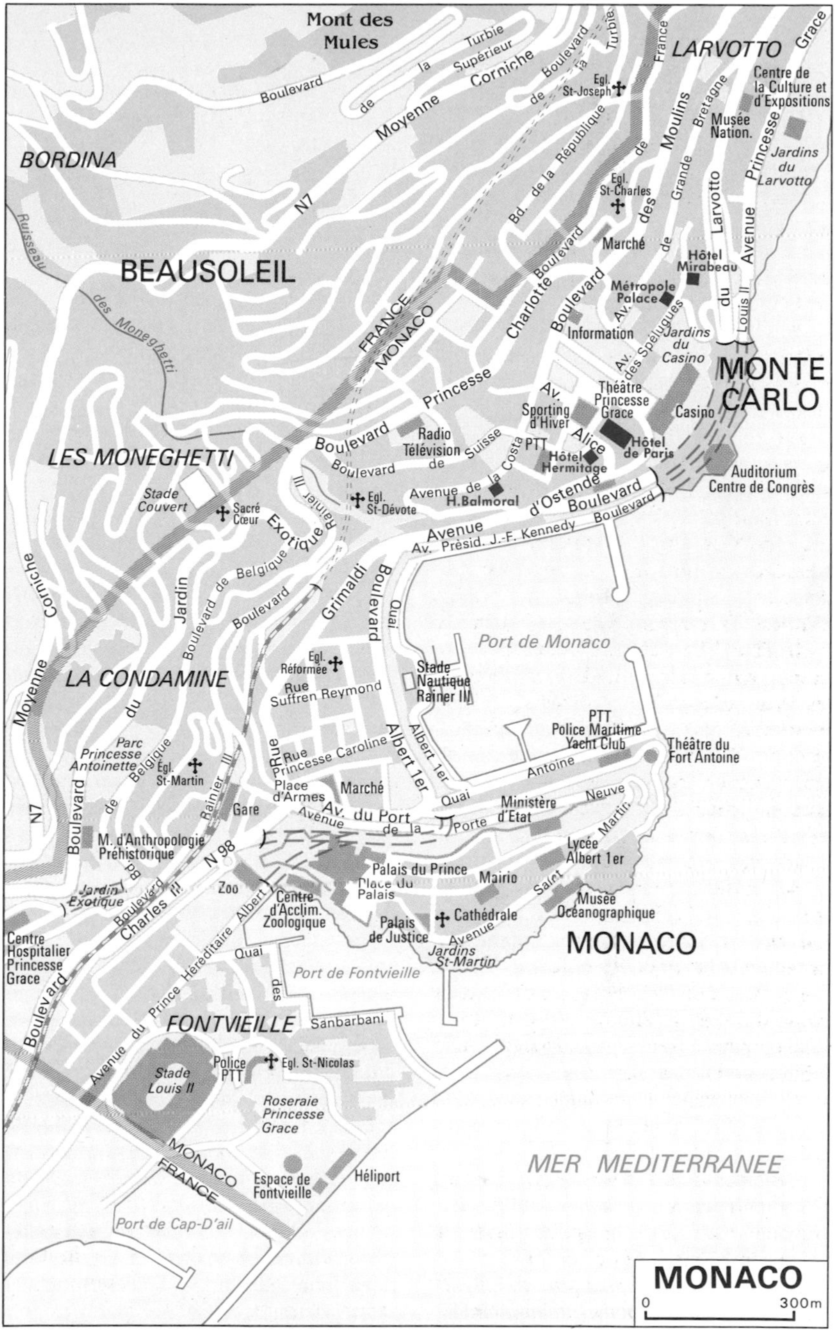
Mont des Mules
Boulevard de la Moyenne Corniche
Supérieur
Turbie
LARVOTTO
Grace
Centre de la Culture et d'Expositions
Musée Nation.
Jardins du Larvotto
BORDINA
Boulevard de la Turbie
Egl. St-Joseph
Bd. de la République
Boulevard des Moulins
Grande Bretagne
Avenue Princesse Grace
Egl. St-Charles
N7
Marché
Hôtel Mirabeau
Avenue du Larvotto
Louis II
BEAUSOLEIL
Ruisseau des Moneghetti
FRANCE
MONACO
Boulevard Princesse Charlotte
Métropole Palace
Av. des Spélugues
Information
Jardins du Casino
MONTE CARLO
Théâtre Princesse Grace
Av. Sporting d'Hiver
Casino
Radio Télévision
Boulevard de Suisse
PTT
Alice
Hôtel de Paris
Hôtel Hermitage
LES MONEGHETTI
Avenue de la Costa
H.Balmoral
Auditorium Centre de Congrès
Stade Couvert
Sacré Cœur
Egl. St-Dévote
Rainier III
Exotique
Avenue d'Ostende
Boulevard
Av. Présid. J.-F. Kennedy
Moyenne Corniche
Jardin
Boulevard de Belgique
Grimaldi
Boulevard
Quai
Port de Monaco
Egl. Réformée
Stade Nautique Rainier III
LA CONDAMINE
Boulevard du Jardin
Rue Suffren Reymond
PTT
Police Maritime
Yacht Club
Parc Princesse Antoinette
Egl. St-Martin
Rue Princesse Caroline
Albert 1er
Quai Albert 1er
Antoine
Théâtre du Fort Antoine
Place d'Armes
Marché
Gare
Av. du Port
Avenue de la Porte
Ministère d'Etat
Neuve
M. d'Anthropologie Préhistorique
N 98
Martin
Lycée Albert 1er
Palais du Prince
Place du Palais
Mairie
Zoo
Jardin Exotique
Boulevard Charles III
Centre d'Acclim. Zoologique
Saint
Musée Océanographique
Palais de Justice
Cathédrale
Avenue
Jardins St-Martin
MONACO
Centre Hospitalier Princesse Grace
Quai des
Avenue du Prince Héréditaire Albert
Port de Fontvieille
Sanbarbani
FONTVIEILLE
Police PTT
Egl. St-Nicolas
Stade Louis II
Roseraie Princesse Grace
MONACO
FRANCE
MER MEDITERRANEE
Espace de Fontvieille
Héliport
Port de Cap-D'ail
MONACO
0
300m

MENTON ET LES CONFINS DES ALPES MARITIMES

Aux confins des Alpes-Maritimes, juste avant l'Italie, se trouve Menton et dans l'arrière-pays, deux superbes vallées, la vallée de la Roya et la vallée des Merveilles.

Menton et ses environs

Entre la Principauté et Menton, la commune de **Roquebrune-Cap-Martin** (par la N98 ou la N7) s'étage depuis la mer jusqu'à 300 m d'altitude : le vieux village, groupé autour de son château, est lui aussi accroché à la falaise au-dessus de la mer. La promenade qui fait le tour du cap s'appelle Le Corbusier. Le célèbre architecte fit en effet de fréquents séjours au cap Martin où le cabanon dans lequel il vivait et travaillait existe toujours. Enterré dans le cimetière du cap, sa tombe en béton, qu'il avait d'ailleurs dessinée, est facilement identifiable. Le cap est couvert de pins, de chênes verts et de lentisques entre lesquels fleurissent des villas somptueuses comme la villa Cyrnos qui accueillit l'impératrice Eugénie.

Ci-dessus : le port de Monaco, derrière lequel s'étend le quartier de Monte-Carlo.

Menton possède un charme un peu nostalgique. Le vieux cimetière au-dessus de la vieille ville offre une vue splendide sur Menton et la mer. Il est composé de quatre terrasses superposées, consacrées chacune à une religion différente. Les nombreuses tombes d'Anglais et de Russes datent de l'époque où les enfants de la société européenne aisée venaient se faire soigner à Menton. L'église Saint-Michel, avec son beau parvis de galets noirs et blancs, est un modèle de l'art baroque. Le grand campanile qui s'élève à 53 m, est composé de cinq étages, avec une coupole à tuiles vernissées et à clocheton. Il faut particulièrement remarquer à l'intérieur le retable du XVIe s. représentant saint Michel, saint Pierre et saint Jean-Baptiste, les autels en marbre incrusté, les orgues en bois doré. Un festival de musique de chambre de grande réputation, créé en 1950, se tient chaque année en août, sur le parvis de cette église. Il est très agréable de se promener aussi bien dans les ruelles de la vieille ville qu'entre les magnifiques hôtels du début du siècle comme le *Winter Palace* ou le *Riviera Palace*.

Mais Menton est surtout la quintessence de cette *gueuse parfumée* dont parlait Antoine Godeau à propos de la Provence. On s'enivre ici du parfum des somptueux jardins où s'emmêlent savamment plantes méditerranéennes et plantes exotiques auxquelles convient ce climat très privilégié. L'écrivain espagnol Vicente Blasco Ibanez crée en 1922, un jardin autour des écrivains, le **jardin Fontana Rosa** où on est invité à flâner de havre en havre à la gloire de Balzac, Cervantès, Dickens ou Dante, dans le fouillis coloré des fleurs et des *azuleros*. Véritable jardin de lecture mais resté longtemps à l'abandon, Fontana Rosa regorgeait de bustes des écrivains, de colonnes et de vases, de pergolas couvertes de plantes grimpantes, de fontaines et de bancs revêtus de faïences pimpantes. De Fontana Rosa, on voit la belle oliveraie du Pian, l'un des parcs de Menton. De l'autre côté de l'oliveraie, fleurit **Val Rahmeh**, le jardin botanique et exotique de la ville. Sur sa terrasse, hibiscus et daturas ceignent l'ocre jaune de la maison toute en loggias et en arcades, construite en 1925.

Toujours dans ce même **quartier de Garavan**, Ferdinand Bac a composé sa plus belle œuvre, les Colombières. Caricaturiste, peintre, grand voyageur, Ferdinand Bac se mit à imaginer des jardins pour ses amis. Avec **les Colombières** il a voulu faire un bouquet de tous les souvenirs de son périple autour de la Méditerranée. Mais surtout il s'est soumis aux éléments naturels du jardin : pour célébrer un caroubier, il lance un pont et trace une allée, pour un olivier il construit un escalier... La maison transformée en hôtel et salon de thé continue le voyage. Dans les chambres, Ferdinand Bac a peint les hauts lieux de son odyssée, de l'Orient à l'Espagne et dans la salle à manger, si l'on voit pour de vrai Menton par les fenêtres, ses clochers deviennent sur les murs, minarets, tours ou campaniles...

Côté fruits, Menton n'est pas en reste de prodigalité : à croquer où à savourer sous forme de *Confitures artisanales*, 2, rue du Vieux-Collège.

De magnifiques villages au-dessus de Menton sont autant de belvédères plongeant sur le littoral. A 7 km au nord de la ville, **Castellar** est une ancienne place fortifiée. Ses vieilles rues parallèles sont reliées entre elles par des passages voûtés et les fontaines les rafraîchissent. La chapelle Saint-Sébastien, très simple, avec un joli clocher à arcade, jouxte le cimetière en contrebas de ce village très attachant. Au nord subsistent courtines, meurtrières et tours du vieux Castellar abandonné. **Sainte-Agnès** à 650 mètres est le village le plus haut du littoral. Il a conservé son caractère médiéval avec ses rues étroites, ses maisons encastrées dans le roc et ses portes en ogive. Depuis le belvédère de l'hôtel du Righi, s'offre une vue formidable sur l'Italie jusqu'à Saint-Jean, et la Corse par temps clair. Un sentier conduit aux vestiges très intéressants des fortifications du château du XIIe-XIIIe s. Gorbio est non moins magnifique. Comme dans plusieurs villages du comté de Nice, a lieu de nuit, vers la mi-juin, une fête curieuse : la procession aux escargots (ou aux limaces).

Trente kilomètres au nord, à **Breil-sur-Roya** (sur la N204) bordé de son petit lac artificiel, commence **la vallée de la Roya**, vallée encore sauvage scandée de villages perchés. Breil possède un nombre important de monuments civils et surtout religieux de grand intérêt. Le village est charmant avec ses places à arcades, ses maisons anciennes, certaines enduites de belles couleurs ou de peintures en trompe-l'œil. A environ 1 km, à l'ouest du village, la chapelle Notre-Dame-du-

Mont est plantée au milieu des oliviers et possède des restes intéressants du premier art roman. Le chevet, qui doit dater de la deuxième partie du XIe siècle, est la partie la mieux conservée et la plus belle de cette chapelle.

Puis la route suit les puissants bancs de calcaire où la Roya se fraie un passage. Tout à coup, à la faveur d'un élargissement surgit le village de **Saorge**, un des plus beaux des Alpes-Maritimes. Ce superbe bourg médiéval, accroché en balcon à 200 mètres au-dessus du torrent, était situé sur l'ancienne route du sel reliant la côte et le col de Tende. Place forte et avant-poste stratégique, il verrouillait avec ses deux forteresses de chaque côté de la Roya la première grande route impériale reliant le comté au Piémont. Au XVIIIe s., Saorge faisait partie des quatre cités les plus peuplées du comté, après Nice, Sospel et Villefranche.

Ci-dessus : hameau perché du val d'Entraunes. A droite : le ville de Menton et son port.

Au milieu des oliviers et des châtaigniers, Saorge étale ses maisons aux toits de lauze, dans un labyrinthe de rues voûtées. La sculpture sur bois d'olivier fait partie des artisanats traditionnels à Saorge comme à Breil ; deux adresses que l'on peut retenir : *Monsieur Rech*, quartier Veil, à Breil-sur-Roya, et *Pierre Franca*, avenue du Docteur-Davéo, à Saorge. Ce village possède de splendides monuments religieux dont l'ancienne église de la Madone-del-Poggio. Située à quelque 300 m du village, sur un tertre qui domine les gorges de la Roya, la Madone-del-Poggio est un spécimen bien conservé du premier art roman alpin.

A Saint-Dalmas-de-Tende, qui fut garde-frontière de la ligne de **chemin de fer Nice-Cuneo** de 1929 à 1939, l'ancienne gare, aujourd'hui centre de vacances, est incroyablement vaste et décorée comme le voulait l'architecture italienne de l'époque. Entre des plantations de pêchers, La Brigue se signale par ses maisons en pierre verdâtre. A environ 4 km du village et à 879 m d'altitude, le sanctuaire de **Notre-Dame-des-Fontaines** domine sept sources intermittentes aux vertus longtemps réputées miraculeuses. Lieu de pèlerinage connu depuis 1375, il se trouve dans un beau cirque de verdure, au milieu des hautes montagnes, sur une ancienne route muletière qui reliait La Brigue à Triora. Du point de vue architectural, la chapelle n'a extérieurement rien d'attrayant avec son absence de clocher et sa hauteur disproportionnée. Mais dès qu'on y entre, on a le souffle coupé par la profusion de peintures qui occupent tous les murs et le chœur (soit environ 220 m^2). Ces peintures murales ont été exécutées en 1491 et 1492 par les deux artistes les plus fameux de cette époque : Giovanni Baleison et surtout Giovanni Canavesio.

La Vie de la Vierge et l'*Enfance du Christ* ont été traités par Baleison cependant que Canavesio s'est attelé à la *Passion du Christ* et au *Jugement dernier*.

Avec un art populaire et théâtral, les peintures murales de Canavesio expriment par leur mouvement, leur violence et par la véhémence des gestes, les sentiments de l'homme tourmenté, déchiré entre le bien et le mal. Le *Judas pendu*, avec la figure convulsée, le corps déchiré d'où l'âme est arrachée, est typique de l'outrance qu'a délibérément recherchée le peintre et qui s'oppose à la sérénité et au calme des personnages de Baleison. En 1860, comme La Brigue, **Tende** resta attaché à la maison de Savoie, malgré la volonté populaire favorable au rattachement à la France. Ce n'est qu'en février 1947 que ces territoires devinrent français, après un référendum.

Les muletiers, très nombreux à passer par le village, au temps de la route du sel, formaient une corporation importante placée sous la protection de Saint Eloi ; chaque année, le deuxième dimanche de juillet, on fête ce saint et des mulets richement harnachés se rendent à l'église Notre-Dame-de-l'Assomption qui est aussi le plus bel édifice de Tende. Elle témoigne du style gothique austère influencé par la Lombardie. Le bel escalier qui mène jusqu'à l'entrée semble vouloir élever la construction jusqu'au ciel et la façade possède un magnifique portail en schiste vert de Tende avec un linteau décoré de petites statues du Christ et des apôtres.

Depuis Tende, on peut faire de nombreuses excursions dans la célèbre **vallée des Merveilles** au centre de laquelle culmine le mont Bégo à 2 872 m et qui a gardé presque intactes les traces des derniers glaciers qui l'ont creusée : lacs glaciaires et immenses dalles de schiste polies par les glaciers et sur lesquelles ont été découvertes au XIXe s. des milliers de gravures. Ces gravures rupestres ont été exécutées probablement par des populations ligures d'agriculteurs et de bergers de l'âge du bronze. Le signe le plus souvent répété est celui du "cornu", triangle étroit encadré de deux cornes, qui se transforme aussi en représentations humaines très schématique. Ainsi se termine la découverte des Alpes-Maritimes.

Informations

Comité régional de tourisme Riviera-Côte d'Azur, 55, promenade des Anglais, Nice, tél.: 93 44 50 59. **Bureau de tourisme Côte d'Azur**, boulevard Jean-Jaurès, Nice, tél.: 93 80 84 84.

ANTIBES

Hôtels

DE LUXE: **Eden Roc**, boulevard Kennedy, tél.: 39 61 39 01. **Helios**, 3, rue Dautheville, tél.: 93 61 55 25. *PRIX MOYEN*: **La Gardiole**, chemin de la Garoupe, tél.: 93 61 35 03. *PRIX MODERE*: **Pierre Loti**, 29, rue Pierre-Loti, tél.: 93 61 55 09.

Restaurants

Les Vieux Murs, promenade Amiral-de-Grasse, tél.: 93 34 06 73, prix moyen. **Le Romantic**, 5, rue Rostan, tél.: 93 34 59 39, prix modéré.

Monument / Musée / Manifestation

Château Grimaldi et Musée Picasso, place du Château, tél.: 93 34 91 91.
Festival de jazz: en juillet.

Informations

Office de tourisme, place de-Gaulle, 06600, tél.: 93 33 95 64.

BEAULIEU-SUR-MER

Hôtels

DE LUXE : **Carlton**, avenue Edith-Cavell, tél.: 93 01 14 70. *PRIX MOYEN*: **Résidence Carlton**, 9, avenue Albert-1er, tél.: 93 01 06 02.
PRIX MODERE : **Havre Bleu**, 29, boulevard du Maréchal-Joffre., tél.: 93 01 01 40.

Informations

Office de tourisme, place de la Gare, 06310, tél.: 93 01 02 21.

BIOT

Hôtels

PRIX MOYEN: **Hostellerie du Bois Fleuri**, 199, boulevard de la Source, tél.: 93 65 68 74.
PRIX MODERE: **Auberge de la Vallée Verte**, route de Valbonne, tél.: 93 65 10 93.

Musée / Artisanat

Musée Fernand Léger, tél.: 93 65 63 61.
Verrerie de Biot, tél.: 93 65 10 93.

Informations

Office de tourisme, place de la Chapelle, 06140, tél.: 93 65 05 85.

CAGNES-SUR-MER

Hôtels

PRIX MOYEN: **Brasilia**, boulevard Maréchal-Juin, tél.: 93 20 25 03. *PRIX MODERE*: **Chantilly**, rue de la Minoterie, tél.: 93 20 25 50.

Musées

Château-Musée Grimaldi, Hauts-de-Cagnes, tél.: 93 20 85 57.
Villa Renoir, Les Collettes, tél.: 93 20 61 07.

Informations

Office de tourisme, 6, boulevard Maréchal-Juin, 06800, tél.: 93 20 61 64.

CANNES

Hôtels

DE LUXE : **Le Grand Hôtel,** 45, la Croisette, tél.: 93 38 15 45.
PRIX MOYEN: **Hôtel América**, 13, rue Saint-Honoré, tél.: 93 64 69 28.
PRIX MODERE: **Le Bristol**, 14, rue Hoche, tél.: 93 39 10 66.

Restaurants

Relais des Semailles, 9, rue Saint-Antoine, tél.: 93 39 22 32, haut-de-gamme. **Le Caveau**, 45, rue Félix-Faure, tél.: 93 39 06 33, prix moyen.

Musée / Manifestation

Musée de la Castre, Ancien château de la Castre, Le Suquet, tél.: 93 38 55 26.
Festival international du Film: en mai.

Informations / Liaison Maritime

Office de tourisme, palais des Festivals, la Croisette, 06400, tél.: 93 39 24 53.
Accès aux **îles de Lérins**: gare maritime de Cannes, tél.: 93 39 11 82.

EZE

Hôtels

DE LUXE : **Château Eza**, rue de la Pise, tél.: 93 41 12 24. *PRIX MODERE* : **Auberge Le Soleil**, avenue de la Liberté, Basse-Corniche, Eze-bord-de-Mer, tél.: 93 01 51 46.

Informations

Office de tourisme, mairie, tél.: 93 41 03 03.

GRASSE

Hôtels

DE LUXE : **Le Régent**, route de Nice, tél.: 93 36 40 10. *PRIX MOYEN*: **Parfums Best Western**, boulevard Eugène-Charabot, tél.: 93 36 10 10. *PRIX MODERE*: **Le Patti,** place du Patti, tél.: 93 36 01 00.

Musées

Musée international de la Parfumerie, 8, place du Cours, tél.: 93 36 80 20. **Musée d'Art et d'Histoire de Provence**, 2, rue Mirabeau, tél.: 93 36 01 61. **Villa-Musée Fragonard**, 23, boulevard Fragonard, tél.: 93 36 01 61.

Informations

Office de tourisme, place de la Foux, 06130, tél.: 93 36 03 56.

JUAN-LES-PINS

Hôtel / Restaurant

PRIX MOYEN: **Le Pré Catalan**, 22, avenue des Lauriers, tél.: 93 61 05 11.
Auberge de l'Estérel, 21, chemin des Îles, tél.: 93 61 86 55, restaurant prix moyen.

MENTON

Hôtels

PRIX MOYEN: **Le Napoléon**, 29, porte de France, baie de Garavan, tél.: 93 35 89 50.
PRIX MODERE: **Le Dauphin**, 28, avenue du Général-de-Gaulle, tél.: 93 35 76 37.

Jardins

Jardin exotique de Val Rahmeh, avenue Saint-Jacques, tél.: 93 35 86 72. **Jardin des Colombières**, boulevard de Garavan, tél.: 93 35 71 90.

Informations

Office de tourisme, place de l'Europe, avenue Boyer, tél.: 93 57 57 00.

MERCANTOUR

Parc national

Informations: 23, rue d'Italie, Nice, tél.: 93 87 86 10.

MONACO

Hôtels

DE LUXE: **Métropole Palace**, 4, avenue de la Madone, tél.: 93 15 15 15. *PRIX MOYEN*: **Balmoral**, 12, avenue de la Costa, tél.: 93 50 62 37. *PRIX MODERE*: **Terminus**, 9, avenue du Prince-Pierre, tél.: 93 30 20 70.

Musée / Jardin / Manifestation

Musée Océanographique, avenue Saint-Martin, tél.: 93 15 36 00. **Jardin exotique**, boulevard du Jardin-Exotique, tél.: 93 30 33 65.
Festival international du Cirque: en janvier.

Informations

Direction du tourisme, 2A, boulevard des Moulins, Monte-Carlo, tél.: 93 30 87 01.

MOUGINS

Hôtels

DE LUXE: **Muscadins**, boulevard Courteline, tél.: 93 90 00 43. *PRIX MOYEN*: **Le Mas Candille**, boulevard Rebuffel, tél.: 93 90 00 85.
PRIX MODERE: **Acanthe**, 95, boulevard du Maréchal-Juin, tél.: 93 75 35 37.

NICE

Hôtels

DE LUXE: **Beau Rivage**, 24, rue Saint-François-de-Paule, tél.: 93 80 80 70. *PRIX MOYEN*: **Le Windsor**, 11, rue Dalpozzo, tél.: 93 88 59 35. *PRIX MODERE*: **Hôtel de Savoie**, 39, rue d'Angleterre, tél.: 93 88 35 73.

Monuments / Musées / Manifestations

Palais Masséna et Musée, 65, rue de France, et 35, promenade des Anglais, tél.: 93 88 11 34. **Musée des Beaux-Arts**, 33, avenue des Baumettes, tél.: 93 44 50 72. **Musée Matisse,** 164, avenue des Arènes de Cimiez, tél.: 91 53 17 70. **Musée Marc Chagall**, avenue du Docteur-Ménard, tél.: 93 81 75 75. *Carnaval*: en fevrier. *Grande parade du Jazz*: en juillet.

Informations

Office de tourisme, 5, avenue Gustave-V, 06000, tél.: 93 87 60 60.

ROQUEBRUNE-CAP-MARTIN

Hôtels

DE LUXE: **Vista Palace**, Grande Corniche, tél.: 93 35 65 45. *PRIX MOYEN*: **Alexandra**, 93, avenue Winston-Churchill, tél.: 93 35 65 90.
PRIX MODERE: **Wesminster**, 14, avenue Louis-Laurens, Basse Corniche, tél.: 93 35 00 08.

Informations

Office de tourisme, tél.: 93 35 60 67.

SAINT-JEAN-CAP-FERRAT

Hôtels

DE LUXE: **Cap Ferrat**, boulevard du Général-de-Gaulle, tél.: 93 76 00 21. *PRIX MOYEN*: **L'Oursin**, avenue Denis-Séméria, tél.: 93 76 04 65. *PRIX MODERE*: **Bagatelle**, avenue Honoré-Sauvan, tél.: 93 01 32 86.

Informations

Office de tourisme, 06230, tél.: 93 01 36 86.

SAINT-PAUL-DE-VENCE

Hôtels

DE LUXE: **Saint-Paul**, 86, rue Grande, tél.: 93 32 65 25. *PRIX MOYEN*: **Les Orangers**, chemin des Fumerates, tél.: 93 32 80 95.
PRIX MODERE: **Les Remparts**, 72, rue Grande, tél.: 93 32 80 64.

Musée

Fondation Maeght, tél.: 93 32 81 63.

Informations

Office de tourisme, 2, rue Grande, 06570, tél.: 93 32 86 95.

VALLAURIS

Hôtel

PRIX MOYEN: **Les Jasmins du Golfe**, Golfe-Juan, tél.: 93 58 06 38.

Musée / Informations

Musée Picasso, place de la Libération, tél.: 93 64 18 05. **Office de tourisme**, avenue de la Liberté, tél.: 93 63 73 12.

VENCE

Hôtels

DE LUXE: **Château Saint-Martin**, route de Coursegoules, tél.: 93 58 02 02. *PRIX MOYEN*: **Diana**, avenue des Poilus, tél.: 93 58 28 56.
PRIX MODERE **Parc Hôtel**, 50, avenue Foch, tél.: 93 58 27 27.

Informations

Office de tourisme, place du Grand-Jardin, 06140, tél.: 93 58 06 38.

VILLEFRANCHE-SUR-MER

Hôtels

PRIX MOYEN: **Les Olivettes**, 17, av. Léopold-II, tél.: 93 01 03 69. *PRIX MODERE*: **Le Provençal**, 4, av. du Maréchal-Joffre, tél.: 93 01 71 42.

VILLENEUVE-LOUBET

Hôtels

PRIX MOYEN: **Bahia**, Bord-de-Mer, tél.: 93 20 21 21. *PRIX MODERE*: **Palerme**, avenue de la Batterie, tél.: 93 20 16 07.

Musée / Informations

Musée de l'Art culinaire, rue Auguste-Escoffier, tél.: 93 20 80 51. **Office de tourisme**, place de Verdun, tél.: 93 20 20 09.

LES FESTIVALS

La chaleur de l'été semble donner à la Provence une véritable boulimie culturelle et les nuits se mettent à vibrer de musique, de théâtre et de danse. Le **Festival d'Avignon** a ouvert la voie à ce déluge de festivals qui enchante le Midi en été. La grande exposition d'art contemporain organisée de juin à septembre 1947 au palais des Papes par Yvonne et Christian Zervos attire l'attention du célèbre homme de théâtre, Jean Vilar. Ce sera le poète René Char qui mettra en contact Vilar et les époux Zervos. Ces derniers proposent au metteur en scène de jouer dans la cour d'honneur du palais *Meurtre dans la cathédrale* qu'il vient de créer à Paris. Vilar refuse de transposer en plein air un spectacle conçu pour un espace clos mais il propose trois créations :

Pages précédentes : geste éternel du joueur de boules. Fête des gardians. En haut: tambourinaires à Roquebrune/Argens.
A droite : musiciennes des rues.

Richard II de Shakespeare, *Tobie et Sara* de Claudel et la *Terrasse de midi* de Maurice Clavel. La ville accepte de fournir les moyens de la Semaine d'art d'Avignon, ancêtre du présent festival. Shakespeare est donné dans la cour du palais aménagée pour la circonstance, Claudel dans le verger d'Urbain V et Clavel au théâtre municipal. L'année suivante, sont représentés *La Mort de Danton* de Büchner et *Shéhérazade* de Supervielle... Le ton est trouvé : un festival chaque année, avec des pièces inédites. En 1951, Gérard Philipe apparaît en prince de Hombourg et fait entrer le festival dans la légende. Jusqu'en 1965, l'histoire de Jean Vilar se confond avec celle du Festival d'Avignon dont le succès devient spectaculaire. On joue désormais à guichets fermés et la magie des nuits provençales n'est pas pour rien dans l'envoûtement des nombreux spectateurs.

A partir de 1967, le festival s'ouvre à la danse, au cinéma, à la musique et envahit littéralement toute la ville pour son plus grand plaisir, occupant d'autres lieux, ré-

vélant au public des monuments historiques négligés. A côté du festival *in* se déroule également un festival *off* qui chaque année attire des troupes toujours plus nombreuses, des spectacles moins confirmés mais donnant à voir et entendre un théâtre en mouvement, en recherche, un théâtre vivant.

Parallèlement au Festival d'Avignon, les **Rencontres internationales d'été de Villeneuve-lès-Avignon** mettent en fête la belle chartreuse de Val-de-Bénédiction. Chercheurs et créateurs venus de tous les horizons artistiques et culturels partagent ainsi en juillet et août leurs réflexions et leurs expériences. Par ailleurs, depuis 1973, la Chartreuse organise toute l'année stages, ateliers, rencontres, expositions, spectacles ou concerts publics, manifestations qui trouvent leur point culminant en été avec ces Rencontres internationales.

Les exceptionnelles qualités acoustiques du théâtre antique d'Orange n'ont été redécouvertes qu'à la fin du XIXe s. par Félix Ripert et Anthony Réal. Mais depuis elles ont été si bien exploitées que les **Chorégies d'Orange** sont mondialement connues. Ripert et Réal lancent le 21 août 1869 les premières représentations qu'ils appellent *Fêtes romaines*. Au programme : *Joseph* de Mehul, *Les Triomphateurs*, une cantate de Réal à la gloire des Romains et un opéra *Roméo et Juliette* de Vacaille, compositeur aujourd'hui oublié.

L'appellation Chorégies n'apparaît que vers 1902. Le répertoire gréco-latin y est longtemps prédominant, sous la direction de félibres tels que Frédéric Mistral, Paul Mariéton, Paul Arène ou Marcel Provence. En 1920, la Comédie-Française fait son apparition aux Chorégies. Le théâtre parlé y occupera une grande place jusqu'en 1965. C'est en 1970 cependant que les Chorégies trouvent leur véritable mesure. Sous la direction de Jacques Bourgeois, elles deviennent un haut lieu international de l'art lyrique. Les plus grands interprètes s'y succèdent pour chanter les opéras, principalement de Wagner et de Verdi.

Des Chorégies aux **Choralies** et d'Orange à **Vaison-la-Romaine**, il n'y a qu'un pas. La belle ville antique accueille en effet tous les trois ans (1991, 1994, etc...) au début du mois d'août, les célèbres manifestations chorales qui rassemblent jusqu'à sept mille chanteurs de tous âges, tous milieux et tous pays. C'est le musicien, César Geoffray, qui en 1945 concrétise son rêve d'exalter le chant à travers la jeunesse : il fonde à Lyon la fameuse chorale *A cœur joie* qui fait des émules dans la France entière. De ce mouvement naîtront les Rencontres internationales de chant qui reçurent le nom de Choralies et qui trouvèrent à Vaison-la-Romaine un climat plus clément et un ciel plus haut pour que s'y envole le chant.

Au mois de juillet, **Arles** vit au rythme des **Rencontres internationales de la photographie**. A l'origine de ce festival, Jean-Maurice Rouquette conservateur du musée Réattu, où fut créée en 1965 une section d'art photographique, première étape vers la création d'un Centre international de la photographie et de l'image. Les Rencontres, une des plus fécondes manifestations estivales de la région, sont nées en 1970, grâce à la passion de Jean-Maurice Rouquette, de Lucien Clergue et de Michel Tournier. De même qu'Avignon possède la Maison Jean Vilar, centre unique de documentation sur l'art dramatique, Arles possède depuis 1982 l'Ecole nationale de photographie, issue des Rencontres. Durant le festival, la ville se transforme en vaste studio-laboratoire, en immense centre d'exposition de photographies qui ont été, une année, jusqu'à gagner les bancs publics...

En même temps que s'est totalement renouvelé son musée Ziem, le **Festival populaire** a pris son essor à **Martigues**. Réagissant à l'industrialisation par un retour aux sources de la culture populaire, le festival d'été est le fruit d'une animation permanente menée par la ville. Plasticiens, gens du spectacle, musiciens s'y retrouvent chaque année.

A droite : plage quasi déserte à Nice au printemps.

Le château-musée de **Lourmarin** qu'on appelle parfois "la Villa Médicis provençale" héberge toute l'année de jeunes créateurs, musiciens, peintres et sculpteurs qui, à l'issue de leur séjour présentent leurs œuvres dans une série d'expositions et de concerts.

La très belle et accueillante demeure Renaissance devient alors pendant la première quinzaine de juillet le théâtre des **Rencontres méditerranéennes Albert Camus**, ainsi dénommées en hommage à Albert Camus qui repose dans le cimetière de Lourmarin.

A **Salon-de-Provence**, un des plus anciens châteaux de Provence, à la fois palais et forteresse, juché sur un rocher à pic, le château de l'Empéri devient en juillet le cadre du **Festival de jazz et de théâtre**.

A **Aix-en-Provence**, le **Festival d'art lyrique et de musique** a ressurgi après une éclipse. Mais il est toujours aussi brillant et réputé. Il a été créé en 1948, à l'initiative de la comtesse Pastré. Ce n'est qu'en 1949, que Cassandre construisit le premier théâtre dans la cour de l'archevêché. Avec le concours du chef d'orchestre, Hans Rosbaud, il allait en quelques années devenir un des hauts lieux de la musique. Les opéras de Mozart, peu connus en France à l'époque, y furent découverts à travers une pléiade de jeunes artistes alors inconnus, Térésa Stich Randall, Térésa Berganza... Mais le festival sut aussi offrir en permanence une palette de productions extraites du grand répertoire ou dues à des compositeurs contemporains. En outre, les décors étaient toujours confiés à de grands artistes tels Derain, Masson, Clavé ou Clayette. Cette fusion permanente entre artistes lyriques, gens de théâtre et peintres donna à Aix une notoriété amplifiée encore par la présence fidèles d'artistes et de spectateurs célè-

bres qui chaque été se retrouvaient aux abords de l'évêché : Darius Milhaud, Jean Giono, François Mauriac, Francis Poulenc... Devant l'affluence grandissante du public, le théâtre devint trop exigu. D'abord rénové, il fut entièrement reconstruit en 1985 par l'architecte Bernard Guillaumot. Doté d'installations techniques performantes et d'une capacité portée à 1 630 places, il a permis au festival d'élargir son affiche à quatre productions lyriques annuelles ainsi qu'à de nombreux concerts et récitals. Mozart y est toujours à l'honneur mais les artistes contemporains y sont aussi bien représentés, grâce, notamment, aux coproductions réalisées avec le Centre Acanthes qui invite chaque été, parallèlement au festival, un grand compositeur vivant.

Un **Festival international de la danse** se tient chaque été au Centre de rencontres de **Châteauvallon**, établi parmi les pins, les oliviers, les genêts et les pierres, à quelques kilomètres de Toulon, avec vue sur la rade. Ce centre est né en 1964 de la rencontre de deux hommes, le peintre et sculpteur Henri Komatis et le journaliste Gérard Paquet. Tous deux voulaient faire de ce site magnifique une véritable terre des arts. Un théâtre grec s'ouvrant sur le large est construit. Les grandes œuvres d'Eschyle, de Racine ou de Claudel assurent un vif succès au festival. Mais Châteauvallon acquiert une renommée internationale au début des années 70 avec son festival de jazz, obligé de partir à Antibes, victime de son succès. L'aventure devient une entreprise et un théâtre couvert de 600 places est construit. En 1980, Châteauvallon trouve sa véritable vocation avec la danse qui connaît en outre un formidable essor en France. L'implantation de Denis Guenoun en 1984 fait prendre au centre un nouveau virage. De nouvelles constructions sont apparues : studios d'art dramatique, de danse, salles de répétitions, toutes bâties selon les plans de Komatis, de manière à préserver l'homogénéité du lieu et l'intégration au site. Chaque année, au mois de juillet, durant le Festival de danse, les meilleurs chorégraphes

viennent montrer leurs dernières recherches, parfois très novatrices.

Hyères fut pendant près de vingt ans l'organisatrice du Festival international du jeune cinéma et révéla, bien avant le Festival de Cannes, les noms de Claude Lelouch, René Allio, Margarethe von Trotta. La ville qui garde de solides attaches à l'image propose à présent un **Festival de la bande dessinée**, très couru, qui se déroule en septembre.

Le septième art, quant à lui, a sa fête chaque mois de mai à **Cannes**, avec le **Festival international du film**. Sa première session devait avoir lieu le 1er septembre 1939 mais la déclaration de la guerre annula la manifestation qui verra finalement le jour le 20 septembre 1946, obtenant tout de suite un succès considérable. Les séances se déroulèrent au casino municipal et les premiers prix d'interprétation revinrent à Michèle Morgan et Ray Milland. Les grands prix furent attribués à *La bataille du rail* de René Clément et à *Brève rencontre*. Dès 1947, le festival eut lieu dans le palais construit à son intention au cœur de la Croisette. Le cinéma avait trouvé son temple et depuis, chaque année, pendant quinze jours en mai, Cannes devient la Mecque du cinéma. Depuis 1982, un nouveau palais a été construit dont l'architecture est pour le moins indigente d'autant plus que l'édifice marque pompièrement l'entrée de la Croisette, juste au bord de mer. Des aménagements ont tenté de l'arranger et surtout de rendre les locaux fonctionnels car ils s'étaient révélés mal adaptés aux besoins des professionnels. L'ancien palais est devenu le Palais-Croisette et sa célèbre façade aux hautes baies vitrées est classée. Une certaine imagerie du festival a fait long feu elle aussi et les starlettes espérant séduire quelque producteur ou metteur en scène ne sont plus légion. Quoi qu'il en soit le Festival de Cannes est cependant toujours considéré comme le deuxième événement médiatique après les Jeux olympiques.

Ci-dessus : luxe ostentatoire de grosses cylindrées paradant à Monte-Carlo.

Chaque année, la belle pinède **d'Antibes-Juan-les-Pins** vibre aux accents du **Festival mondial de jazz**. Les plus grands musiciens se retrouvent ainsi tout près de la mer, dans la chaleur de juillet. Ce festival fait un peu d'ombre à la **Grande parade du jazz** qui a lieu également en juillet dans les arènes de **Cimiez**, mais il fait la part plus belle aux nouvelles créations et au jazz expérimental. John Mac Laughing, Keith Jarrett sont venus notamment enchanter la pinède ainsi que des musiciens qui flirtent avec le jazz mais restent en marge.

Les arènes de Cimiez, quant à elles, moins puristes, sont très agréables pour la fête qu'elles ne manquent jamais d'engendrer. Divers podiums attirent les spectateurs au gré de leurs désirs, spectateurs qui peuvent aussi pique-niquer sur l'herbe, discuter en famille ou entre amis, environnés par la musique des différents groupes de jazz.

Une fois n'est pas coutume, c'est en février qu'a lieu le non moins prestigieux **Festival du cirque de Monaco**. C'est en 1974, que le prince de Monaco, grand amoureux du cirque crée ce festival unique au monde. Les meilleurs numéros de cirque et les plus inattendus sont donnés sous le chapiteau construit pour l'abriter à Fontvieille. Ce festival est devenu une sorte de Jeux olympiques du cirque où se rencontrent les grandes écoles de l'Occident, de la Chine ou de la Corée du Nord, deux pays qui ont d'ailleurs beaucoup renouvelé l'art de l'acrobatie.

Les festivals s'égrènent sur toute la côte et jusqu'à ses confins, dans la ville presque italienne de **Menton**. Le parvis de son église baroque Saint-Michel, accueille en août le **Festival de musique de chambre**. Dans ce site magnifique, d'où l'on domine la mer, se sont produits les plus célèbres ensembles instrumentaux, des chefs d'orchestre et des solistes de tous horizons : Karl Munchinger, Arthur Rubinstein, Rostropovitch, Jean-Pierre Rampal, Isaac Stern, Yehudi Menuhin, le Quatuor Bartok, le Golden Gate Quartet, pour ne citer qu'eux. Créé en 1949, ce festival a acquis lui aussi une renommée internationale qui fait de Menton un autre des hauts lieux de la musique.

Mais quantité de festivals moins connus et souvent de grande qualité mettent les petites villes et villages du Midi en effervescence . A Cogolin, ce sont été chaque été des Rencontres internationales de poésie contemporaine. A Vitrolles, dans les centres Fontblanche, artisanat d'art, théâtre, musique et cinéma cohabitent pour un été.

Festivals et Nuits animent également le haut Var, notamment à Cotignac où le théâtre de Verdure accueille en été le Festival de musique dirigé par Landowski.

A Fréjus, le Forum des arts et de la musique se déroule autour de la cathédrale, dans la ville médiévale.

Saint-Tropez aussi a des Nuits musicales organisées au château de la Moutte, tout l'été et jusqu'en septembre.

A Cannes, juin est le mois du Festival international du café-théâtre très apprécié des amateurs et en juillet les Nuits du Suquet mettent en musique le parvis de Notre-Dame d'Espérance.

A Antibes, dans le cadre idéal du port Vauban, depuis juin 1991, est né un Festival de *bel canto* romantique avec des œuvres de Donizetti, Rossini, Bellini, ou Spontini. A Biot, le Festival de musique de juillet commence à afficher des noms prestigieux.

A Sophia-Antipolis, si tout au long de l'année se suivent séminaires et colloques couvrant les domaines les plus variés, juillet et août se tournent vers le théâtre, les ballets et les concerts souvent remarquables. A la Colle-sur-Loup, le jeune Festival international de la danse est promis à un bel avenir.

A Monaco, le Festival du printemps associe sculpture, opéra et ballet. En juillet et août, le Festival international des feux d'artifice enflamme le ciel monégasque de mille couleurs somptueuses.

LES COLLECTIONS DES GRANDS MUSEES

Il est difficile d'imaginer à présent que c'est pour sa virginité, pour son innocente lumière que les peintres ont d'abord été attirés par le Midi. Il est encore plus difficile d'imaginer qu'ils sont aussi venus vers les petits coins pas chers du littoral, avec en tête l'idée d'une société réconciliée, où le peuple serait à l'honneur. Ainsi, à Saint-Tropez, Signac qui reçoit de la lumière cette poudre aux yeux dont il crible ses déjeuners de soleil, rêve tout haut dans ses toiles d'un bonheur populaire au bord de mer. On peut partir à la recherche des œuvres et des souvenirs de ces grands rêveurs dans cet immense musée éclaté que forment les 120 collections publiques de la Côte d'Azur : une tous les 20 kilomètres dans le Var et les Alpes-Maritimes ! D'autres villes du Midi comme Arles ou Marseille, riches de musées qui datent souvent du XIXe siècle, ont fait de grands efforts, dans les vingt dernières années, pour s'ouvrir à l'art contemporain.

Ci-dessus : Rencontres internationales de la photographies à Arles.

En choisissant Avignon comme lieu de résidence, les papes font de la ville, au début du XIVe s., l'un des plus brillants foyers artistiques européens qui attirera entre 1330 et 1380 des peintres en majorité italiens. Ceux-ci seront à l'origine d'un art pictural original désigné sous le titre d'école d'Avignon et qui se prolongera jusqu'à la fin du XVe siècle. L'un de ses plus importants représentants est le Siennois Simone Martini. Si aucune des fresques du **palais des Papes** ne peut lui être attribuée avec certitude, son influence y est indéniablement présente. Son élève Matteo Giovanetti travaille quant à lui à la décoration murale de la chambre de la Garde-Robe du palais.

Le **musée du Petit Palais**, l'ancienne résidence des évêques et archevêques d'Avignon est un très bel édifice des XIVe et XVe siècles. Il recèle un ensemble exceptionnel d'œuvres du moyen âge et de la Renaissance. Les collections comportent les peintures et sculptures de la collection Calvet et les 350 peintures italiennes du XIIIe au XVIe s. de la collection Campana. S'y ajoute une collection de pièces archéologiques médiévales de provenance locale. Les œuvres sont exposées de façon chronologique : l'art avignonnais occupe les deux premières salles et les trois dernières tandis que la peinture italienne est exposée dans les quatorze autres salles. La présentation est remarquable, évitant toute reconstitution artificielle d'ambiance, et laisse parler les œuvres.

Le **musée Calvet** possède lui une importante collection de peintures de l'école française du XVIe au XXe siècles, exposée dans l'un des plus beaux hôtels particulier (XVIIIe s.) de la ville et peut-être du Comtat.

Le **musée Réattu** d'Arles est installé dans les superbes constructions d'un ancien prieuré de l'ordre de Malte. Il constitue l'un des fleurons de la vie culturelle arlésienne. A côté d'un petit fonds de peinture ancienne, il possède un ensemble d'œuvres des XVIIe et XVIIIe s. provenant d'ateliers arlésiens (dont Raspal est le plus important représentant) et la quasi-totalité des œuvres de Jacques Réattu. En matière d'art contemporain, le musée arlésien est un des premiers musées en France à avoir ouvert ses collections aux photographies, dès 1965. Il possède ainsi une collection de tirages des plus grands photographes français et étrangers dont, entre autres, Weston, Brassai, Beaton, Boubat, Cartier-Bresson, Dieuzaide et Sudre.

Ce musée s'attache aussi à regrouper des œuvres d'art moderne et contemporain d'artistes qui sont liés d'une manière ou d'une autre à la région, qu'ils y soient nés, qu'ils y aient vécu ou puisé leur inspiration, ou qu'ils y travaillent actuellement. Cette collection a été inaugurée par l'acquisition de 57 dessins de Picasso exécutés de décembre 1970 à février 1971. La frénésie de création, l'élan puissant et la volonté de recherche du peintre se lisent sur ses cartons blancs ou teinté, dans la truculence, la férocité et parfois la mélancolie de ses dessins aux crayons de couleur, au lavis, à l'encre ou au fusain.

Le musée Réattu possède en outre de belles pièces de Toni Grand, de Bernard Pagès, de Bernard Dejonghe ou de Jean Degottex, notamment. Il ne faut pas manquer de voir non plus le beau *torse féminin* de Zadkine. Enfin, chaque année, sont organisées de grandes expositions, surtout l'été, comme dernièrement, une remarquable rétrospective Van Gogh et un parcours de Picasso en Provence.

A Martigues, fut créé en 1908, le **musée Ziem**, sous l'impulsion du peintre paysagiste, Félix Ziem. A sa mort il légua une trentaine d'œuvre qui enrichirent le fond existant. Le musée a été entièrement redéfini dans les années 1980 et s'est nouvellement installé dans une ancienne caserne de douane du XIXe s. Il est désormais à la fois un musée de site et une vitrine locale sur l'art contemporain. Musée de site, par la place qu'il accorde à l'archéologie locale, aux résultats des campagnes récentes de fouilles archéologiques et aux trouvailles de l'histoire navale, des vestiges de bateaux romains notamment, à la tradition des ex-voto, sans oublier les œuvres de Ziem et des peintres paysagistes de la fin du siècle dernier. Musée de l'art actuel, il met en valeur la sculpture contemporaine, intégrée aux collections archéologiques, des toiles et des dessins d'époque récente.

A Marseille, les musées sont en pleine effervescence après leur tout récent renouvellement. Le **musée Cantini** est installé dans un hôtel particulier, construit en 1694 pour la Compagnie du cap Nègre, qui fut légué à la ville par Jules Cantini, propriétaire de plusieurs carrières de marbre. Le musée, avec ses collections de meubles et d'objets d'art ancien, fut inauguré en 1936. Ouvert primitivement sous la forme d'un musée d'arts décoratifs, il

change d'objectif en 1953 et se reconvertit en musée d'art contemporain, siège de nombreuses expositions temporaires et résolument décidé à orienter ses acquisitions vers l'actualité. Ses nouveaux espaces, qu'il acquiert en 1986, lui permettent de montrer les collections permanentes en même temps que les expositions temporaires. On peut y découvrir, à travers une présentation toujours renouvelée, les jalons de l'art de ce siècle depuis le fauvisme jusqu'à nos jours.

Le **musée des Beaux-Arts**, installé au palais Longchamp offre un autre panorama de la peinture, avec des collection de peintures française, flamande, hollandaise et espagnole du XVIIe au XXe s.

A Aix-en-Provence, le **musée Granet** abrite quelques toiles, dessins, gravures et aquarelles de Cézanne qui est né dans cette ville et y a passer sa vie dans la solitude des propriétés familiales ou des cabanons qu'il louait dans les environs. Il en appréciait les paysages aux formes amples, aux masses découpées, la puissance de la montagne Sainte-Victoire. Le musée Granet recèle aussi une des plus riche collection de la région, tant d'archéologie que de peintures des écoles française, hollandaise, flamande et italienne du XIVe au XXe s. La politique d'acquisition se tourne aujourd'hui autant vers l'art contemporain que vers l'art ancien.

Ci-dessus : musée Vasarely à Aix-en-Provence. A droite : fondation Maeght à St-Paul et le musée Marc-Chagall à Nice.

La ligne de force de la collection du **musée municipal d'Art** de Toulon est la peinture en Provence du XVIIe au XXe s. Du XVIIe s. s'imposent des œuvres majeures de Michel Serre et Meiffren Comte. En marge de Fragonard, Revelly et Simon Julien, le XVIIIe s. est représenté par un ensemble complet de marines autour de Vernet. Les portraits du XIXe s. gravitent autour de Paulin Guérin. La modernité des paysages des années 1850 a fait parler d'école provençale tandis que Ziem ou Jules Laurens illustrent la tendance orientaliste. Les fauves de Pro-

vence y représentent l'avant-garde expérimentale du début du XXe s. auquel fait pendant le symbolisme finissant de Mossa ou Ménard. A partir de 1978, s'est constituée une belle collection d'art contemporain qui offre un panorama de la production artistique des années 60 à nos jours. Certains mouvements ont été privi légiés et sont bien représentées : le Nouveau Réalisme, l'art minimal, Supports / Surfaces, la nouvelle peinture de la génération des années 80. La présence de jeunes créateurs régionaux, nationaux et étrangers, donne au musée un caractère plus expérimental et une fonction d'aide à la création. Il ne faut pas oublier non plus une importante collection de photographies donnée au musée en 1977 par Jean Dieuzaide.

Le **musée de l'Annonciade** de Saint-Tropez témoigne de cette rencontre des fauves, Matisse, Marquet, Camoin, pour ne citer qu'eux avec leurs amis nabis, Bonnard et Vuillard, réunis par Signac qui depuis son bateau, les attirait vers le golfe tropézien.

A Fréjus, la **fondation Daniel Templon ,** provisoirement abritée dans des entrepôts industriels mis à disposition par la ville de Fréjus, a été aménagée par l'architecte Didier Guichard. La collection témoigne des tendances majeures de l'art depuis une trentaine d'années. Elle propose, à travers les figures les plus représentatives, un panorama de cette période riche et complexe. De grandes expositions temporaires marquent l'été : dernièrement un parcours dans la sculpture française contemporaine.

Le **château Grimaldi** d'Antibes devient en 1928 musée d'art et d'archéologie. Enfermé dans un rempart, il domine magnifiquement la mer et la vieille ville. En 1946, il abrite pour quelques mois Picasso qui y établit son atelier et y laisse la majorité des œuvres qu'il y a exécutées, notamment les 25 peintures dites la *Suite d'Antipolis* ainsi que 44 dessins et esquisses qui constituent un véritable journal de l'inspiration du peintre. La fresque *Les clés d'Antibes* est une des rares peintures murales de l'artiste.

Picasso fera don au musée, de la grande composition mythologique, *Ulysse et les sirènes* notamment, ainsi qu'une importante collection de céramiques. Quatre cents œuvres d'artistes du XXe s., ont été acquises par achat ou donation : de Miró, Modigliani, Picabia, Balthus... Les œuvres de Nicolas de Staël peintes à Antibes sont désormais présentées dans une salle permanente : autour du *Fort Carré* et de sa dernière œuvre restée inachevée, le *Grand Concert,* on peut voir des Picasso d'Antibes de 1946, retrouvés dans des collections étrangères.

Le musée entend regrouper œuvres et artistes liés à la ville et encourager les jeunes talents par ses acquisitions. La terrasse du musée présente un remarquable jardin de sculptures et de parfums dont peuvent jouir aussi les non-voyants. A voir et à toucher des sculptures de Germaine Richier, de Poirier, de César ou de Bernard Pagès.

Haut lieu de l'art moderne, l'harmonieux **musée national Fernand Léger**, apparut à **Biot** en 1960. Edifié par Nadia Léger, il vient de faire l'objet d'importants travaux d'agrandissement qui ont doublé sa surface, la portant à 2000 m^2 et permettant ainsi l'exposition de la quasi-totalité des œuvres de la donation. Juste avant sa mort, survenue en 1955, Léger termine la maquette d'une fresque murale en mosaïque destinée au stade de Hanovre. Elle sera finalement réalisée par des mosaïstes et céramistes et couvre 400 mètres de la façade Sud du musée et correspond bien au souhait de Léger d' "*obtenir un maximum de puissance et même de violence sur les murs*". Les nouveaux bâtiments sont eux aussi décorés de grandes fresques, réalisées à partir de maquettes de l'artiste.

On pourra suivre l'itinéraire du peintre à travers les premiers dessins de 1904 jusqu'aux *Oiseaux sur fond jaune*, toile à laquelle Léger travaillait encore quelques jours avant sa mort ; en passant par de grandes toiles comme l'étude de la *Femme en bleu* influencée par le cubisme analytique, les *Contrastes de formes* ou *la Joconde aux clés* de 1930 qu'il peignit à la manière d'un manifeste (être humain, trousseau de clefs, boîte de sardines disposés librement) et enfin les séries sur des thèmes populaires des années 40 et 50, les *Cyclistes*, les *Loisirs* ou le très célèbre *Constructeurs.*

Le rêve d'Adrien Maeght d'un "*musée vivant de l'art contemporain*" a pris corps en 1964, avec la **fondation Maeght** de **Saint-Paul-de-Vence**. Son architecture est particulièrement remarquable et les bâtiments d'une grande modernité ne sont pas exempts d'humilité. Ils ont été construits sur les plans de l'architecte José-Luis Sert et sous l'impulsion d'Aimé Maeght. Béton brut et brique romaine rose compose ce magnifique ensemble qui, sans grandiloquence, s'intègre parfaitement entre les pins parasols, qui piège la lumière et sait jouer avec elle, qui, enfin, n'impose pas de hiatus entre le dedans et le dehors mais, bien au contraire, les fait constamment s'interpénétrer. Les œuvres sont tout à fait servies par une telle architecture.

Il tire un bénéfice maximal de la beauté des jardins à la végétation luxuriante, par l'interpénétration des espaces intérieurs et extérieurs, par l'agencement des cours, des bassins, des terrasses et même d'un labyrinthe orné des céramiques de Miró. Les artistes ont en effet étroitement collaboré à la décoration : outre Miró, Chagall, Tal Coat et Ubac avec des mosaïques, Braque avec un vitrail, Giacometti avec tout un ensemble de sculptures. La fondation possède une importante collection de peintures, sculptures, dessins et œuvres graphiques du XXe siècle.

Nice est la ville des musées par excellence. Ils ont d'ailleurs la particularité d'avoir tous leur entrée libre. Le **musée des Beaux-Arts** est installé dans une ma-

A droite : sculptures de la fondation Maeght à Saint-Paul-de-Vence.

gnifique villa de style génois. Ses collections s'étendent du XVIIe s. aux impressionnistes. On pourra voir, entre autres, des œuvres de Jules Chéret, l'inventeur de l'affiche moderne, mort à Nice en 1932, des toiles des orientalistes, un ensemble très important de sculptures de Carpeaux ainsi que des tableaux de peintres ayant œuvré sur la Côte d'Azur de Signac à Vallotton. Le monde étrange du symboliste niçois Gustav-Adolf Mossa est désormais abrité à la galerie des Ponchettes , en bord de mer. Au milieu d'un parc planté de chênes verts, d'oliviers et de cyprès, le **musée Marc Chagall** recèle grands tableaux, mosaïque, sculptures, tapisserie, vitraux du peintre, réunis sous le thème de la Bible.

Desservi par une architecture pompière et inadaptée, le très récent **musée d'Art moderne et d'Art contemporain** est cependant planté au cœur de la ville. Les collections suivent l'histoire des avant-gardes françaises et américaines des années 60 à nos jours (notons que les toiles souvent mineures de nos grands artistes contemporains ne répondent pas toujours à cette ambition). Tous les grands mouvements sont représentés : Nouveaux-Réalistes, Fluxus, Supports/Surfaces, groupe 70, Figuration libre répondent aux mouvements américains comme le Pop Art, les abstractions des années 60, le minimal Art ou encore les Graffitistes. Les œuvres de Klein, Arman, Ben Raysse, Viallat, Pagès, pour ne citer qu'eux, nous rappellent la place privilégiée qu'a tenue Nice dans ces mouvements novateurs. Une place toute particulière est faite au département audiovisuel. Situé dans un site artistique exceptionnel, paré d'une oliveraie, de vestiges romains, d'un monastère franciscain et de son jardin à l'italienne, le **musée Matisse** est un chaînon prestigieux de l'art moderne à Nice. L'œuvre sculptée de Matisse est représentée dans ce musée qui abrite aussi une série des œuvres peintes à Nice, des gouaches découpées des années 50, ainsi que des esquisses, des dessins et des gravures. En cours de restructuration, le musée Matisse sera tout pimpant en 1992.

FONTAINES ET CAMPANILES AU PAYS DU SOLEIL

Pour celui qui venant du Nord, de France ou d'ailleurs, découvre la Provence, deux sensations et deux images reviennent sans cesse. Ce sont le soleil omniprésent au milieu du ciel bleu, et les vents de Provence, mistral et tramontane en tête, qui soufflent été comme hiver. Ce sont les nombreuses fontaines éparpillées sur les placettes, à l'ombre des platanes, et les campaniles, coiffes aériennes de tours pointées vers le ciel.

Les campaniles

Perché au sommet d'une tour, le campanile se présente comme une unité architecturale indépendante du bâtiment, puisque exécuté en ferronnerie et destiné à accueillir les cloches, d'où son nom. Ces merveilleuses cages, des plus simples aux plus chantournées, telles de précieux travaux d'orfèvrerie, sont la solution très artistique d'un problème très pratique : les vents de Provence soufflent parfois si fort (le mistral peut atteindre 200 km/h) que la flèche de pierre d'un clocher classique n'y résisterait pas ! Ainsi la Provence a mis aussi de la poésie dans son ciel, et il suffit de lever les yeux, parfois même dans le plus modeste des villages, pour voir apparaître les fins entrelacs d'un campanile. Si les variantes de détails sont aussi innombrables que la fantaisie humaine est vaste, reste que les silhouettes générales se rapprochent de formes géométriques repérables. Le photographe Etienne Sved qui leur consacre un ouvrage entier, a distingué ainsi plusieurs genres de campaniles : bulboïdes, campanulés, cosmologiques, pyramidaux, sphéroïdes...

On les retrouve un peu partout et notamment au pays d'Aix (Bouches-du-Rhône), dans les villages au pied du mont Ventoux (Vaucluse), entre Manosque et Sisteron (haute Provence), entre Brigno-

Ci-dessus : détail de la fontaine monumentale de la Rotonde, à Aix-en-Provence.

les et Salernes (haut Var) et dans l'arrière-pays niçois (Alpes-Maritimes).

Les fontaines rustiques

Au cœur d'un village la fontaine était hier source de vie pour les hommes comme les bêtes, et pour ainsi dire l'âme sans laquelle le village n'aurait pu exister. Autour du chant de l'eau qui coulait en permanence, bruissait toute la vie sociale, car la fontaine était aussi un pôle de rencontre pour les femmes qui venaient y récolter l'eau nécessaire à la cuisson des aliments et la boisson quotidienne du ménage.

Les fontaines rustiques sont simples, décorées avec parcimonie. Proche des maisons, elles comportent un bassin-abreuvoir dont les abords sont assainis par une calade, c'est-à-dire un passage de galets, comme c'est le cas à la Bonne fontaine de Forcalquier : ainsi l'eau n'est jamais polluée. L'écoulement de l'eau se fait par une gorge, souvent remplacée par une tuile à l'envers. Le trop-plein de l'abreuvoir se déverse dans le lavoir construit en contrebas, où les femmes venaient laver le linge.

Aujourd'hui encore, certaines villageoises y font leur lessive peut-être plus par nostalgie que par nécessité, car autrefois, une telle tâche requérait autant d'énergie que de temps : la *bugade* était alors hebdomadaire et consistait à entasser dans le *tinéu* en osier ou en bois, le linge sale surmonté de cendre de bois, de savon et de coquille d'œufs. On versait sur le tout de l'eau chaude, récupérée ensuite au fond du *tinéu* et renversée après qu'elle eût été filtrée et bouillie. L'opération durait une nuit entière durant laquelle la potasse contenue par la cendre, dissoute par l'eau chaude rendait un linge immaculé. Quant aux eaux usées, elles filaient fertiliser les jardins !

Les effets d'ornementations et les efforts architecturaux qui intervinrent par la suite furent dictés par le besoin de masquer les activités des lavandières, les jours de lessive, aux yeux des visiteurs et des promeneurs. Il existe de nombreuses fontaines se réclamant du type rustique, notamment les fontaines de talus, que l'on rencontre à l'écart des agglomérations et qui servaient à abreuver les animaux et à effectuer les grandes lessives de printemps et d'automne, les fontaines "nid d'amour", dont l'abri disparaît sous la mousse, et dont la pénombre est propice aux tête-à-tête amoureux, et les fontaines voutées, essentiellement orientées au sud, afin d'éviter que leur accès soit impraticable en hiver.

Les fontaines de prestige

Avant d'être décoratives, les fontaines de prestige ont été construites pour faciliter l'existence quotidienne des citadins, apportant l'eau au centre des agglomérations et des quartiers dépourvus d'approvisionnement naturel.

Rond, ovale ou rectangulaire, le bassin est surmonté d'un bloc distributeur sur lequel les ornements vont de la simple vasque Médicis au non moins humble pignon en passant avec plus ou moins d'orgueil par un obélisque, une Marianne, ou une boule en pierre. Comme à la campagne, la fontaine fut longtemps un lieu de rencontre, de rendez-vous tacites, où l'on bavardait, commérait et parfois flirtait, à condition de braver les on-dits ! Restant le symbole vibrant de toute vie communautaire et de la convivialité urbaine, la fontaine, au fil des années a pourtant changé de rôle.

Le prestige l'a emporté sur l'utilitaire, et pour embellir la cité, de nouvelles fontaines furent construites et celles déjà existantes enrichies d'ornements : les architectes redoublèrent d'imagination pour affirmer dans leur expression la richesse et la puissance du lieu. L'âge d'or de ces fontaines, conçues pour être vues, se situe entre le milieu du XIXe s. et la fin de la Première Guerre mondiale.

Parce qu'il occupe le centre de la fontaine, le bloc distributeur, étant l'élément le plus visible, devint celui sur lequel les architectes et artisans multiplièrent les ornements, donnant aux canons d'eau des formes nouvelles : têtes d'oiseau, d'ange, de chien, etc... Les fontaines à vasque apportent en Provence une notion inédite, celle de l'abondance et du gaspillage de l'eau. Inhérent aux seules grandes villes, ce phénomène n'y survint que dans les quartiers neufs à la fin du XIXe s., là où les grands bourgeois soudainement enrichis voyaient en ce type de monument l'occasion de poser pour la postérité.

Certaines fontaines se détournèrent complètement de leur destination première, comme celles que l'on désignait comme des buffets d'eau et où la fonction monumentale, ornementale et sonore primait sur tout le reste. L'eau perdait ainsi de sa valeur essentielle et utilitaire au profit d'une valeur esthétique qui confinait au luxe !

Ci-dessus : fontaine adossée à Grasse. A droite : parc et château du Tholonet, près d'Aix-en -Provence.

La dernière métamorphose de toutes, ne fut heureusement pas systématique : on découvre parfois des fontaines converties en jardinières : défuntes qui, de fontaines, n'ont plus que le nom et qui font aujourd'hui plus penser à des monuments funéraires qu'à des sources de vie.

Au chapitre des fontaines de prestige, mais radicalement différentes des fontaines qui ornent les places, sont aussi les fontaines adossées. Là où la place manquait, les fontaines ont été construites contre un mur, souvent orientées vers le midi. Elles peuvent paraître modeste avec leur deux ou trois canons qui distribuent l'eau. Simplement intégrée à la muraille qui semble appuyer et développer son aspect décoratif, la fontaine adossée possède une élégance rare, conférant à la rue ou à la placette sur laquelle elle est sise, un charme très différent de celui que dégage la fontaine centrale.

Répondant initialement aux besoins de la population, la fontaine adossée, servait aussi à abreuver les troupeaux et les chevaux, car elle se situait sur les voies permettant de traverser l'agglomération. A l'image des autres fontaines, les fontaines adossées et les fontaines-murs servent aujourd'hui encore à irriguer les platanes et parfois les jardinets alentour.

Aix-en-Provence témoignent du rôle historique que joue l'eau dans la création de la ville et nombreuses sont les fontaines, notamment celles du cours Mirabeau, à être alimentées en eaux thermales. Si ses plus belles fontaines datent du XVIIIe s. il faut noter deux exceptions notables par leur charme : la fontaine des Quatre-Dauphins, au cœur du quartier Mazarin, date de 1667 et celle de la place d'Albertas est une reconstitution édifiée en 1912, mais qui rehausse pourtant l'ensemble architectural.

Saint-Rémy-de-Provence possède avec sa fontaine Nostradamus une belle œuvre du XIXe s., exemple de style adossé. A

Séguret, près des Dentelles de Montmirail, la charmante fontaine des Mascarons, du XVIIe s., fait partie des sites classés du village.

A Eyguières, près de Salon-de-Provence, la jolie fontaine à la Coquille participe au concert des nombreux points d'eau qui ont valu au village d'être ainsi nommé. Enfin c'est à Pernes-les-Fontaines que le charme est peut être le plus puissant, et les exemples les plus nombreux : aussi séduisantes que célèbres citons les fontaines du Gigot, du Cormoran et de la Porte-Neuve, érigées ou remaniées au XVIIIe s., et la fontaine Reboul du XVe s., remaniée au XVIIe siècle.

Les jardins d'eau

C'est à partir de la Renaissance que l'art des jardins s'ouvre aux influences italiennes. Apanage des grands seigneurs, grottes, pièces d'eau et fontaines rentrent dans la composition des jardins et parcs de châteaux. Le XVIIe s. impose les compositions à la Le Nôtre, avec canaux, miroirs et buffets d'eau. Le XVIIIe s. amène la vogue pour les jardins romantiques, avec île et étang artificiels. Rares en Provence ces jardins d'eau en acquièrent une superbe incomparable. C'est dans le département des Alpes-Maritimes qu'on en trouve les plus beaux exemples.

A Menton, la Serre de la Madone possède des miroirs d'eau flanqués d'une orangeraie, le tout de proportions admirables. A Grasse, la piscine de la villa de Noailles, ultime aboutissement du bassin d'agrément, s'entoure de cascades, de tritons et de dauphins dont la pluie d'eau vient arroser les jardins. A Saint-Jean-Cap-Ferrat, les jardins du musée Ephrussi Rothschild, comportent un jardin espagnol avec grotte supportée par des colonnes de marbre rose et fontaine au dauphin, et un jardin à la française ou miroitent de vastes bassins couverts de lotus et de nénuphars. Près d'Aix-en-Provence, aux Pinchinats, le Jardin de la Gaude, offre l'agencement classique du XVIIIe s. avec bassin et miroirs d'eau qu'entourent pelouses et labyrinthe de buis.

L'HABITAT RURAL ET LE MOBILIER TRADITIONNEL

Les Bories

Le matériau de construction privilégié en Provence est la pierre. On y trouve de nombreuses habitations troglodytiques et des ouvrages en pierre sèches aussi originaux que remarquables : les murs de soutènement des *restanques* et les *cabanes*, connues sous le nom de *bories*.

On les découvre éparpillés entre l'étang de Berre et la montagne de Lure, ou concentrés près de Grasse, de Mane, ou de Gordes, où tout un village constitué de ce type d'étranges maisons a été rebaptisé *village noir*, de la couleur sombre de la pierre qui s'étend aux cailloux des chemins.

Avec leur toits en coupole de pierres plates assemblées en écaille, parfois coiffant à peine une hauteur d'homme, elles ressemblent à des vestiges préhistoriques, alors que leurs constructions s'échelonnent entre le XVe et le XIXe siècles. C'était le plus souvent des abris pour les bergers ou pour les ouvriers durant les gros travaux des champs, parfois de simples remises pour les outils.

Ci-dessus : une borie, maison en pierre sèche. A droite : porte de grange surmontée d'un petit pigeonnier.

Mas et Bastides

Région frontalière par excellence, la Provence, a subi des influences multiples, lesquelles n'ont guère, aussi surprenant que cela puisse paraître influencé son style architectural. Point de délires gothiques, fi ! des influences mauresques : le style provençal qui doit plus au mistral et au soleil qu'à l'envahisseur s'avère être l'un des plus caractéristiques qui soit.

Les Sarrasins n'ont effectivement rien laissé au paysage si ce n'est ces nombreux villages fortifiés, construits par les habitants pour s'en défendre ! D'aucuns se sont acharnés à trouver en Provence une quelconque influence italienne, qu'elle fût florentine ou d'ailleurs, or rien de plus sobre et simple que l'habitat provençal, éparpillé çà et là en plaine, sur les reliefs, regroupé frileusement autour d'un clocher.

Entre maison isolée et village, la Provence est passée maître dans l'art de l'habitat intermédiaire : celui des mas et des bastides. Lignes horizontales, masses décroissantes, couleurs de terre et de végétaux, toitures couvertes de tuiles "canal", ouvertures des fenêtres plus étroites au premier étage qu'au rez-de-chaussée : telles sont les caractéristiques des habitations rurales et les différences sont minimes entre une simple maison de paysan et un mas, grosse ferme comprenant plusieurs bâtiments formant parfois un hameau. En Provence, on évoque autant le cabanon que le mas, terme remontant au XIe s. et qui désignait alors la maison, ou la bergerie, ou la grange, voire l'ensemble que formaient ces bâtiments.

A un schéma de base commun à toute la Provence, se greffe autant de diversités qu'il existe de climats et de régions culturelles. En Arles, le mas est composé de bâtiments de faible hauteur, imbriqués les uns dans les autres au fil des années, aux façades souvent tournées vers les champs qui encerclaient le domaine. Dans la Crau et en Camargue, pour mieux se protéger du mistral, les bâtiments se sont érigés en quadrilatère, la maison du maître se trouvant flanquée des communs et des maisons où logeaient les saisonniers. Dans les Alpilles, le mas se présente bâti en hauteur, par souci de défense, et pour étager les fonctions : bétail, habitat, grenier s'accumulant dans cet ordre précis.

Toujours implanté pour se développer, s'étaler en ligne face au midi, le mas exprime les heurs et malheurs de celui qui l'occupe, ses revers de fortune comme ses jours fastes. Son cœur est la pièce commune qui est aussi la pièce principale. Lieu de convivialité et de réunion, près de la cheminée, et des repas qui rythmaient la journée de travail : l'autre élément essentiel est la *pile*, niche de pierre et réserve d'eau.

Dans le cadre d'une évolution architecturale linéaire, estompant totalement la frontière de *standing* entre le bâtiment du propriétaire et ceux voués à l'exploitation agricole, le mas devient une bastide.

Or la définition d'une bastide s'avère aussi floue que celle d'un mas ! L'apparition de ce type d'habitation remonte à la fin du XVIe s. et s'effectua essentiellement dans le pays d'Aix et dans la région de Marseille. Qui dit bastide, dit domaine, et dans ce cas précis, séparation aussi distincte que physique de la ferme et des logements des employés. Isolée, la bastide est une habitation conçue pour se défendre, comme en témoignent certaines tours de guet, dont Louis XIV exigea d'ailleurs qu'elles ne dépassent point la hauteur des toits !

Entre autres caractéristiques architecturales, la bastide possède une toiture à quatre pentes, fait rare en Provence, une porte centrale s'ouvrant sur le midi, des persiennes aux fenêtres et un agencement intérieur qui n'a rien de rustique, en regard de celui des mas. Dalles de pierre ou tomettes au sol, cuisine séparée, chambres à l'étage, salon et salle à manger souvent décorés avec faste composent les bases d'un habitat qui perdit rapidement son caractère initial pour se muer en résidences secondaires et maisons de plaisance pour les nantis aixois et marseillais, les mois de grosses chaleurs.

Le château de Roussan, exemple classique de bastide du XVIIIe s. et le mas de Brau, élégante bâtisse de style Renaissance, érigée au milieu du XVIe s. à partir des murs déjà existants d'un moulin à huile, respectivement sis à Saint-Rémy-de-Provence et à Mouriès, attestent d'un réel souci d'originalité, lequel n'est pas incompatible avec l'essence même de l'habitat provençal.

Chaque mas de grande importance s'augmente de quelques édifices dont le pigeonnier. C'est parfois une simple coiffe en forme de clocheton, parfois une véritable tour de plusieurs étages et pouvant atteindre huit mètres de hauteur. Une ceinture de carreaux vernissées protège la grille d'envol des pigeons des éventuels rats ou belettes, tout en décorant l'ensemble. Les pigeonniers sont surtout fréquents en haute Provence et dans le département du Vaucluse: on les rencontre notamment à Forcalquier, Gordes, Lourmarin, Lurs, Mane, Reillane, Saint-Michel-l'Observatoire,Simiane-la-Rotonde, et dans le pays de Sault. La présence parfois incongrue en leur base d'un *cochonnier* ou d'une chapelle s'explique par le fait que le propriétaire du mas était redevable d'un impôt si son pigeonnier était utilisé du sol au toit dans le seul but d'élever des volatiles !

Quant à la présence actuelle de terrasses, simple espace dallé de terre cuite, niché sous une épaisse treille, elle s'explique par la présence, autrefois, d'une aire recouverte de pierres plates sur lesquelles les gerbes de blé étaient piétinées par les sabots des ânes et des chevaux ou par un rouleau de pierre. Cette aire, invariablement située devant la maison d'habitation a donc cédé le pavé à un *treillard*, c'est-à-dire muret et montants de fer forgé qui supportent la treille. Le puits, l'abreuvoir et le lavoir sont souvent encore présents, attributs autrefois indispensable à l'usage de l'eau rare et donc précieuse.

Chaque bâtiment correspond aux besoins, aux fonctions et aux mentalités de chacun ; mas et bastides présentent des points communs dont, seule l'ornementation permet de souligner originalité ou richesse. Portes et fenêtres étaient conçues pour abriter les intérieurs du soleil et du vent, et leurs volets pleins en bois à doubles panneaux protègent des froids rigoureux qu'accentue le mistral, et des canicules estivales. L'hiver l'intérieur se replie autour du foyer, l'été il garde dans l'ombre sa fraîcheur. Les toits, couverts de tuiles romaines, sont reliés aux murs extérieurs par des génoises, triple rangée de tuiles superposées, dont la fonction n'a rien de décoratif puisqu'empêchant en fait, le vent de se glisser sous les rebords du toit et conséquemment de l'arracher ! Quant aux nombreuses jarres à huile qui garnissent aujourd'hui, débordantes de fleurs, jardins et terrasses, elles ne sont qu'une aberration.

Le mobilier provençal

Au fil des ans, mas et bastides ont abandonné leur statut social premier pour devenir des habitations extrêmement recherchées, et où les occupants s'attachent à reconstituer en les mêlant, les décors à la fois rustique et luxueux d'époques révolues. Expression idéale de ces traditions : l'ameublement... Qu'ils soient occupants d'un mas ou d'une bastide, les Provençaux ont toujours privilégié à ce titre les traditions. C'est de cette volonté

A droite : ferme abandonnée en haute Provence.

qu'est issu le style provençal. En Provence chaque pièce de mobilier s'avère être pour l'artisan, l'occasion de faire preuve de son talent et de son imagination, d'où cette exubérance caractéristique, qui allie grâce et mouvement.

Les meubles les plus typiques sont ceux qu'autrefois la jeune Provençale se voyait confier en dot, lors de ses épousailles. Elle recevait aussi maints autres éléments qui allaient embellir son ménage, à savoir le fameux *boutis*, ce couvre-lit en indienne piquée, brodé, imprimé de motifs floraux ou cachemire, des poteries de Moustiers, à motifs de grotesques, de guirlandes ou de fleurs. Aux éléments de mobilier de la dot sont liés des symboles importants ou des activités essentielles : la *panetière*, que l'on suspend au-dessus du pétrin, la *farinière*, accessoire de cuisine traditionnel, le *tamisadou*, parfois le lit dit *litoche*, et surtout l'armoire, bien dotal ou cadeau de mariage obligé entre tous, chacun ornementé avec lyrisme de colombes, de cornes d'abondance, de cœurs, de fleurs d'églantiers, symbole de l'amour conjugal, de poissons, de pommes de pin, de gerbes de blé, symboles de prospérité ou encore de feuilles de vigne, symboles de longévité !

Arles se distingue en ce domaine avec son style fleuri et Fourques, par son style plus sobre, plus vigoureux. Longtemps les deux écoles auront leurs adeptes et clients, tous désireux d'exprimer par leur intérieur, l'inclinaison de leur confession, car, si de Saint-Rémy-de-Provence à Tarascon, d'Arles à Marseille, l'on affectionne les lignes courbes et les guirlandes fleuries, les habitants des régions plus rurales, souvent protestants, préféraient les lignes simples et motifs géométriques.

Quant aux commodes, elles furent seulement l'apanage des familles aisées qui en garnissaient salons et chambres. Enfin, parmi tous les éléments de mobilier qui permettaient d'affirmer sa position sociale, il en est un des plus singulier : le *radassié*. Il s'agit en fait d'une banquette à l'assise paillée de deux à cinq places, toujours placée à côté de la cheminée, et invitant à converser, voire à *ragoter*...

L'INVENTION DE LA COTE D'AZUR

Géographiquement, la Côte d'Azur est la zone littorale, comprise entre Hyères et Menton, caractérisée par la beauté des paysages et la douceur de son climat. Au XVIe s., Marguerite de France décide de passer à Nice l'hiver "moins rigoureux là que partout ailleurs". Plus tard, Vauban remarque : "Le soleil de Saint-Paul est le plus beau de la Provence et c'est le pays où croissent les plus belles oranges de toutes espèces, qui sont là en plein vent, en hiver et en été, ce qui ne se trouve point ailleurs". De tout temps, cette région fait figure d'exception et engendre le rêve. Dès 1750, sur la Côte d'Azur, qui ne porte pas encore ce nom, les rivages enchanteurs de Nice accueillent quelques familles aristocratiques qui prennent l'habitude de venir y passer l'hiver. Le phénomène ne tarde pas à s'amplifier et la venue du duc d'York, frère du roi d'Angleterre, en 1764, consacre Nice comme villégiature de la haute société. Des écrivains comme l'Ecossais Smolett ou le Suisse Sulze, vantent à travers l'Europe, les charmes et la salubrité du climat de Nice dont la renommée est internationale, déjà à cette époque.

Ci-dessus : terrasse de café sur le cours Saleya à Nice.

En 1787, cent quinze familles étrangères résident dans la Nice d'hiver. Le phénomène de ces migrations temporaires était alors tout à fait nouveau et original. On venait en vérité, sans le savoir, d'inventer le tourisme qui connut la fortune que l'on sait. Les rivages qui jusque là, on l'oublie trop souvent, inspiraient de la répulsion, deviennent au contraire des lieux désirables : désir de se ressourcer, mais aussi désir d'ailleurs.

L'arrivée des riches étrangers va modifier le paysage. Sur le rivage niçois ne tardèrent pas à s'élever une succession d'habitations huppées entourées de jardins que devait longer, du côté de la mer, la première partie du chemin des Anglais. Sous l'impulsion des Anglais, de merveilleux jardins vont fleurir sur la future Côte d'Azur qui semblait faite pour eux. En 1782, l'académicien Antoine Thomas écrivait depuis Nice : "*Il n'y a nulle part, ni un plus beau ciel, ni des promenades qui présentent de plus beaux points de vue... On y rencontre partout l'olivier, le myrte, le citronnier, l'oranger, et, sous ses pas, le thym, le romarin, la lavande et la sauge que la nature a semé dans des déserts et au milieu des rochers*". Ce qui frappait les voyageurs qui séjournaient dans ces parages, c'était l'étonnante fusion entre la campagne cultivée et la nature sauvage, constituant un paysage qui pouvait être perçu comme un immense et riche jardin.

A la fin du XVIIIe s., les Niçois commencèrent à s'intéresser à la culture des plantes tropicales. Le pionnier fut Jean-François Bermond qui, de retour des Antilles en 1795, crée un jardin à l'abri de la colline du Piol, au nord de la ville, où il fit des essais d'introduction de plantes américaines : cannes à sucre, bananiers, cotonniers, indigotiers. En 1804, l'impératrice Joséphine adressa à l'administrateur des jardins de Nice, un envoi d'essences australiennes à "naturaliser" où dominaient les eucalyptus, envoi qui se renouvela l'année suivante. Vers 1820, le naturaliste niçois Antoine Risso acclimatait des végétaux des régions subtropicales dans sa propriété du quartier Sainte-Hélène, tandis qu'au même moment dans les jardins botaniques d'Hyères et de Toulon étaient constituées des collections de palmiers, eucalyptus, acacias (dont font partie ce qu'on appelle les mimosas) qui furent propagés ensuite sur tout le littoral. A partir de cette époque, une véritable émulation soutint les essais d'acclimatation des plantes des régions chaudes autant chez les propriétaires de domaines que chez les nouveaux arrivants qui achetaient des terrains pour construire.

En 1836, Lord Brougham s'installe à Cannes et lance la petite ville comme station et y fixe une colonie anglaise créatrice de nombreux jardins. En 1850, bien que Cannes soit mal équipée et difficile d'accès, près de deux cents familles anglaises y séjournent durant l'hiver. Cependant à Nice, se poursuivent avec bonheur les productions agricoles exotiques. Le chevalier Hilarion de Cessole réalise la première culture d'ananas en serre chaude. Un peu plus tard, il réussit à hybrider un dattier produisant des fruits comestibles. Le comte de Pierlas importe diverses variétés de conifères : cèdres, séquoias, araucarias et c'est au quartier du port que le vicomte de Vigier acclimata dans le parc qui entourait son palais *vénitien*, le *phoenix canariensis*, palmier le plus répandu sur la Côte. Enfin au cap d'Antibes, le botaniste Gustave Thuret fonda un arboretum où ont été étudiés depuis 1856, 18 000 végétaux différents venant des zones subtropicales du monde entier dont 2 500 variétés peuvent pousser sur le littoral méditerranéen. Mais pendant que les paysages s'enrichissent et se modifient, les troubles politiques ont repris de plus belle.

Nice, ville frontière, était devenue à partir de 1789, un refuge pour les nobles et les ecclésiastiques provençaux qui fuyaient les rigueurs de la Révolution. A l'instar de Coblence, elle devint un foyer actif de la contre-révolution. Le gouvernement français sera prompt à étouffer la rébellion. Le 28 septembre 1792, l'attaque française est imminente et les indésirables, immigrés, clergé, fonctionnaires et armée sarde s'enfuient vers le Piémont par la route du sel : la panique est générale et le tableau celui d'une confusion totale ; sous les pluies torrentielles qui s'abattent alors sur la région, se multiplient les scènes de pillage. Les autorités restées en place sont à ce point dépassées qu'elles remettent Nice aux Français.

En 1796, le roi de Sardaigne renonçait à tous ses droits sur le comté de Nice jusqu'en 1815 où le souverain recouvrait la totalité de ses territoires augmentés de la République de Gênes. Coup terrible pour

Ci-dessus : marché aux fleurs sur le cours Saleya. (Nice) A droite : la Côte d'Azur continue d'inspirer les peintres.

le port de Nice, jusque-là port franc et qui avait le monopole du transit des marchandises à destination de Turin. Un commerce qui va se faire désormais, et bien plus commodément par Gênes. Le port franc est d'ailleurs supprimé en 1853. Le comté de Nice, négligé par le gouvernement de Turin n'est plus le lien privilégié des Etats sardes avec la Méditerranée mais un monde clos, replié sur lui-même, à l'écart des mouvements sociaux et économiques qui, en cette première moitié du XIXe s.,transforment l'Europe.

A Turin, on se préoccupe d'autant moins de la prospérité de Nice que la réalisation de l'unité de l'Italie est devenue la priorité des priorités. Napoléon III promet une aide militaire au Piémontais Cavour en échange de la cession de la Savoie et du comté de Nice, après consultations des populations. Populations qui accueillent la France par un "oui" massif lors du plébiscite des 15 et 16 avril 1860. Le tourisme avait commencé de transformer le littoral mais c'est le chemin de fer qui va donner son essor à la Côte d'Azur. L'arrivée du train en 1864 va en effet donner un coup de fouet à un tourisme déjà en pleine expansion. Parmi les hivernants étrangers, les Anglais sont de loin les plus nombreux, suivis par les Russes, dépassés en 1870 par les Américains. Toujours très fortunée, cette clientèle arrive en septembre ou octobre et repart en avril ou mai. Les têtes couronnées se succèdent, la plus prestigieuse étant la reine Victoria pour laquelle l'architecte Biasini construit le magnifique *Regina*, à Cimiez, près des arènes. A Cannes, le phénomène de villégiature est aussi de plus en plus important. De 1875 à 1900, la ville s'équipe et la saison d'hiver bat son plein. Les régates, les courses de chevaux et de vélocipèdes, le tir à l'arc et les cavalcades ont un énorme succès. Les réceptions mondaines sont brillantes comme en témoignent les gazettes locales.

Les collines aux senteurs méridionales et les îles de Lérins sont les buts favoris des promenades. Vers 1880, des établissements d'hydrothérapie autorisent les cures climatiques. La colonie étrangère, composée à majorité d'Anglais, compte aussi des Russes, des Italiens et des Allemands ; la colonie française quant à elle se développe plus lentement. De grands travaux urbains s'engagent et parallèlement, 450 villas, 45 hôtels et 1 449 habitations ont été construits entre les seules années 1870-1875.

La métamorphose du paysage est totale, autant par l'introduction de la flore exotique que par l'essaimage des constructions en complète rupture avec les modèles de tradition provençale. L'éclectisme domine comme un procédé commode de composition. Le souci de novation, le goût pour l'insolite et le colossal s'expriment avec force. A la fois cadre d'une vie mondaine et havre de paix, la villa cannoise doit étonner, éblouir, être luxueuse et confortable.

Ainsi se côtoient villas mauresques, manoirs anglais, châteaux à tourelles et mâchicoulis, pavillons campagnards, villas classiques et chalets se côtoient... Menton, station climatique idéale ne possédait jusque-là aucune infrastructure hôtelière de qualité. L'arrivée du chemin de fer change tout et en 1879, Menton est devenue une station d'hiver recherchée, comprenant une cinquantaine d'hôtels et de pensions et plus de deux cents villas. La Riviera française était désormais parée comme une grande reine, il ne restait plus qu'à lui trouver un nom. En 1887, paraît un livre de Stéphen Liégeard; son titre est promis à un succès foudroyant : *La Côte d'Azur* ! Les artistes ont *fait* la Côte autant que la noblesse et les bourgeois européens et américains. Ainsi les peintres, attirés par l'innocente lumière de la Riviera, ont contribué à sa réputation, la rendant du coup moins innocente, comme si tout regard devait irrémédiablement gâter ce qui l'émerveille.

Peintres, écrivains, musiciens, ou acteurs viennent sur la Côte d'Azur : Monet, Nietzsche, Chéret, Tchékhov ou Offenbach. Claude Monet inaugure cet attrait en séjournant vers 1880 à Bordighera où il s'étourdira de lumière et s'acharnera à peindre l'impossible bleu. Mais rien n'est plus dangereux que ce bleu d'extase, le violet de la mer, le gris des oliviers, l'exotisme des palmiers.

Et la côte va se transformer bientôt en un vaste atelier où des peintres, attirés par l'enchantement d'un climat radieux, se confrontent avec des images édéniques. Mais seuls les maîtres savent contraindre la beauté du diable de ce qui leur apparaît comme le paradis. Ainsi Renoir à Cagnes-sur-mer ou Signac à Saint-Tropez qui reçoit de la lumière cette poudre aux yeux dont il crible ses déjeuners de soleil.

Le peintre niçois Alexis Mossa crée en 1873 *Sa Majesté Carnaval Ier*, renouvelant ainsi une fête qui existe à Nice depuis 1294. En 1876, on assiste à la 1ère bataille de fleurs. Le Carnaval devient alors le moment le plus brillant de la saison.

C'est depuis Le Cannet que Bonnard plonge, lui, avec délices dans un Orient voluptueux contrairement à Picasso pour qui le soleil d'ici est un soleil noir, ce soleil "*qui devient horrible quand il est regardé*" comme l'écrit Bataille.

Ce sont encore Chagall, Vallotton, Dufy qui mettent en fête une mer qui jamais ne se retire, Picabia menant à Antibes une vie mondaine, Van Dongen, Cocteau... Mais tous peintres déjà célèbres quand ils viennent se mesurer à la lumière de la Côte d'Azur qu'ils font entrer dans la légende.

La Belle Epoque fait triompher les casinos. Ils fleurissent à Nice et rivalisent avec le prestigieux casino de la principauté monégasque auquel son directeur François Blanc avait donné tout son lustre depuis 1863. Ils sont le détour obligé des artistes qui font les fous, aiment à se donner en spectacle. Sarah Bernhardt donne le ton à Monaco : le scandale est un art et l'art qui scandalise est couronné. Les femmes dorent la légende du casino. Les grandes cocottes du début du siècle usent de leur beauté auprès des joueurs comme d'un gage de succès, jouent l'argent des hommes, prélèvent des honoraires s'ils gagnent, séduisent les chanceux. Mais il est de bon ton aussi pour les princes, les hommes riches, célèbres et désireux d'avoir un standing de jouer au casino et de savoir perdre...

Ci-dessus : frime de luxe en Harley Davidson à Mougins. A droite : temple du jeu, le casino de Monte-Carlo.

La guerre fait taire toutes ces frivolités. Les anciens palaces de la Côte d'Azur se reconvertissent en hôpitaux de fortune. On tente de sauver au minimum la saison d'hiver mais les étrangers boudent la ville. La clientèle russe a quasiment disparu et les hivernants ont des revenus moindres qu'avant 1914.

La Côte d'Azur se relève cependant : l'hiver tout simplement cède le pas à l'été. Pour la première fois en 1917, tous les hôtels sont ouverts en juillet-août. Ceux situés sur le bord de mer sont de plus en plus recherchés, si bien que ceux situés sur les collines vont se vendre en appartements. Ainsi la Côte d'Azur prend peu à peu le visage que nous lui connaissons, on ne peut plus métissé...

La Côte d'Azur attire toutes sortes d'immigrés : aristocrates, artistes, hommes d'affaires, aventuriers, mais aussi paysans de l'arrière-pays des Alpes-Maritimes et du Piémont, retraités aisés qui viennent finir leurs jours au soleil, anciens coloniaux d'Indochine dans les années 50, quantité de Pieds-Noirs dans les années 60 et plus récemment Libanais et Iraniens chassés de leurs pays. sans compter tous ceux qui viennent se brûler les ailes au soleil, seulement le temps d'un été.

Dans les années 50, Juan-les-Pins rappelle à Sidney Bechett la Nouvelle-Orléans avec son incroyable mélange de milliardaires et de congés-payés, de princes et de pionniers de l'auto-stop, avec ses odeurs d'ambre solaire et de hot-dog, avec sa foule du soir qui envahit les rues et les dancings où hurlent les juke-boxes. Bechett est si entiché de Juan-les-Pins qu'il décide d'y célébrer son mariage en 1951. La fête bat son plein : les fanfares *dixieland* sont dans les rues et toute la ville en short et ou en bikini se balance en mesure.

C'est aussi avec Juan-les-Pins que Bechett se marie car il y reviendra désormais chaque été. Toute la côte gagnée par la transe se met à swinguer : le temps des festivals est né.

D'autant qu'avec la guerre froide, la VIe Flotte américaine croise en Méditerranée et tous les deux mois et pour quinze jours, des cargaisons de marins avides de femmes et de be-bop envahissent les villes de la côte, de Villefranche à Cannes.

Le cinéma ne pouvait qu'être alléché par une région si fantasque. En 1930 Nice comptait pas moins de six studios débordants d'activités. Le plus célèbre d'entre eux, la *Victorine*, existe d'ailleurs toujours et fut doté des derniers perfectionnements dès 1925.

De 1940 à 1944, on y tourna une trentaine de films et plusieurs chefs-d'œuvre incontestés du cinéma français, dont *Les visiteurs du soir* et *Les enfants du paradis* de Marcel Carné. Que ce soit au Festival de Cannes, dans les soirées mondaines ou tout simplement chez elles quelques mois par an, les célébrités "font" la Côte d'Azur. Grace Kelly épouse le prince de Monaco, Francis Ponge achète une maison à Bar-sur-Loup, Colette à Saint-Tropez, Blaise Cendrars à Villefranche, Rita Hayworth y célèbre ses noces avec Ali Khan et la même année, en 1949, Martine Carol avec Steve Crane, Jacques Prévert quant à lui est le témoin du mariage d'Yves Montand et de Simone Signoret ; toujours au soleil, Van Dongen peint tout ce beau monde, Cocteau peint la chapelle de Villefranche, Matisse celle de Vence, Picabia fait le zouave à Antibes, Douglas Fairbank à Monte-Carlo... La Côte d'Azur ne quitte décidément pas son habit bigarré, mythe vivant qui correspond encore parfois aux rêves, avec son tribu de désillusions.

LES TRADITIONS PROVENCALES

La Provence, le Comtat et le comté de Nice ont conservé un ensemble important de traditions festives. De plus, le Félibrige créé par Frédéric Mistral s'est tôt soucié de la défense des traditions locales en créant notamment des associations folkloriques afin de maintenir le costume, les chants en provençal et les danses.

Ce sont également des félibres qui actuellement jouent en public du tambourin, l'instrument vernaculaire de la basse Provence. Il associe une flûte à une main, le *galoubet*, et un long tambour. Le tambourin, parfois associé au violon, a été, aux XVIIIe et XIXe s., l'instrument des danses des noces et des fêtes patronales. Il a été détrôné ensuite par l'accordéon dans les bals mais il continue d'accompagner les défilés des groupes félibréens et des processions.

Des fêtes originales caractérisent fortement quelques communes. Certaines sont exceptionnelles, comme les deux **pèlerinages annuels des gitans** qui viennent de toute l'Europe aux Saintes-Maries-de-la-Mer les 24-25 mai et l'avant-dernier dimanche d'octobre pour honorer sainte Sarah et les "saints de Provence", qui auraient selon la légende abordé sur cette côte après la mort du Christ : leurs reliques sont descendues depuis l'église supérieure dans un grand concours de foule et leurs statues transportées en procession jusqu'à la mer.

Mais plus souvent, un rite naguère assez répandu ne s'est maintenu qu'en quelques endroits. C'est le cas par exemple de la **bravade**, accompagnement en armes de la procession par la jeunesse masculine d'un lieu, ponctué de salves et parfois d'un simulacre de combat. Les bravades étaient un rituel festif fréquent dans la Provence du XVIIIe s., ainsi qu'un élément du cérémonial d'accueil lors de l'arrivée d'un personnage important dans une ville. Elles ne se sont conservées qu'en quelques sites (Saint-Tropez, Fréjus, Castellane, Gréoux, Soleilhas etc...), à l'occasion de la fête patronale et souvent en liaison avec un légendaire historique ou hagiographique qui s'efforce de les expliquer ou de les justifier localement.

Enfin certaines fêtes peuvent avoir conservé une séquence qui leur est propre. C'est le cas de la Saint-Marcel de Barjols (16-17 janvier) avec la **danse des tripettes**, sautillement collectif dans l'église dont l'origine et la signification sont controversées, et tous les quatre ans, la promenade dans les rues puis la cuisson publique d'un bœuf dont les portions sont vendues aux participants de la fête.

A droite : messe devant Notre-Dame pendant la fête de Gardians à Arles.

Le calendrier festif

Le calendrier traditionnel de la Provence s'articule autour de deux grandes dates, correspondant approximativement aux solstices, la Saint-Jean (24 juin) et la Noël. D'autres fêtes jalonnent cet itinéraire annuel. Ainsi **la chandeleur** (2 février) forme transition entre le cycle provençal de Noël, qui en Provence dure quarante jours, et celui de Pâques. L'octave de la Chandeleur draine des milliers de fidèles vers l'abbaye Saint-Victor de Marseille.

La "messe de l'aube", célébrée par l'archevêque à 6 h du matin le 2 février, est précédée de la bénédiction du feu dans la crypte paléochrétienne puis de la montée en procession de la Vierge noire dans l'église supérieure, cependant que s'allument les cierges verts que les fidèles font ensuite brûler dans la basilique ou la crypte ou bien emportent chez eux.

La Chandeleur est aussi à Marseille le temps des navettes, biscuits fendus longitudinalement, achetés chez les boulangers ainsi qu'au *four des navettes*, près de la basilique où elles sont fabriquées depuis 1781.

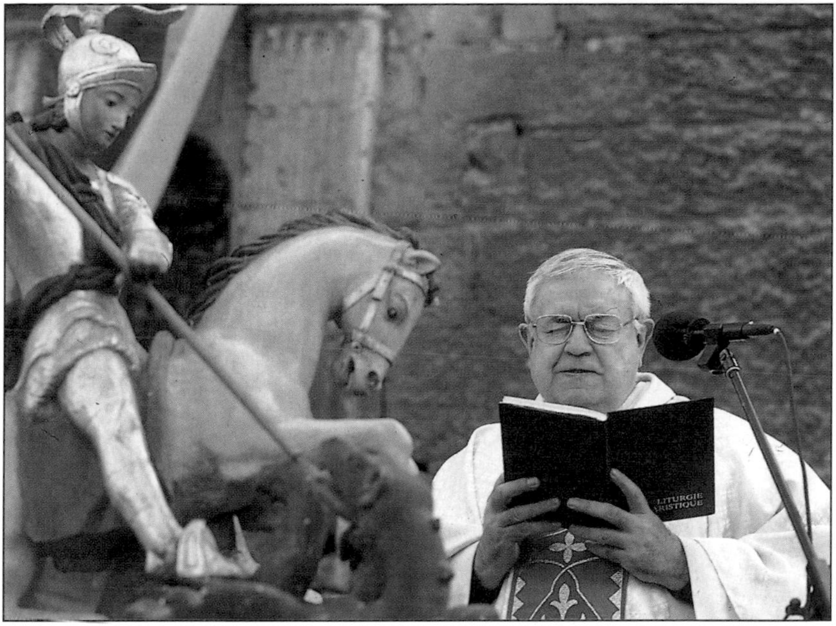

Le **carnaval** donne lieu à des festivités importantes à Nice et plus modestes à Aix, sous forme de *corso* (défilés de chars), apparus dans les deux villes au cours du XIXe s. Le carnaval est un temps de licence et de facéties avant l'entrée en carême, symbolisé autrefois par le procès burlesque d'un mannequin de paille surnommé *caramentrant*, suivi le lendemain (mercredi des Cendres) de son *brûlement*. Ces traditions carnavalesques font parfois l'objet de tentatives de reprises dans les quartiers et les petites villes, qui suivent en général des sources livresques ou prennent modèle sur le Languedoc voisin, où ces fêtes populaires se sont mieux maintenues.

Le **dimanche des Rameaux** voit dans toutes les églises la bénédiction de branches d'olivier. Mais les "rameaux" d' enfantins, faits d'une armature de fil de fer revêtue de paperolles et de rubans et surchargés de bonbons et de menus cadeaux, offerts naguère par les parrains et marraines qui les achetaient dans des confiseries sont devenus rares, bien qu'un artisan marseillais en maintienne la fabrication. A Nice les "rameaux" sont faits en palmes tressées en forme de petites croix.

La **Semaine sainte** suscite la construction dans les églises des "reposoirs", décors floraux parfois importants et les fidèles âgés persistent à baiser les stigmates des statues du Christ, déposées au centre du reposoir. Pour Pâques, quelques confiseurs réalisent encore des chefs-d'œuvre en chocolat et nougatine ; ils étaient autrefois mis en loterie.

Le printemps voit renaître les **processions** à travers la campagne, montée vers les chapelles mariales pour le 25 mars (Annonciation), procession des vignerons de la basse Durance pour la Saint-Marc, pèlerinage aux chapelles de la Sainte-Croix le 3 mai, procession paysanne des Rogations, avant l'Ascension, avec bénédiction du terroir par le clergé.

A Marseille la **fête du Sacré-Cœur** de Jésus est marquée par la "messe du vœu", la ville ayant été placée sous sa protection lors de la grande peste de 1720. Elle est célébrée par l'archevêque en présence

des autorités et du président de la Chambre de commerce qui lui remet le "cierge de trois livres" que les échevins avaient fait vœu d'offrir chaque année.

Lors de la **Pentecôte**, les pâtissiers vendent pendant une seule journée ou plus rarement durant l'octave, le *colombier*, entremet renfermant un petit sujet en forme de colombe ; selon le dicton, "*qui la colombe aura, dans l'année se mariera*". La Pentecôte est la date à Tarascon des **Fêtes de la Tarasque**, dragon fabuleux qui aurait été dompté par sainte Marthe selon la légende. Elles mettent en scène une grande effigie de bois et de toile portée par des jeunes gens ; le défilé de la Pentecôte était autrefois très brutal : il montrait la Tarasque en furie, renversant les passants de sa queue, qui aurait symbolisé le paganisme.

Celui de la Sainte-Marthe (29 juillet) manifestait la paix chrétienne : une Tarasque assagie était tenue en laisse par une

Ci-dessus : ensemble de tambourinaires, "Lou Velout d'Arles."

fillette symbolisant la sainte. Seul le premier défilé subsiste, expurgé de ses épisodes agressifs et confondu avec la fête récente du "retour de Tartarin", le chasseur vantard, héros d'un roman très populaire d'A. Daudet.

La **Saint-Jean d'été** (24 juin) est, on l'a dit, une grande fête provençale. En nombre de communes, le maire vient allumer le feu de joie et la fête dure une partie de la nuit. La foire de la Saint-Jean se tient à Marseille sur le cours Belsunce entre le 24 juin et la fin du mois de juillet. L'on y vend des tresses d'aulx et des *tarraiettes* (diminutif de *terraio*, vaisselle en terre-cuite) qui sont des reproductions miniaturisées de la vaisselle d'antan, destinées à servir de jouct aux fillettes. Les *tarraiettes* sont surtout fabriquées désormais à Aubagne et Vallauris.

La **cavalcade de la Saint-Eloi** est la fête des "ménagers", paysans aisés qui seuls autrefois possédaient des trains d'attelage : saint Eloi était le patron des maréchaux-ferrants et par extension des ménagers et de leurs chevaux. Les agriculteurs des Bouches-du-Rhône le fêtent toujours le 25 juin (et les semaines suivantes) par un défilé. Dans le nord-ouest du département, chaque village fait courir sa *carreto ramado*, charrette ornée de branchages à laquelle sont attelés à la file un grand nombre de chevaux et mulets ; dans le sud-est, de la banlieue de Marseille à Gemenos, chaque propriétaire pare son propre attelage et l'on met aux enchères le *gaillardet* (bride d'honneur). Les "Saint-Eloi" qui subsistent en Provence orientale sont désormais organisées par des clubs hippiques.

L'**Assomption** (15 août) et la **Nativité de la Vierge** (8 septembre) sont avec l'Annonciation les fêtes de nombreux sanctuaires provençaux dédiés à la Vierge, en particulier sur les sites de hauteur. Ces chapelles sont le but du *roumavage* ou *romeirage*, qui est appelé la *vote* dans la Provence alpine : la population villageoise ou même celle de petites villes monte en pèlerinage jusqu'à la chapelle pour y entendre la messe, souvent suivie de la bénédiction des fruits de la terre ; elle consomme ensuite sur place des provisions qu'elle a apportées et ne redescend que dans la soirée, après conversations et jeux. Une variante consiste à aller chercher en procession la statue conservée dans ce sanctuaire et à la transporter dans l'église paroissiale où elle reste exposée pendant l'octave (8 jours) ou la neuvaine (9 jours), puis à la raccompagner dans sa chapelle.

La **Toussaint** (1er novembre), confondue avec le jour des Morts (2 novembre) est le temps de la visite des cimetières, dont les tombeaux sont nettoyés et fleuris. L'affluence est considérable dans les grands cimetière urbains.

La Noël provençale

Le 4 décembre, la plantation du "blé de la Sainte-Barbe" marque les débuts de **l'Avent** : des grains de blé, de lentille, parfois de cresson germent dans des soucoupes sur de la ouate humide et orneront la table et la crèche de Noël. Dès le dernier dimanche de novembre, la Foire aux santons a été inaugurée sur les allées de Meilhan à **Marseille** par le maire précédé des tambourinaires. Des foires de ce type se sont créées plus récemment dans d'autres villes.

Le "cycle de Noël" est la fête provençale par excellence. Il débute par la confection dans les foyers et les églises, quelques jours avant le 24 décembre, de la **crèche** où la nativité du Christ est mise en scène dans un vaste décor fait de papier froissé et de maisonnettes en carton, au moyen de figurines en argile peinte, les **santons** (en provençal : petits saints). C'est le Marseillais Jean-Louis Lagnel (1764-1822) qui semble avoir eu l'idée à la fin du XVIIIe s. de reproduire sous forme de santons les figures des crèches d'église, et de multiplier les personnages profanes, en s'inspirant des habitants et des petits métiers des vieux quartiers de Marseille. Au début du XXe s., Thérèse Neveu (1866-1946) d'Aubagne a introduit la cuisson des figurines. L'abbé César Sumien (1858-1934) a créé le santon habillé, petit mannequin vêtu d'étoffes qui constitue une part importante de la production actuelle.

La soirée du 24 décembre est la plus longue veillée de l'année, dans l'attente de la Messe de minuit. Elle commence par le **Gros-souper**, repas maigre mais copieux ordinairement constitué de plats de poisson et de légumes. Une grande abondance de desserts très variés le termine et permet d'attendre l'heure de la Messe de minuit. Leur nombre semble avoir été fixé à 13 (chiffre mystique correspondant au Christ et à ses douze apôtres) dans les milieux félibréens des premières décennies du XXe s. et diffusé ensuite par la presse et la littérature régionales, ce qui explique les multiples variations des listes qui en sont ordinairement proposées. Ces desserts sont accompagnés de vin cuit, qui n'est commercialisé

que pour la Noël mais que l'on trouve alors dans les magasins à grandes surfaces. Les boulangers cuisent la "pompe", galette à l'huile ou au beurre. Tambourinaires et groupes folkloriques animent les Messes de minuit en nombre de communes. Ailleurs, la Messe de minuit est l'occasion de chanter les nombreux **Noëls** en provençal composés entre le XVIe et le XIXe s. Le clergé porte en procession à minuit l'Enfant Jésus à la crèche. Dans les églises de la région des Baux et à Allauch près de Marseille, les bergers font la cérémonie du **pastrage** qui consiste à offrir pendant la messe un agneau nouveau-né. A Marseille, dans l'église des Augustins, sur le port, les pêcheurs et les poissonnières font de même l'**offrande du poisson**. Les enfants trouvent leurs cadeaux dans leurs souliers devant la crèche au matin du 25 décembre. La quarantaine de Noël est aussi le temps de la reprise des **pastorales**, pièces de théâtre mêlant étroitement le sacré et le profane qui mettent en scène les divers types sociaux d'un bourg provençal où aurait lieu la naissance du Christ. Les premières pastorales sont apparues au XVIIIe s. ; en 1842 le miroitier marseillais Antoine Maurel a composé le livret qui reste aujourd'hui le plus connu et le plus souvent interprété.

Ci-dessus : la pétanque un jeu très populaire. A droite : bien plus sportive, la course au taureau des razeteurs.

Le 6 janvier, jour de l'**Epiphanie**, les crèches sont complétées par les Rois Mages. Les pâtissiers confectionnent entre l'Epiphanie et la Chandeleur la "couronne des rois", couverte de fruits confits, et l'on "tire les rois" en famille et en nombre d'associations . La couronne renferme une fève grillée et un "sujet" (souvent un petit santon en céramique) qui désignent le roi et la reine du jour.

Les jeux provençaux

Parmi les jeux collectifs qu'affectionnent les Provençaux, l'on signalera avant tout les boules. Le **jeu de boules** proven-

çal semble dérivé du jeu de quilles. Il est attesté au XVIIIe s. dans les guinguettes qui entourent Marseille. Dans la même ville le Cercle des Boulomanes, fondé en 1828, fixe peu à peu les règles du jeu qui sera appelé "la longue" ou jeu provençal. La pétanque qui se joue *a pié tanca* (les pieds plantés) serait apparue à La Ciotat au début du XXe s. Elle présente l'avantage de pouvoir être pratiquée sur des boulodromes moins vastes que ceux qu'exige la *longue* et est devenue très populaire au cours de notre siècle à travers toute la Provence.

Les **joutes** sont des tournois nautiques organisés ordinairement par les pêcheurs dans les ports du littoral. Deux équipes prennent chacune place dans un bateau à sa couleur (bleu ou rouge) qui est équipé à la poupe d'une *tintaino* (ce qui tremble), étroite plate-forme en porte-à-faux où se tient le jouteur. Celui-ci est protégé par un plastron recouvert d'un bouclier de bois, la *targo* et tient d'une main une lance de bois de 2,70 m et serre dans l'autre un *témoin*, morceau de bois. Lorsque les deux barques se croisent, les jouteurs lèvent la lance et chacun tente de toucher le plastron de l'autre pour le pousser à l'eau. Le vainqueur doit avoir conservé son témoin jusqu'au coup de lance et ne pas avoir quitté la *tintaino* pour être qualifié. Celui qui vient à bout de tous ses adversaires est le gagnant final.

Les **jeux de taureau** ne caractérisent plus aujourd'hui que la basse Provence rhodanienne, bien que des arènes aient existé à Marseille jusqu'au début du XXe siècle. La *course provençale* consiste pour le *razeteur* à enlever une cocarde placée sur le front du taureau. Ce dernier provient d'une *manade* (élevage de taureau camarguais). Certaines arènes de l'embouchure du Rhône donnent également parfois des corridas. Les jeux, les fêtes et les artisanats de tradition sont un aspect important de l'image de la Provence pour les visiteurs comme pour les Provençaux eux-mêmes. Ils forment l'un des principaux éléments du sentiment identitaire des habitants qui se montrent souvent très attachés à leur maintien.

LA GASTRONOMIE ET LES VINS

Un étonnant réservoir de richesses naturelles favorise la qualité de la cuisine de Provence qui compte dans son répertoire gastronomique pas moins de 420 mets spéciaux et authentiques. Ne possède-t-elle pas en effet une profusion de primeurs, les 20 aromates, la délectable huile d'olive, les 16 fruits de mer, les 46 espèces de poissons particuliers aux côtes de la Méditerranée et les raisins que le soleil mûrit de Châteauneuf-du-Pape à la région niçoise, et qui produisent d'excellents crus !

Dans sa cuisine, le Provençal recherche avant tout la présence de son terroir. Il magnifie les créations de la nature, telles que les produisent les collines embaumées et la Méditerranée harmonieuse. Aussi, préférant l'exquis à l'abondant, il octroie aux condiments une place généreuse et leurs saveurs accompagnent et relèvent chaque plat.

Ci-dessus : vendeuse de crêpes. A droite : poissons et fruits de mer occupent une place de choix dans la cuisine provençale.

La cuisine provençale, en créant des synthèses savantes avec les anchois, l'ail, les aromates, l'huile d'olive et le safran, ne ressemble ni à celle du reste de la France, ni à celle de l'Italie, sa voisine. Peut-être dérive-t-elle de celle des Phocéens, débarqués sur les côtes de Provence, 600 ans av. J.-C. Elle s'impose, en tout cas, comme l'archétype de la cuisine méditerranéenne.

L'élément essentiel, capital de la cuisine provençale, son âme et son secret est **l'huile d'olive** : une huile d'olive pure, odorante, fruitée. Pas de cuisine provençale non plus sans **l'ail** dont le succès remonte aux antiques civilisations méditerranéennes. Son emploi très fréquent ne va pas sans discernement. Jamais son parfum ne doit dominer et éteindre les autres saveurs, mais les corser et les renforcer, au contraire. L'ail provençal, plus doux que celui récolté dans les autres régions, rentre dans la composition de la fameuse mayonnaise à l'huile d'olive, **l'aïoli**, véritable célébrité de la table du Midi.

La liste des plantes aromatiques utilisées dépasse largement l'éventail connues partout sous l'appellation d'**herbes de Provence** : au thym méridional (farigoule), serpolet, sauge, sarriette, romarin, marjolaine, hysope, fenouil, estragon et basilic, s'ajoutent safran, menthe, laurier, girofle, ail, oignon, genièvre et câpres. Il y a tout un art de se servir avec mesure de ces multiples ingrédients : l'expérience et l'intuition permettent de combiner et mélanger savamment les essences suivant une connaissance parfaite de leur valeur propre. L'usage des aromates diffère de celui des épices : elles ne doivent que rehausser par un parfum léger les saveurs des plats.

Les plats traditionnels sont parfois célèbres, et toujours parfumés, comme les soupes, qu'elles soient de poissons ou de légumes. La plus célèbre d'entre elles est **la bouillabaisse**. Elle doit comporter

au moins trois poissons : rascasse, grondin et congre. On y ajoute généralement beaucoup d'autres ainsi que des crustacés. Dans son roman, *Fanny*, l'écrivain Marcel Pagnol, célèbre le culte de la bouillabaisse : "Vous serez bien aimable de lui dire qu'elle n'oublie pas ma bouillabaisse de chaque jour, ni mes coquillages, bagasse ! Moi, c'est mon régime : le matin, les coquillages ; à midi, ma bouillabaisse. Le soir, l'aïoli. N'oubliez pas, mademoiselle Fanny !". Les fruits de mer et les poissons occupent donc une place de choix.

L'anchois, notamment celui de Martigues, est souvent présent dans les sauces et accompagnements. On le trouve sous diverses formes : tapenade, pissala, anchoïade (anchois fondus à l'huile d'olive avec un hachis d'ail, puis tartinés sur des tranches de pain, le tout étant passés au gril, avant d'être servi).

Se disputent aussi la notoriété, les moules, les clovisses, les oursins, les calmars, les crabes, les violets que l'on peut trouver autour du Vieux-Port, à Marseille. Outre la variété des petits poissons de roche tant recherchés pour les soupes, les plus courants sont les sardines (à l'antiboise, farcies aux épinards), pagres et pageots ou dorades, le chapon, le loup, le rouget, la baudroie, la morue...

Au chapitre des viandes, **l'agneau** de la Crau et de Sisteron et ceux des Préalpes sont très prisés. Le gigot se rôtit, se prépare à l'ail, les hauts et noisettes en sauce. En Avignon, la daube de mouton est un plat typique.

Les légumes sont là à profusion. Le Vaucluse peut être considéré comme jardin de la France. Tout y est représenté : pommes de terre, choux, haricots verts, céleris, navets, carottes, courges, poireaux, radis, topinambours (qu'il ne faut pas oublier pour la réussite d'un grand aïoli) ; et bien sûr les tomates, poivrons aubergines, blettes, épinards, artichauts... et toutes les herbes fraîches. Il faut ajouter à cette collection, les asperges de Villelaure, et l'ail, avec la foire aux aulx des allées de Marseille. Le vert de blette et l'épinard sont parmi les légumes favo-

ris des Niçois qui les allient souvent aux pâtes (ravioles). L'artichaut violet de Provence se consomme aussi cru en poivrade, lorsque son foin n'est pas encore formé. La tomate, le poivron, la courgette, ne se cuisent pas, ils se *"fondent"* avec des aromates et de l'huile d'olive, ce qui donne à ces légumes du soleil, la perfection qu'ils n'ont pas, traités ailleurs. Enfin, il ne faut pas omettre, à côté des champignons sauvages, la truffe récoltée à Apt, Carpentras, Riez, Valréas.

Nous voici aux **desserts**. En ce pays de cocagne, ou soleil et mistral s'associent pour bien éclaircir le ciel, les fruits mûrissent bien. Pêches, abricots, cerises, melons, sans oublier les amandes, sont d'une grande qualité. Le fruit le plus populaire est la figue verte ou figue de Marseille, petite, juteuse et très sucrée. Parmi les spécialités gourmandes de la région, citons les melons confits d'Avignon, les calissons d'Aix, les berlingots de Carpentras, les nougats, noir et blanc de Sault, les croquets d'Allauch.

Ci-dessus : les indispensables herbes de Provence. A droite : café-brasserie "Les Deux Garçons " à Aix-en-Provence.

Les vins

Dès la plus haute antiquité, la vallée du Rhône fut la grande voie par laquelle la civilisation méditerranéenne, qui fleurissait longtemps avant l'ère chrétienne, pénétra en Gaule. Les Phocéens, fondateurs de Massalia, y introduisirent vraisemblablement, un plant de vigne, la *Shyra*, de provenance orientale.

C'est là qu'il faut voir, sans doute, l'origine des **Côtes-du-Rhône**. Joyau de cette région, le *Châteauneuf-du-Pape*, est un vin étoffé, splendide, allant jusqu'à 15 degrés, et doué d'un bouquet pénétrant de framboise. Produit sur 1 500 hectares, c'est le grand, l'inégalable vin qui accompagne les secrets parfumés de la cuisine provençale. Très appréciés aussi, le *Gigondas*, et pour les rosés, leurs voisins du Gard, le *Tavel*, cher à Louis XVI, et le *Lirac*.

Parmi les vins des **Coteaux d'Aix**, les blancs sont secs et parfumés, les rosés, souples et fruités, et les rouges sont chauds et corsés. A quelques kilomètres d'Aix, se trouve le terroir de **Palette**, qui, depuis l'époque du roi René au XVe s., produit des vins renommés. Le cru principal de ce terroir est *Château-Simone*. Vieilli naturellement dans des caves souterraines, creusées autrefois par les religieux de l'ordre du Carmel, ce vin, de très haute qualité, est d'une saveur nuancée et exquise.

F. Mistral-Calendal raconte ainsi les **vins de Cassis** : "*notre vin est tellement fameux que Marseille – lorsqu'elle veut faire un présent au Roi – nous demande de lui en envoyer. Oh! si vous en goûtiez ! Il brille comme un diamant limpide. Il sent le romarin, la bruyère et le myrte dans le verre*". Une superficie de 200 hectares a été consacrée à la vigne. L'on trouve des vins blancs merveilleux pour accompagner coquillages, poissons et l'incomparable bouillabaisse. Les vins rosés et rouges, acquièrent leur majesté après quelques années de fût et se servent avec les grillades, rôtis et gibiers.

Les **vins de Bandol** doivent cette dénomination au petit port situé entre Toulon et Marseille, bien que ces vins soient produits par les coteaux des collines avoisinantes. Mais, c'est au port de Bandol qu'ils étaient réunis pour être embarqués. Les vins blancs sont alcoolisés et secs ; les rouges sont souvent dorés et les rosés ont une saveur très recherchée.

Cultivés déjà par les Gaulois, les vins de **Côtes-de-Provence** ne firent qu'étendre leur renommée au moyen âge et à la Renaissance. La table des rois en était pourvue. Les vignerons d'aujourd'hui, s'attachent à conserver cette réputation. Vieillis plusieurs années, avant d'être livrés à la clientèle, ces crus accompagnent tous les mets provençaux. On y trouve des blancs à peine paillés, des rosés teintés d'or, des rouges rutilants. Dans ce vieux comté de Nice, naissent des vins que l'on ne doit pas oublier : le plus célèbre des **vins niçois** est le vin de *Bellet*, velours pailleté d'étincelles.

Nelles Maps ...une invitation au voyage!

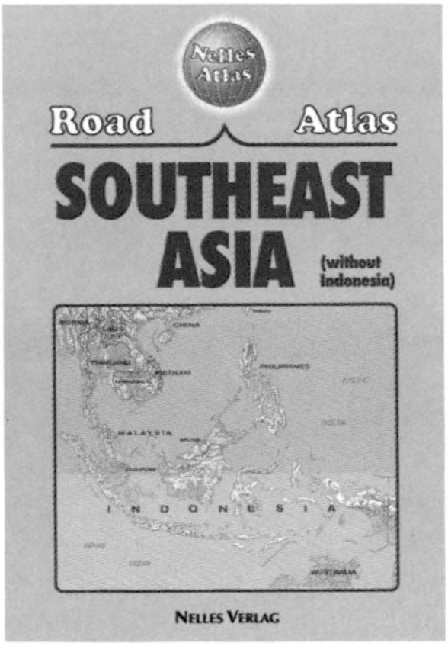

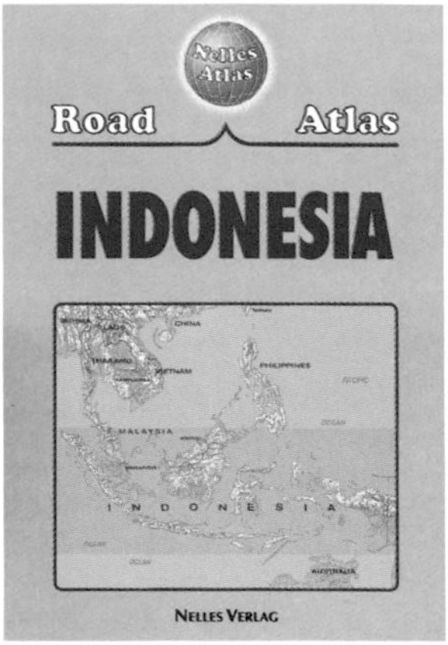

Nelles Maps

- Afghanistan
- Australia
- Bangkok
- Burma
- Caribbean Islands 1 / Bermuda, Bahamas, Greater Antilles
- Caribbean Islands 2 / Lesser Antilles
- China 1 / North-Eastern China
- China 2 / Northern China
- China 3 / Central China
- China 4 / Southern China
- Crete
- Egypt
- Hawaiian Islands
- Hawaiian Islands 1 / Kauai
- Hawaiian Islands 2 / Honolulu, Oahu
- Hawaiian Islands 3 / Maui, Molokai, Lanai
- Hawaiian Islands 4 / Hawaii
- Himalaya
- Hong Kong
- Indian Subcontinent
- India 1 / Northern India
- India 2 / Western India
- India 3 / Eastern India
- India 4 / Southern India
- India 5 / North-Eastern India
- Indonesia
- Indonesia 1 / Sumatra
- Indonesia 2 / Java + Nusa Tenggara
- Indonesia 3 / Bali
- Indonesia 4 / Kalimantan
- Indonesia 5 / Java + Bali
- Indonesia 6 / Sulawesi
- Indonesia 7 / Irian Jaya + Maluku
- Jakarta
- Japan
- Kenya
- Korea
- Malaysia
- West Malaysia
- Nepal
- New Zealand
- Pakistan
- Philippines
- Singapore
- South East Asia
- Sri Lanka
- Taiwan
- Thailand
- Vietnam, Laos Kampuchea

SOMMAIRE

SE RENDRE EN PROVENCE

Par avion

Avec près de 6 millions de passagers par an, l'aéroport international de Nice est, par son trafic, le second de France après Paris. 35 compagnies aériennes y assurent la liaison avec 89 villes de 35 pays, y compris 15 à 20 vols quotidiens avec Paris.

Il existe également un important réseau intérieur, avec des lignes régulières depuis les aéroports régionaux de Bordeaux, Lyon, Nantes et Strasbourg, à destination de **Nice** (direct) ou **Marseille** (via Paris).

Rappelons qu'il existe de nombreuses possibilités de réductions (pouvant atteindre 60%) et destinées aux groupes, jeunes, étudiants, troisième âge et abonnés, applicables selon un calendrier des densités du trafic.

Renseignements et réservations sur les vols régionaux

Avignon : Lyon, Paris / Air Inter, tél.: 90 81 51 15 ; Paris / Air Jet, tél.: 90 81 51 15.

Fréjus : Paris via Nice / Air Inter, tél.: 93 14 84 84.

Marseille : Ajaccio, Bastia, Bordeaux, Calvi, Lille, Lyon, Nantes, Paris, Strasbourg / Air Inter, tél.: 91 91 90 90 ; Ajaccio, Bastia / Compagnie Corse Méditerranée, tél.: 95 29 05 00 ; Paris / TAT, tél.: 42 75 17 17.

Nice : Paris / Air France, tél.: 45 35 61 61 ; Ajaccio, Bastia, Bordeaux, Bruxelles, Calvi, Lille, Lyon, Nantes, Paris, Strasbourg, Toulouse / Air Inter, tél.: 93 14 84 84 ; Clermont-Ferrand, Montpellier / Air Littoral, tél.: 93 83 91 00 ; Ajaccio, Bastia, Calvi / Compagnie Aérienne Corse Méditerranée, tél.: 93 83 91 00 ; Mulhouse, Figari, Paris / TAT, tél.: 93 21 34 94.

Saint-Tropez : Paris via Toulon-Hyères / Air Inter, tél.: 94 09 47 47.

Toulon-Hyères : Brest, Paris / Air Inter, tél.: 94 09 47 47 ; Figari, Lyon / TAT, tél.: 42 79 05 05.

Renseignements à Paris : Air France, tél.: 45 35 61 61 ; Air Inter, tél.: 45 46 90 10; Minitel : 3615 ou 3616 code Airinter ; TAT, tél.: 42 79 05 05.

En train

Depuis Paris, on a le choix entre les TGV (trains à grande vitesse), les trains de nuit avec couchettes et les trains ordinaires. De Lyon à Marseille, le Cévenol, suit le même trajet que le TGV, traversant les beaux paysages d'Auvergne et des Cévennes. Le trajet Lyon-Digne-Nice est plus court et attrayant que Lyon-Marseille-Nice.

En **TGV**, la durée des trajets est considérablement réduite : depuis Paris, 3h 45 pour Avignon, 4h 40 pour Marseille, 5h 27 pour Toulon et 7h 00 pour Nice. Rappelons que la réservation est obligatoire sur tous les TGV et que certains d'entre eux, aux heures de grands départs, sont à supplément.

Pour les destinations non desservies par le TGV, les changements de train sont possibles à Arles, Marseille, Toulon, Saint-Raphaël, Cannes, Antibes, Cagnes-sur-Mer et Nice. Pour le Nord-Est de la Provence, on peut emprunter le TGV à destination de Grenoble ou Valence puis poursuivre par les correspondances.

La gare parisienne pour l'arrivée et le départ des trains de Provence est la Gare de Lyon ; information : tél.: (1) 45 82 50 50 ; réservation : tél.: (1) 45 65 60 60 et 3615 SNCF.

Services SNCF

Il est possible de mettre votre voiture ou moto sur le train afin de vous éviter des heures de conduite, et de voyager en couchette jusqu'à Avignon, Marseille, Toulon, Fréjus, Saint-Raphaël et Nice. Renseignements : tél.: (1) 45 82 50 50.

Rappelons les nombreuses possibilités de réduction : pour les couples (Carte Couple), pour ceux qui voyagent avec un jeune enfant (Carte Kiwi), pour les plus de 65 ans (Carte Vermeille), pour les moins de 26 ans (Carrissimo et Carte Jeune l'été), et pour les autres les billets-séjours. Ces réductions sont le plus souvent valables seulement hors des heures ou jours d'affluence, autrement dit en périodes bleues, spécifiées dans le calendrier des voyageurs diffusé par la SNCF.

La SNCF, en association avec les agences *Avis* propose une formule Train + Auto : une voiture de location vous attendra alors à votre arrivée. Cette formule est proposée pour les gares suivantes : Aix-en-Provence, Antibes, Arles, Avignon, Beaulieu-sur-Mer, Cannes, Juan-les-Pins, Marseille, Menton, Monaco, Nice, Orange, Saint-Raphaël et Toulon. Information et réservation, tél.: (1) 46 09 92 12.

Certaines gares de Provence proposent un service de *location de vélo* (Train + Vélo), par exemple à Antibes, Arles, Cannes et Hyères. Le prix de la location est de 40 francs par jour, et de 20 francs à partir du 11e jour. La présentation de sa carte d'identité et le dépôt d'une caution sont demandés. Information et réservation au Bicyclub : tél.: (1) 47 66 55 92.

En voiture

L'**autoroute du Soleil** relie Paris à Marseille (A6 jusqu'à Lyon puis A7) rejoignant l'**autoroute La Provençale** (A8) qui va jusqu'à Nice (8 heures depuis Paris) et la frontière italienne. De Paris à Nice, le coût des péages est à peu près de 400 francs.

Les principales **cartes routières** recommandées sont *Michelin* France n° 911 et *IGN* France n° 901. Pour les périodes d'affluence et donc l'été, la carte ***Bison Futé*** (gratuite) repère les habituels points d'encombrement et propose des itinéraires bis.

Un centre d'information permanent est à votre disposition pour tout savoir sur les bouchons, routes en travaux, et itinéraires alternatifs : tél.: (1) 48 58 33 33 à Paris, ou tél.: 91 78 78 78 en Provence.

VOYAGER EN PROVENCE

En train

Le réseau ferroviaire de Provence s'organise autour de deux lignes principales : une ligne côtière qui relie la vallée du Rhône et Marseille à Menton, via Toulon et Cannes ; une ligne intérieure traversant la vallée de la Durance depuis Marseille jusqu'aux Alpes, via Aix-en-Provence et Sisteron. La plus belle des lignes secondaires est une étroite voie entre Nice et Digne qu'emprunte le train des Pignes... à faible allure pour mieux apprécier les paysages (150 km en 3h20).

Informations (I) / réservations (R) SNCF en Provence

Aix-en-Provence : tél.: (I) 91 08 50 50/ (R) 92 08 84 12. **Arles** : tél.: (I) 90 82 50 50 / (R) 90 82 56 29. **Avignon** : tél.: (I) 90 82 50 50 / (R) 90 82 56 29. **Cannes** : tél.: (I) 93 99 50 50 / (R) 93 88 89 93. **Carpentras** : tél.: (I/R) 90 63 02 60. **Digne** : tél.: (I/R) 92 31 00 67. **Fréjus** : tél.: (I/R) 94 91 50 50. **Marseille** : tél.: (I) 91 08 50 50 / (R) 91 08 84 12 ; train+auto 91 95 11 67. **Nice** : tél.: (I) 93 87 50 50 / (R) 93 88 89 93. **Orange** : tél.: (I) 90 82 50 50 / 90 34 17 82. **Saint-Raphaël** : tél.: (I) 93 99 50 50 / (R) 94 95 18 91. **Toulon** : tél.: (I) 94 91 50 50 / (R) 94 22 39 19. **Train des Pignes** (Chemins de Fer de Provence) : **Digne** : tél.: (I/R) 92 31 01 58. **Nice** : tél.: (I/R) 93 88 28 56. Ou minitel 3615 code STEL.

En autocar

Les longs trajets en car ne sont pas toujours très agréables, mais pour ceux qui ne disposent pas d'un véhicule, c'est souvent le seul moyen de rejoindre les petites villes et les villages que ne desservent pas les trains. Il existe des cars SNCF associés au réseau ferroviaire, mais la plupart des liaisons sont assurées par des compagnies privées. La seule à posséder un réseau régional est *France-lignes* (tél.: 40 28 00 78), mais il en existe de nombreuses autres. Comme toutes les villes ne possède pas de gare routière, il peut être nécessaire de s'adresser aux offices de tourisme pour s'informer.

Principales gares routières

Aix-en-Provence : rue Lapierre (tél.: 42 27 82 54). **Avignon** : boulevard St-Roch (tél.: 90 82 07 35). **Marseille** : place Victor-Hugo (tél.: 91 08 16 40). **Nice** : boulevard Jean-Jaurès (tél.: 93 85 61 81). **Toulon** : boulevard P.-Toesca (tél.: 94 92 97 41).

En bateau

Ile du Levant : desserte toute l'année depuis Le Lavandou, durance de la traversée : 35 minutes.

Ile de Porquerolles : La Tour-Fondue, Compagnie T.L.V. (tél.: 94 58 21 81), traversée de 20 minutes, départ toutes les demi-heures en été et toutes les heures hors saison. En été, embarquement également au port d'Hyères et au Lavandou.

Ile de Port-Cros : desserte toute l'année depuis le port d'Hyères, Compagnie T.L.V., traversée de 1h30 ; depuis Le Lavandou, Compagnie Vildor (tél.: 94 71 01 02), traversée de 30 minutes.

Iles de Lérins : départ des vedettes depuis le vieux port de Cannes pour Sainte-Marguerite (traversée de 15 minutes) et Saint-Honorat (traversée de 30 minutes). Embarquement aussi à Golfe-Juan et Antibes, mais navettes moins fréquentes.

Location de voiture

Les grandes compagnies de location de voiture, *Avis, Budget, Europcar et Hertz* ont des agences dans la plupart des grandes villes, gares et aéroports. Il existe également de nombreuses petites agences locales qui savent être très compétitives. Renseignez vous auprès des offices de tourisme ou consultez le minitel.

Cartes

Pour se diriger en Provence, les cartes les plus adaptées sont la n°115 d'*IGN* (dans la série rouge 1:250 000) et la n°245 de *Michelin* (dans la série jaune 1:200 000). *Michelin* publie également une carte Côte d'Azur-Alpes Maritimes (N°195 / 1:100 000).

Les cyclistes préféreront la série verte d'*IGN* (1:100 000) et les automobilistes désirant explorer une aire moins importante. La série bleue d'*IGN* (1:25 000) est plus spécialement destinée aux adeptes de la marche à pied.

IGN publie également une carte du *Parc Naturel Régional de Camargue* (1:50 000), une carte des *Calanques* (1:15 000), une carte touristique des *Alpes Maritimes* et une carte du *Parc Naturel Régional du Luberon.* Le Conseil général de Vaucluse publie pour sa part une carte touristique du *Vaucluse* (cartographie *IGN*, 1:100 000).

Les éditions *Didier Richard* publient toute une série de cartes (1:50 000) utilisant la cartographie d'*IGN* et comportant des informations pour les skieurs ou les randonneurs :

n°1 *Alpes de Provence*, n°9 *Massif et parc national du Mercantour*, n°13 *Du mont Ventoux à la montagne de Lure*, n°14 *Du Luberon à la montagne Sainte-Victoire*, n°19 *En Haute-Provence* (de Digne à Grasse en passant par le Verdon), n°24 *Les collines et montagnes provençales* (de Marseille à Hyères), n°25 *Les Maures et le haut Pays varois*, n°26 *Au pays d'Azur* (de Fréjus à Menton).

La plupart des offices de tourisme remettent des plans de ville gratuits mais peu détaillés.

Services météo

24 heures sur 24 on peut connaître les prévisions météorologiques aux numéros suivants :

Météo nationale : tél.: 36 65 01 01 ou 36 65 09 09. Météo marine de Méditerranée : tél.: 36 65 08 08. Météo de la Plaisance : tél.: 36 65 08 09. Météo en montagne (Alpes du Sud) : tél.: 36 65 04 04. Ou par minitel : 3615 code MET.

HEBERGEMENT

On trouve en Provence toutes sortes et toutes catégories d'hébergement, avec notamment près de 300 000 chambres d'hôtel. Durant l'été et en période de festivals, il est plus prudent de réserver à l'avance. La période la plus chargée s'étend du 15 juillet au 15 août. Il est particulièrement difficile de trouver des chambres libres sur la Côte d'Azur sans avoir réserver longtemps à l'avance ; de plus dans beaucoups d'hôtels-restaurants la demi-pension est obligatoire durant cette période. Certains offices de tourisme vous proposent en outre pour un prix modique de trouver et réserver votre hébergement.

Pour vous aider à faire vous même votre choix et votre réservation, plusieurs grandes chaînes nationales mettent à votre disposition des brochures très complètes : voir ci-dessous.

Hôtels

Dans une catégorie un peu luxueuse, citons ***les Châteaux Hôtels Indépendants et Hostelleries d'atmosphère*** (29 adresses en Provence), brochure gratuite à l'adresse suivante : B. P. 12, 41700 Cour Cheverny ; et ***les Châteaux, Demeures et Tables des Vignobles*** (20 adresses en Provence), brochure gratuite à l'adresse suivante : B. P. 40 - F - 13360 Roquevaire.

Dans une catégorie moyenne, les *Logis de France* réunissent 338 hôtels et restaurants en Provence. Renseignements auprès de la ***Fédération nationale des Logis de France,*** 83 avenue d'Italie, 75013 Paris (tél.: (1) 45 84 70 00) ou sur minitel 3615 code Logis de France.

La SNCF propose pour certaines destinations une formule forfaitaire *Train + Hôtel* avec réservation de chambre d'hôtel et billet de train ensemble. On peut se renseigner et réserver dans toutes les gares (brochure gratuite) ou par minitel 3615 code TH.

Chambres d'hôtes / gîtes ruraux auberges

Dans une catégorie de prix modéré, les ***Gîtes de France*** proposent des chambres et tables d'hôtes (l'équivalent des *"Bed and Breakfast"* anglais) ou la location de gîte rural (maison ou logement indépendant près d'une ferme ou d'un village). Renseignements et achat de guides au 35, rue Godot-de-Mauroy, 75009 Paris (tél.: 47 42 20 20) ou sur le 3615 code Gîtes de France.

De nombreux agriculteurs appartenant au réseau ***Bienvenue à la ferme*** proposent des hébergements en auberge ou camping et des séjours à la ferme, toujours assortis d'une cuisine régionale simple mais véritablement authentique. Des activités sont également proposées : stages équestres, randonnées pédestres, classes de découverte, etc... Le service *Agriculture et tourisme de la Chambre d'Agriculture* (9, avenue George-V, 75008 Paris, tél.: 47 23 55 40) publie chaque année un *Guide Bienvenue à la Ferme* (*M. A. Editions*).

Les éditions *Rivages* publient deux guides annuels illustrés : *Guide des Auberges de Campagne et Hôtels de Charme en France* (468 adresses) et *Guide des Maisons d'Hôtes de Charme en France* (335 adresses). En toutes les grandes librairies.

Locations meublées

Si vous voyagez à plusieurs et désirez rester une semaine ou plus au même endroit, il est souvent plus rentable de louer un appartement ou une maison.

La ***Fédération nationale des Offices de tourisme et Syndicats d'initiative*** (2, rue de Linois, 75015 Paris, tél.: (1) 40 59 43 82) possède des services de location d'appartements et meublés saisonniers dans chaque département de Provence : Marseille, tél.: 91 54 92 66 ; Avignon, tél.: 90 86 43 42 ; Digne, tél.: 92 31 29 26 ; Hyères, tél.: 94 48 03 47 ; Nice, tél.: 93 85 26 63.

Camping

La Fédération française de Camping-Caravaning (78, rue de Rivoli, 75004 Paris, tél.: (1) 42 72 84 08) publie chaque année un *guide officiel des campings de France* et possède un service minitel, le 3615 code FFCC.

La Fédération nationale des gîtes de France (35, rue Godot-de-Mauroy, 75009 Paris, tél.: (1) 47 42 20 20) publie chaque année un *Guide des Gîtes d'étapes et Campings à la ferme.*

Pour toutes informations pratiques, on peut également contacter l'***Association Camping Club de France*** (218, boulevard Saint-Germain, 75007 Paris, tél.: (1) 45 48 30 03.

Rappelons que le camping sauvage est d'un côté toléré sur certains sites mais d'autre côté formellement interdit dans toutes les réserves naturelles, parcs régionaux et nationaux.

SPORTS ET LOISIRS

Séjours organisés

Loisirs Accueil propose des séjours à thème, à des tarifs intéressants comprenant transport et logement, et publie chaque année un guide *Des Vacances en France* (*M.A. Editions*) offrant une sélection de 400 idées de séjours actifs, sportifs, culturels ou reposants.

Renseignements auprès de la ***Fédération Nationale des Services de Réservation, Loisirs Accueil,*** 2 rue de Linois, 75015 Paris, tél.: (1) 40 59 44 12, par minitel 3615 code SLA ou à ***Loisirs Accueil Bouches-du-Rhône***, Domaine du Vergon, 13370 Mallemort, tél.: 90 59 18 05.

Le ***Comité régional de Tourisme*** publie une brochure *52 Week-ends Escapade* proposant 52 formules de week-ends de 2 à 4 jours aux programmes desquels se trouvent non seulement visites des monuments, mais aussi découverte des sites naturels et/ou activités sportives ; brochure disponible dans tous les offices de tourisme de Provence.

Equitation

Les possibilités de pratiquer l'équitation sont nombreuses en Provence, tout spécialement en haute Provence et dans le Vaucluse qui possèdent de très beaux sites d'excursions.

Pour s'informer on peut s'adresser à la ***Fédération des Randonneurs équestres de France*** (16, rue des Apennins, 75017 Paris, tél.: (1) 42 26 23 23) ou à l'***Association régionale pour le Tourisme équestre*** (28, place Roger-Salengro, 84300 Cavaillon, tél.: 90 78 04 49).

Quelques adresses dans chaque département:

Bouches-du-Rhône : ***Direction départementale de la Jeunesse et des Sports***, 20, avenue de Corinthe, 13006 Marseille, tél.: 91 78 44 88 ; ***Association des loueurs de chevaux de Camargue***, 13460 Les Saintes-Maries-de-la-Mer, tél.: 90 97 82 55). **Vaucluse** : ***Association départementale de tourisme équestre***, tél.: 90 25 38 91. **Haute Provence** : ***Centre d'information Montagne et sentiers***, 42, boulevard Victor-Hugo, 04000 Digne, tél.: 92 31 07 01. **Var** : ***Comité départemental de Randonnée équestre***, Les Aludes, 83310 La Garde-Freinet, tél.: 94 43 62 85. **Alpes-Maritimes** : ***Comité départemental d'équitation***, tél.: 93 42 62 98. ***Ligue Côte d'Azur des sports équestres***, tél.: 93 31 15 39.

Canoë-kayak

Pour s'informer, on peut s'adresser à la ***Fédération française de Canoë-kayak*** : BP 58, 94340 Joinville-le-Pont, tél.: (1) 48 89 39 89.

Quelques adresses :

Bouches-du-Rhônc : ***Comité départemental de Canoë-Kayak***, 142, avenue Joseph-Vidal, 13008 Marseille, tél.: 91 73 30 93. Vaucluse : se renseigner auprès des ***offices de tourisme*** d'Avignon et de l'Isle-sur-la-Sorgue. **Haute Provence** : ***Association départementale d'eau vive***, rue du Docteur-Romieu, 04000 Digne, tél.: 92 32 25 32.

Pour les sports nautiques, le site du grand canyon du Verdon est considéré comme un des plus magnifiques de France. Les associations ***Verdon Animation Nature*** (Moustiers-Sainte-Marie, tél.: 92 74 60 03) et ***Cap Aventure*** (Castellane, tél.: 92 83 70 83) proposent diverses activités nautiques, tels kayak et rafting. Au pont des Galetas on peut louer des canoës pour des parcours en eau calme et aussi des planches à voile à utiliser sur le lac. Alpes-Maritimes : ***Comité départemental de Canoë-kayak***, tél.: 93 07 82 15.

Cyclotourisme

La ***Fédération française de Cyclotourisme*** (8, rue Jean-Marie-Jégo, 75013 Paris, tél.: (1) 45 80 30 21) a des correspondants dans chaque département. De plus, beaucoup de villes proches des sites les plus séduisants (surtout en bord de mer, dans le Vaucluse et en haute Provence) possèdent des services de location de vélos classiques ou de vélos tout terrain (VTT). Renseignez vous auprès des offices de tourisme.

Golf

Quelques adresses :

Bouches-du-Rhône : 15 trous à Aix-en-Provence / Les Milles, tél.: 42 24 20 41. **Haute Provence** : 18 trous à Digne, tél.: 92 32 38 38. **Var** : Brignoles, Domaine de Barbaroux, tél.: 94 59 07 43. Gassin, golf de Gassin, tél.: 45 63 03 10. Le Lavandou, golf de Cavalière, tél.: 94 71 10 07. La Londe-des-Maures, golf de Valcros, tél.: 94 66 81 02. Nans-les-Pins, golf de la Ste-Baume, tél.: 94 78 60 12. Roquebrune/Argens, golf de Roquebrune, tél.: 94 82 92 91. St-Raphaël, golf de l'Estérel, tél.: 94 62 47 88. Valescure, golf de Valescure, tél.: 94 82 40 46. **Alpes-Maritimes** : Club de Cannes-Mandelieu, tél.: 93 49 55 39. Club de Cannes-Mougins, tél.: 93 75 79 13. Golf de Valbonne, tél.: 93 42 00 08. Bastide du Roy-Biot, tél.: 93 65 08 48.

Ski

En haute Provence : le département des Alpes-de-Haute-Provence compte 11 stations de ski alpin et 8 stations de ski de fond. La plupart se situent au nord-est de Digne ; en haute Provence proprement dite, 4 stations : au sommet de la montagne de Lure et au sud-est de Digne, à La Colle-St-Michel, Annot et Solheihas-Vauplane. Renseignements auprès de l'***ADRI***, Digne, tél.: 92 96 05 08.

Dans les Alpes-Maritimes : 19 stations de ski dont celles d'Isola 2000, Auron et Valberg, internationalement connues. Renseignements auprès du Ski-Club de Nice, 6, rue Castel, 06000 Nice, tél.: 93 52 36 36. *Dans le Vaucluse* : 2 stations sur le mont Ventoux. Renseignements au Chalet Reynard, tél.: 90 65 60 27 et au Chalet du mont Serein, tél.: 90 63 49 44.

Plongée

La ***Fédération française d'Etudes et Sports sous-marins (FFESSM)***, compte près de 1000 clubs affiliés et publie une brochure annuelle consacrée aux sports et loisirs sous-marins. S'adresser au 24, quai de Rive-Neuve, 13007 Marseille, tél.: 91 33 99 31, ou à l'un de ses comités régionaux :

Côte d'Azur : Fort Carré, 06600 Antibes, tél.: 93 61 45 45.

Provence : 38, avenue des Roches, 13007 Marseille, tél.: 91 52 55 20.

Parc régional marin de la baie de la Ciotat : Hôtel de Ville, 13712 La Ciotat, tél.: 42 83 90 09.

Parc régional marin de la Côte bleue : Club de la Mer, 13960 Sausset-les-Pins.

Voile

Quelques adresses :

Bouches-du-Rhône : Comité départemental de voile, Société nautique de Mourepiane, promenade de la Plage, 13016 Marseille, tél.: 91 03 73 03.

Vaucluse : renseignements auprès des offices de tourisme d'Avignon, Apt et Caderousse.

Haute Provence : Association départementale de voile et planche à voile, rue du Docteur-Romieu, 04000 Digne, tél.: 92 32 25 32.

Var : Direction départementale de tourisme de la Jeunesse et des Sports, 94, boulevard Desaix, B. P. 121, 83071 Toulon cedex, tél.: 94 46 01 15.

Alpes-Maritimes : Ligue de voile Provence-Côte d'Azur, 30, rue des Palmiers, 06600 Antibes, tél.: 93 34 79 07.

Escalade

On peut se renseigner auprès de la ***Fédération française de la Montagne et de l'Escalade*** : 20 bis, rue La Boétie, 75008 Paris, tél.: (1) 47 42 39 80.

Le ***Club Alpin Français*** propose de nombreuses activités : alpinisme, escalade et ski, mais aussi randonnée, parapente, spéléologie et VTT. S'adresser au 24, rue Laumière, 75019 Paris, tél.: (1) 42 02 68 64 ou consulter le minitel code CALPIN.

Centres départementaux : Centre Desmichels, 04000 Digne, tél.: 92 32 32 98 ; 12, rue Fort-Notre-Dame, 13007 Marseille, tél.: 91 54 36 94 ; 14, avenue Mirabeau, 06000 Nice, tél.: 93 62 59 99 ; 25, rue Victor-Clappier, 83000 Toulon.

Les deux sites où se pratique le plus l'escalade sont les calanques (entre Marseille et La Ciotat) et les gorges du Verdon (autour de La Palud-sur-Verdon).

Randonnée pédestre

Deux organismes régionaux proposent des informations très complètes pour les randonneurs : une grande variété de guides et cartes, conseils et commentaires d'itinéraires, mais aussi listes des gîtes d'étapes, refuges et campings. Il s'agit de l'***Association régionale de développement de la Randonnée en Provence-Alpes-Côte d'Azur (Randosud)***, Mairie, 04700 Lurs, tél.: 92 31 01 47 et de l'***Association départementale de relais et itinéraires des Alpes-de-Haute-Provence (ADRI)***, 42, boulevard Victor-Hugo, 04000 Digne, tél.: 92 96 05 08, minitel 3615 code CIMALP rubrique AHP.

Plein Air Nature (même adresse que l'ADRI, tél.: 92 31 51 09) propose toute l'année des séjours et week-ends de randonnée à thème avec accompagnateur, et à des prix très compétitifs.

Il existe également un service minitel dédié à la randonnée : 3615 code Rando.

Les amateurs de grandes et petites randonnées auront recours aux ***Topo-Guides*** édités *la Fédération française de la Randonnée pédestre* (66, rue de Gergovie, 75014 Paris, tél.: (1) 45 45 31 02) comprenant une cartographie de l'*IGN*, la description des itinéraires, les principaux centres d'intérêt des sites (géologie, faune, notes historiques) et quelques informations pratiques (hébergement et transports).

Voici une liste des ***Topo-Guides*** correspondant aux GR (sentiers de Grande Randonnée) et PR (sentiers de Petite Randonnée) de Provence :

N°017 - PR : itinéraires sur le littoral varois.

N°424 - GR4 de Grasse à Pont-Saint-Esprit, par les monts et garrigues de Provence et les gorges du Verdon (410 km).

N°500 - GR 52A : panoramique du Mercantour (12 jours).

N°506 - GR 51 : les balcons de la Côte d'Azur de Menton au massif des Maures.

N°507 - GR 5 + GR 51 ou 52 : de Larche à Nice ou Menton les vallées de la Vésubie et des Merveilles (250 km).

N°529 : randonnées sans balisage dans les Alpes-Maritimes.

N°601 - GR 6 : de Sisteron à Tarascon, par la montagne de Lure, le Colorado provençal et les Alpilles (285 km).

N°606 - GR de Pays : grande traversée des Préalpes de haute Provence, de Serre à Entrevauen passant par Sisteron (160 km).

N°607 - PR : balades et randonnées en pays de Forcalquier et montagne de Lure.

N°615 - PR : tour du Parc naturel régional du Luberon.

N°619 - PR : balades et randonnées dans les pays du Verdon.

N°900 - GR 9 + GR 97 : De Brantes (mont Ventoux) à Pont-de-Mirabeau (vallée de la Durance) avec tour du Luberon (336 km).

N°906 - GR 9 + GR 98 ou 90 : les massifs provençaux de Pont-de-Mirabeau à Saint-Pons-les-Mures ou le Lavandou (calanques) par la Sainte-Victoire, la Sainte-Baume et les Maures (335 km).

N°910 - GR 99 : de Toulon aux gorges du Verdon par les collines du haut Var (185 km).

Attention : toute randonnée suppose un équipement adapté, qu'il s'agisse d'un après-midi à la conquête de la montagne Sainte-Victoire ou d'une semaine de randonnée dans le Luberon. Il faut prévoir des vêtements confortables propres à bien protéger du vent ou de la pluie, un chapeau pour le soleil ou la pluie et des chaussures de marche. Il faut se munir d'une carte (1:25 000 ou 1:50 000), d'une gourde, d'un canif et de quelques aliments énergétiques. Dernier conseil, en montagne, ne jamais sous-estimer la rapidité des changements de temps.

SHOPPING ET MARCHES

Shopping, artisanat, spécialités

Aix-en-Provence : le quartier le plus commerçant (rues semi-piétonnes) se regroupe au centre de la vieille ville, entre le cours Mirabeau (au sud) et les places des Prêcheurs (à l'est), des Cardeurs (au nord) et des Tanneurs (à l'ouest).

Biot : on peut trouver de très belles pièces de verres à la Verrerie de Biot, chemin des Combes et à sa boutique, 3 bis, rue Saint-Sébastien.

Cannes : la rue d'Antibes (parallèle à la Croisette) est la rue des commerces chics, comparable à la rue du Faubourg-Saint-Honoré à Paris.

La Colle-sur-Loup : une rue entière d'antiquaires pour les amateurs d'objets et meubles anciens, rue Maréchal-Foch.

Grasse : dans la capitale de la parfumerie, les maisons Fragonard (20, boulevard Fragonard), Galimard (73, route de Cannes) et Molinard (salon de vente, 60, boulevard Victor-Hugo) sont de véritables institutions.

Juan-les-Pins : durant l'été, beaucoup de boutiques restent ouvertes jusqu'à 23 heures.

Moustiers-Sainte-Marie : dans ce village célèbre pour ses faïences près d'une dizaine d'ateliers vous proposent leur créations artisanales.

Nice : le Carré d'As désigne un quartier du centre de la ville (près de la place Masséna) où se sont regroupées plus de 60 boutiques de luxe. Les artères principales en sont l'avenue Jean-Médecin avec ses grands magasins (Galeries Lafayette, Nice Etoile et La Riviera) et les rue de France et rue Masséna parallèles à la promenade des Anglais.

Vallauris : le magasin Madoura (rue du 19 mars 1962) possède l'exclusivité des droits de reproduction sur poterie des motifs de Picasso.

Santons : on trouve les principaux ateliers artisanaux à **Marseille** (Ateliers Carbonel, 37, rue Neuve-Sainte-Catherine), **Aubagne** (Maison Chave, 37, rue Frédéric-Mistral et Atelier d'art, 2, boulevard Emile-Combes), **Aix-en-Provence** (atelier Paul Fouque, 65, cours Gambetta) et Cabris (boutique au 18, rue de la Terrace).

Quelques marchés provençaux

Aix-en-Provence : place Richelme, petit marché (primeurs) tous les matins ; place de l'Hôtel-de-Ville, marché aux fleurs les mardis, jeudis et samedis matin ; grand marché, places des Prêcheurs (primeurs) et du Palais-de-Justice (brocante, artisanat et vêtements) les mardis, jeudis et samedis matin.

Antibes : cours Masséna, marché des primeurs tous les matins sauf le lundi et marché des artisans et des brocanteurs les mardis, vendredis et samedis après-midi.

Carpentras : place Aristide-Briand, marché aux truffes chaque vendredi matin de fin novembre à début mars.

Digne : autour de la place du Général-de-Gaulle, marchés mercredis et samedis matin ; foire les 1er samedis du mois.

Grasse : place aux Aires, grand marché (primeurs et fleurs) tous les jours sauf lundi ; place Jean-Jaurès, marché des brocanteurs les mercredis et marché des artisans les vendredis.

Marseille : sur le Vieux-Port, marché aux poissons tous les matins ; quartier des Capucins, marché de Noailles, tous les jours.

Nice : cours Saleya, marché aux fleurs tous les jours sauf lundi et marché des antiquaires chaque lundi.

MANIFESTATIONS ET FESTIVALS

On peut s'informer sur le service minitel 3614 code RF (Rubrique Festival) ou se procurer la brochure annuelle *Provence, Terre de Festivals*.

Certaines manifestations possèdent des services d'information et de réservation, auprès desquels vous pouvez également vous procurer les programmes :

Aix-en-Provence : Aix en Musique (juin) et Festival international de Danse (juillet), tél.: 42 63 06 75 ; *Festival international d'Art lyrique et de Musique* (juillet-août), tél.: 42 23 37 81.

Antibes/Juan les Pins : *Festival international de Jazz* (juillet), tél.: 93 33 95 64.

Arles : *Rencontres internationales de la Photographie* (juillet-août), tél.: 90 96 76 06 ; Festival d'Arles, danse et théâtre (juillet-août), tél.: 90 93 90 90.

Avignon : *Festival d'Avignon* (juillet), tél.: 90 82 67 08. Festival "Off" d'Avignon (juillet), tél.: 90 76 84 37.

Cannes : *Festival international du Film* (mai), tél.: 93 39 01 01 ; *Festival international de Café-théâtre* (juin), tél.: 93 99 04 04.

Dignes-les-Bains : *Rencontres cinématographiques* (mi-avril), *Ciné d'été* (juillet), tél.: 92 32 29 33. *Corso de la Lavande*, tél.: 92 31 50 02.

Fréjus : *Forum des Arts et de la Musique* (juillet), tél.: 94 51 20 36.

Hyères : *Festival de Jazz* (juillet) et *Festival de la Bande Dessinée* (septembre), tél.: 94 65 22 72.

Manosque : *Foire des jeunes santonniers* (décembre), tél.: 92 87 88 89.

Marseille : *Foire aux santons* (décembre-janvier) ; *L'Eté Marseillais* (juillet-août), tél.: 91 90 25 35 ; *Festival international de Folklore de Château-Gombert* (juillet), tél.: 91 05 15 65.

Martigues : *Festival populaire* (juillet), tél.: 42 49 39 40.

Menton : *Fêtes internationales du Citron* (février) ; *Festival international de Musique de chambre* (août), tél.: 93 35 82 22.

Monaco : *Festival international du Cirque de Monte-Carlo* (janvier) et *Festival international de Feux d'artifice* (juillet-août), tél.: 93 30 19 21.

Nice : *Carnaval* (février-mars), tél.: 93 87 16 28 ; *Grande parade du Jazz* (juillet), tél.: 93 21 22 01.

Orange : *Chorégies d'Orange* (juillet), tél.: 90 34 24 24.

Ramatuelle : *Festival Gérard Philipe* (août), tél.: 94 79 26 04.

La Roque-d'Anthéron : *Festival international de Piano* (août), tél.: 42 50 51 15.

Saintes-Maries-de-la-Mer : *Pèlerinage des Gitans* (24-25 mai et fin octobre).

Saint-Rémy-de-Provence : *Fête de la Transhumance (Pentecôte)*, tél.: 90 92 05 22.

Salon-de-Provence : *Festival de Jazz* (juillet), tél.: 90 56 00 82.

Sisteron : *Les Nuits de la Citadelle* (fin juillet-début août), tél.: 92 61 06 00.

Tarascon : *Fêtes de la Tarasque* (fin juin), tél.: 90 91 00 07 ; *Festival d'Expression provençale* (juillet), tél.: 90 91 03 52.

Toulon : *Festival de Danse de Châteauvallon* (juillet), tél.: 94 24 11 76.

Valréas : *Nuits musicales et Nuits théâtrales de l'Enclave* (juillet-août), tél.: 90 35 04 71.

AUTEURS

Cathérine Bray, durant sa formation universitaire éclectique (histoire d'art, philosophie et lettres modernes) nourrit de nombreux rêves de voyages, proches ou lointains. Sa passion des livres la porte naturellement vers l'édition touristique. Elle assume ainsi la coordination éditoriale des guides Nelles Provence-Côte d'Azur et Bretagne et rédige des articles touchant à ses domaines de connaissance.

Régis Bertrand, agrégé et docteur en Histoire, est maître de conférences à l'Université de Provence. Son sujet de prédilection, les traditions provençales auxquelles il consacra sa thèse. En tant qu'historien, il a participé depuis à de nombreux ouvrages sur la Provence : *Charteuses de Provence* (Edisud, 1988), *Histoire de Marseille en treize événements* (Ed. Jeanne Laffitte, 1988), *Encyclopédie régionale de la Provence* (Ed. Christine Bonneton, 1989) et *Guide de Marseille* (Ed. La Manufacture, 1991).

Sophie Bogrow, collaboratrice de l'*Almanach de l'aventure et du voyage* dès sa création, fut responsable de la rubrique France dans la même revue rebaptisée en 1985 *Grands Reportages, le magazine de l'aventure et du voyage*. Elle explore notamment à plusieurs reprises les régions de Bretagne et de Provence qui l'ont depuis entièrement conquise.

Isabelle du Boucher, est originaire du Pays basque mais a veçu à Brest durant une dizaine d'années. Elle découvre en Bretagne un attachement aux valeurs régionales et aux traditions, semblable par sa ferveur à celui de sa région d'origine. Elle explore le Finistère et se passionne pour les couturnes, l'histoire et les légendes bretonnes. En tant que journaliste, elle collabore également à des revues spécialisées dans la gastronomie, son second domaine de prédilection.

Maryline Desbiolles, est née en Savoie mais a passé toute son enfance dans l'arrière-pays niçois. Elle découvre au fil des années la Provence contrastée qui nourrit aujourd'hui son inspiration : haute Provence et Alpes d'azur grimpant à l'assaut du ciel ; Côte d'Azur du Var et des Alpes-Maritimes qui se jettent dans la mer. Après des études de lettres à Nice, elle s'installe près de Nice et mène de pair une carrière littéraire et journalistique (*Autrement, Globe*...) où s'exprime également sa passion pour l'art contemporain.

Pierre Léonforté, journaliste d'origine méridionale, a vécu huit années durant à Marseille où il possède toujours une résidence. Gastronome et amateur d'architecture il travaille aujourd'hui au sein de la rédaction du magazine *Max*. La Provence reste sa terre d'élection, celle où il peut le mieux s'adonner à son amour du *far niente* au soleil.

PHOTOGRAPHES

Archive d'art et d'histoire, Berlin 23, 26, 29, 31g, 33d, 33g, 34, 38, 39, 41, 42, 43, 50/51.
Brosse, Werner, 83
Fischer, Peter, 28
Henninges, Heiner, 74g, 210
Poblete, José F., 8/9, 12, 14, 17, 18, 19, 21, 24, 32, 45, 47, 48/49, 52, 56, 57, 61, 63, 64, 66, 68, 72, 74d, 76, 77, 79g, 79d, 82, 88, 97g, 98, 100, 103, 104, 105, 107, 108g, 108d, 110, 112, 113, 114g, 115, 117, 118, 120, 121, 128/129, 130, 134, 135, 136, 137, 140, 141, 143, 146, 150, 156, 157, 163, 172, 185, 186, 187, 194, 202/203, 205, 216, 219, 220, 221, 223, 224, 226, 229, 231, 232, 234, 235, 236, 237, 238, 239
Thiele, Klaus, 16, 22, 27, 81, 99, 161, 176, 212, 215
Thomas, Martin, 1, 10/11, 31d, 36, 62, 73, 86/87, 93, 95, 97d, 109, 114d, 122, 123, 124, 125, 144/145, 151, 154, 158, 160, 162, 165, 166, 167, 170/171, 177, 178, 179, 180, 181, 183, 196, 197, 200/201, 204, 207, 208, 213g, 213d, 218, 227, 228.